신 령 한 생 활 의 안 내 서

영에 속한 사람

3

워치만 니 지음
정동섭 옮김

생명의말씀사

THE SPIRITUAL MAN VOL. 3
by Watchman Nee

Copyright ⓒ1968 Christian Fellowship Publishers, Inc.
All rights reserved.

Korean Edition published by Word of Life Press, Seoul, 1974, 1999.
Translated and published by permission.
Printed in Korea.

영에 속한 사람 3

ⓒ 생명의말씀사 1974, 1999

1974년 6월 30일 1판 1쇄 발행
1998년 9월 25일   24쇄 발행
1999년 5월 5일 2판 1쇄 발행
2024년 8월 27일   26쇄 발행

펴낸이 | 김창영
펴낸곳 | 생명의말씀사

등록 | 1962. 1. 10. No.300-1962-1
주소 | 서울시 종로구 경희궁1길 6 (03176)
전화 | 02)738-6555(본사)·02)3159-7979(영업)
팩스 | 02)739-3824(본사)·080-022-8585(영업)

디자인 | 최윤창
인쇄 | 영진문원
제본 | 다온바인텍

ISBN 978-89-04-15366-4 (04230)
ISBN 978-89-04-18072-1 (세트)

저작권자의 허락 없이 이 책의 일부 또는 전체를
무단 복제, 전재, 발췌하면 저작권법에 의해 처벌을 받습니다.

역자 서문

영에 속한 사람 제3권은 이미 출판한 1, 2권의 속편이다. 워치만 니의 많은 책들이 그의 설교에서 발췌해서 구성된 것에 비해 **영에 속한 사람**은 직접 그가 친필로 저작한 중국어에서 영역한 것을 다시 한역한 것이 특징이라 하겠다. 그의 설교나 집필이나 흐르는 사상에는 조금도 다를 바 없지만, 특히 본서는 그 형태에 있어서 특이하다.

워치만 니 형제는 영적 생활에 있어서 무비판적이고 맹목적인 답습을 꺼리는 사람이라, 본서에서 제시한 원리들이 독자에게 단순한 편람에 그칠까 두려워한 나머지 재판 출판이 되지 말았으면 하고 원하기도 했으나, 오늘날 하나님의 자녀들이 처한 현실적인 상황이, 부득이 재판 아니라 3판, 4판까지 계속하야 할 필요가 있겠기에 본서를 완역해서 제시하는 바이다.

원컨대, 우리 인간은 하나님의 피조물의 극치이며 하나님의 형상을 따라 지음 받은 특이한 존재인 만큼 하나님과의 친교 과정에서 벌어지는 오묘하고도 신비로운 체험과 사실들, 믿음으로 의식하여 찬양으로 화답하면서 생동적인 삶을 살아야 할 것이다. 그러

SPIRITUAL

기에 우리는 1, 2, 3권을 아울러 통독하고 깊은 은혜에 들어가 보자.

 끝으로 본서를 소개한 윌리암 아담스(William Adams) 목사께 사의를 표하며 그의 건투를 빈다. 생명의 말씀사는 언제까지나 복음주의적 문서 활동의 견고한 위치를 지키며 왕국 확장에 전진할 것을 재확인하면서 여기 서에 대한다.

정 동 섭

차례

역자 서문　　　　　　　　　　3

제8부 혼의 분석-마음편

1. 마음은 싸움터이다　　9
2. 수동적인 마음 상태　　43
3. 구조의 길　　65
4. 마음의 법칙　　91

제9부 혼의 분석-의지

1. 신자의 의지　　109
2. 수동성과 이에 따르는 위험들　　133
3. 신자의 실수　　151
4. 자유로 가는 길　　179

제10부 육신

1. 신자와 그의 육신　　207
2. 질병　　235
3. 육신의 생명이 되시는 하나님　　289
4. 사망의 극복　　313

SPIRITUAL

제 8 부
혼의 분석-마음편

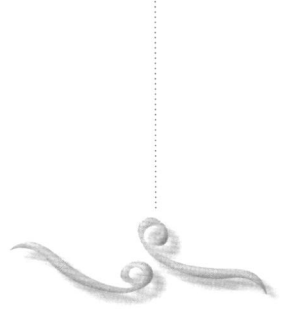

제 1 장
마음은 싸움터이다

　마음(mind)은 인간의 사고 기관이다. 마음을 통하여 우리는 알고, 생각하고, 상상하고, 기억하며, 이해한다. 인간의 지능과 이성, 지혜, 그리고 영리함 같은 것은 모두 마음에 관련된 것이다. 일반적으로 말해서 마음은 두뇌를 가리킨다. 마음은 심리학적인 용어인 반면에 두뇌(brain)는 생리학적인 용어이다. 심리학에서의 "마음"은 생리학의 "두뇌"이다. 마음은 인간의 생활에 중요한 위치를 차지한다. 왜냐하면 생각은 우리의 행동에 쉽게 영향을 미치기 때문이다.

거듭나기 전

　성경에 의하면, 인간의 마음은 사탄과 그의 악령들이 진리에 대항해서 싸우는 싸움터이다. 다음과 같은 예화를 들어 설명할 수 있겠다. 인간의 의지와 영은 악령들이 점령하려고 발버둥이치는 요새와 같은 것이다. 요새를 점령하기 위해 전투가 벌어지고 있는 싸움터가 바로 마음이다. 바울 사도의 표현을 유의해서 살펴보자. "우리가 육체에 있어 행하나 육체대로 싸우지 아니하노니 우리의 싸우는 병기는 육체에 속한 것이 아니요 오직 하나님 앞에서 견고한 진을 파하는 강력이라 모든 **이론**을 파하며 하나님 아는 것을 대적하여 높아진 것을 다 파하고 모든 **생각**을 사로잡아 그리스도에게 복종케 하니"(고후 10:3-5).

바울은 먼저 싸움에 대해 이야기하고, 싸움이 벌어지는 곳을 이야기한 다음에, 끝으로 싸우는 목적을 말하고 있다. 이 싸움은 전적으로 인간의 마음에 관련된 것이다. 바울은 인간의 이론이나 생각을 원수의 견고한 진에 비유하고 있다. 그는 마음이 원수에게 점유된 것처럼 말하고 있다. 따라서 우리는 싸움을 통해 이를 격파하지 않으면 안 된다. 바울은 이 견고한 진 안에 여러 가지 반항적인 생각들이 들어 있기 때문에, 이들을 그리스도께 복종시켜야 한다고 결론을 내리고 있다. 이 모든 사실에서 인간의 마음이 바로 악령들이 하나님과 충돌해서 싸움을 벌이는 전쟁터임을 알 수 있다.

성경은 우리가 거듭나기 전에는 "이 세상 신이 믿지 아니하는 자들의 마음을 혼미케 하여 그리스도의 영광의 복음의 광채가 비취지 못하게 함이니 그리스도는 하나님의 형상이니라"(고후 4:4)고 설명하고 있다. 이 구절은 사탄이 인간의 마음을 혼미케 한다고 선언함으로써, 조금 전에 인용했던 구절과 내용상의 일치를 이루고 있다. 어떤 사람들은 자신의 능력을 과신하고 스스로 지혜롭다고 여겨, 자신의 이론으로 복음을 반박할 수 있다고 생각한다. 또 어떤 이들은 불신이 이해의 부족에서 기인한다고 생각한다. 그러나 두 가지 경우에 있어서 확실한 사실은, 사람의 마음의 눈이 사탄에 의해서 가리워져 있다는 점이다. 우리의 마음이 사탄에 의해 점유되었을 때, 마음은 "완고해지고" 진노의 자녀들처럼 "육체와 마음의 원하는 것을 하며" "멀리 떠나 마음으로 원수가 되는데", 이는 "육신의 생각은 하나님과 원수가 되기" 때문이다(고후 3:14; 엡 2:3; 골 1:21; 롬 8:7).

이상의 구절에서 우리는 어둠의 세력이 인간의 마음과 특별한 관계를 맺고 있음을 알 수 있다. 또한 인간의 마음이 사탄의 공격에 얼마나 유약한가를 알 수 있다. 악의 세력은 먼저 그 안에 어떤 기지를 확보하기 전에는 인간의 의지와 감정과 몸에 대해 **직접적으로** 영향을 미칠 수가 없다. 그러나 악의 세력은 먼저 인간을 설득시키거나 인간의 초청을 받지 않더라도 인간의 마음에서는 자유로이 활동할 수 있다. 마음은 이미 악의 세력에 점유된 것처럼 보인다.

사도 바울은 인간의 마음을 원수의 "견고한 진"에 비유함으로써, 사탄과 그의 악령들이 이미 인간의 마음과 깊은 관계를 맺었으며, 악령들이 인간의 마음을 "그들이 노획한 포로들"을 가두어 두는 하나의 성곽으로 이용하고 있다는 사실을 암시하고 있는 것 같다. 인간의 마음을 통해서 악령들은 그들의 세력을 행사하고 있으며, 그들이 수중에 넣은 사람들의 마음을 통하여 다른 사람들에게 악한 생각을 전달함으로써 그들 역시 하나님께 대항하도록 만들고 있다. 얼마나 많은 세상의 철학, 윤리와 지식, 또한 연구와 과학이 어둠의 세력에서 유출되고 있는지를 추정해 보는 것은 어려운 일이다. 그러나 한 가지 사실만은 확신할 수 있다. 즉 하나님을 아는 지식에 반대되는 모든 이론과 교만한 장애물은 원수의 요새로 쓰

마음은 싸움터이다

SPIRITUAL

인다는 것이다.

　우리의 마음이 악의 세력과 이와 같이 근접해 있다는 말이 이상하게 들릴지 모른다. 그러나 인류가 처음 범한 죄가 사탄의 유혹에 따라 선과 악에 대한 지식을 추구한 죄가 아니었던가! 따라서 인간의 마음은 사탄과 특별한 관계를 맺고 있다. 만일 우리가 성경을 주의깊게 정독하고 성도의 경험을 살펴본다면, 인간의 세력과 마귀의 세력 사이에 일어나는 모든 교통은 사고(思考)의 기관 안에서 이루어진다는 사실을 발견할 것이다.

　사탄의 유혹을 예로 들어 보자. 사탄이 인간을 유인하는 모든 유혹은 인간의 마음에 주어진다. 사탄이 인간의 동의를 얻기 위해 종종 육신을 사용하는 것은 사실이지만, 유혹을 할 때는 언제나 인간을 유인할 만한 생각을 불어넣는다. 우리는 유혹과 생각을 분리시킬 수 없다. 모든 유혹은 생각의 형태로 우리에게 주어진다. 생각은 항상 어둠의 세력에 노출되어 있기 때문에 우리는 생각을 지키는 법을 배워야 한다.

　거듭나기 전에 인간의 마음은 하나님을 알지 못하도록 방해했다. 하나님의 강한 능력으로 인간의 이론을 파하는 것이 필요하다. 이것은 사람이 거듭날 때 일어나는 일이며, 회개의 형태로 나타난다. 회개는 본래 "마음의 변화"를 뜻한다. 사람은 본래 마음으로 하나님과 적대 관계에 있다. 따라서 하나님께서 인간에게 생명을 주시려면 인간의 마음을 변화시키지 않으면 안 된다. 거듭나지 않은 상태에서 사람은 어두운 마음을 가지고 있다. 그러나 거듭나는 순간 사람의 마음에 전폭적인 변화가 일어난다. 사람의 마음은 마귀와 너무나 밀접하게 연결되어 있기 때문에, 새로운 생명을 받기 전에 하나님으로부터 마음의 변화를 받는 것이 반드시 필요하다.

영에 속한 사람

거듭난 후

그러나 회개를 한 후에도, 신자의 마음이 완전히 사탄의 영향권에서 벗어난 것은 아니다. 이전에 원수가 마음을 통해서 역사했듯이 오늘날도 똑같이 마음을 통하여 역사할 것이다. 고린도교회의 **성도**들에게 보낸 편지에서 바울은 "뱀이 그 간계로 이와를 미혹케 한 것같이 너희 마음이 그리스도를 향하는 진실함과 깨끗함에서 떠나 부패할까 두려워하노라"(고후 11:3)고 말하고 있다. 사도 바울은 이 세상 신이 믿지 않는 자들의 마음을 어둡게 하는 것같이 믿는 자들의 마음도 속이려 한다는 것을 잘 알고 있었다. 비록 구원은 받았지만, 신자들의 사고 생활이 아직 새로워지지 않은 채로 있기 때문에 결국 마음은 가장 전략적인 싸움터로 남아있는 것이다.

마음은 인간의 다른 어떤 기관보다도 암흑의 세력으로부터 더 **많은 공격**을 받는다. 우리는 마귀의 영들이 — "뱀이 그 간계로 이와를 미혹케 한 것같이" — 우리의 마음에 특별히 주의를 집중시키고 있으며 계속 무자비한 공격을 가해 오고 있다는 것을 깨달아야 한다. 사탄은 하와의 심령을 공격하지 않고 생각을 먼저 공격했다. 오늘날도 마찬가지로, 악령들은 그리스도를 향한 순수함과 청결함으로부터 우리를 부패시키기 위하여 먼저 우리의 생각을 공격하지 심령을 공격하지 않는다. 그들은 우리의 전 존재 가운데서 **제일 약한 지점**이 마음임을 잘 알고 있다. 그것은 우리가 믿기 전에는 그들의 요새와 같은 역할을 했으며, 지금도 완전히 전복되지 않았기 때문이다.

악령들에게는 마음을 공격하는 것이 그들의 목적을 성취하는 데 제일 용이한 길이다. 하와의 심령(heart)에는 죄가 없었으나 지성

마음은 싸움터이다

(mind)은 사탄이 제안한 생각을 받아들였다. 따라서 그녀는 사탄의 기만에 넘어가 자신의 이성을 잃고 원수의 함정에 빠지고 말았다. 따라서 신자는 스스로 솔직하고 진지한 심령을 소유하고 있다고 자만해서는 안 된다. 신자가 지성 안에서 악령들을 물리치는 법을 배우지 않는다면, 그는 계속 유혹당하고 기만당하여 자기 의지의 주권을 상실하게 될 것이기 때문이다.

바울은 계속해서 이 위험이 어디에서 연유하는가를 말해 주고 있다. "만일 누가 가서 우리의 전파하지 아니한 다른 예수를 전파하거나 혹 너희의 받지 아니한 다른 영을 받게 하거나 혹 너희의 받지 아니한 다른 복음을 받게 할 때에는 너희가 잘 용납하는구나" (고후 11:4). 그리스도인에게 상존하는 위험은 거짓된 가르침을 자신의 생각 속에 받아들임으로써 그리스도를 향한 진실하고 순수한 헌신에서 떠나는 것이다. 오늘날 "뱀"이 저지르고 있는 일들이 바로 이런 일들이다. 사탄은 자신을 "광명의 천사"로 가장해서 성도들로 하여금 주님이 아닌 다른 예수를 지적으로 예배하게 만들고, 성령 아닌 다른 영을 받게 하고, 이렇게 함으로써 하나님의 은혜의 복음이 아닌 다른 복음을 전파하게 만드는 것이다.

바울은 이런 것들이 바로 그리스도인들의 마음속에 일어나는 "사탄의 행위"라고 선언하고 있다. 원수는 이런 "교리들"을 생각으로 변형시켜, 그리스도인의 마음에 투입시킨다. 이와 같은 사탄의 활동을 바로 인식하는 성도들이 과연 몇이나 되는가! 마귀가 사람들에게 그런 좋은 생각들을 줄 수 있다고 생각하는 사람들이 과연 몇이나 되겠는가!

하나님의 자녀는 새 생명을 받고 새로운 심령을 소유하고 있으면서도 새로운 두뇌를 가지고 있지 못할 수가 있다. 너무나 많은 성도들이 심령이 새로워진 데 반해서 지성은 전과 다름이 없이 활동하고 있다. 그들의 심령은 사랑으로 가득 차 있는 반면에 그들의 머리에는 완전히 분별력이 결여되어 있다. 심령의 의도는 전적으로 순수한데 머리 속의 생각이 혼란스러운 것을 경험할 때가 얼마나 많은가? 모든 잡다한 것으로 가득하게 된 지성에는 가장 중요한 요소라고 할 수 있는 영적인 통찰력이 결여되어 있다. 허다한 성도들이 모든 하나님의 자녀들을 진정으로 사랑하고 있지만, 불행하게도 그들의 두뇌는 잡다한 이론과 의견과 목표들로 가득 차 있다.

하나님의 신실하고 충성된 자녀들 중에 너무나 많은 이들이 편견으로 가득 차 있다. 그들은 이미 무엇이 진리인가를 결정하고 어떤 진리를 받아들일 것인가를 결정했다. 이들은 다른 진리는 모조리 배격한다. 다른 진리들은 그들이 이미 품고 있는 선입관과 부합되지 않기 때문이다. 그들의 머리는 그들의 심장만큼 포용력이 크지 못하다. 그런가 하면, 세상에는 또 아무런 생각도 품을 수 없는 마음을 가진 하나님의 자녀들이 있다. 아무리 많은 진리를 들었다 할지라도 이들은 그 진리를 기억하지도 못하고 실천하지도 못하며 남에게 전달하지도 못한다. 이 사람들은 분명히 많은 것을 들었지만, 그 중에 어떤 것도 표현할 능력이 없다.

여러 해 동안 진리를 받았지만, 다른 사람들의 필요에 대하여 조금도 공급해 주지를 못한다. 그들은 스스로 성령 충만하다고 자부할지도 모른다! 그러나 이러한 징후는 그들의 마음이 새로워지지 않았음을 나타내는 것이다.

사람의 머리가 심령보다 사람들에게 더 많은 해를 끼친다. 신자들이 심령을 새롭게 하는 것과 머리를 새롭게 하는 것의 차이를 배

마음은 싸움터이다

워 알고 있다면, 인간을 믿는 실수는 범하지 않을 것이다. 그리스도인들은 하나님과 매우 긴밀한 교제를 가지고 있는 자들이지만 자기도 모르는 사이에 사탄의 제안을 받아들임으로써 행동이나 말이나 관점에서 오류를 범할 수 있다는 것을 깨달아야 한다! 성경의 분명한 가르침을 제외하고는 어떠한 사람의 말도 전적으로 신뢰할 수 없는 것이다. 우리는 어떤 사람을 좋아하고 존경한다는 이유 때문에 그 사람의 말을 따라서 생활해서는 안 된다. 그의 말과 행동이 지극히 거룩하게 보일지라도 그의 생각은 신령하지 않을 수도 있다. 그러므로 우리가 관찰하는 것은 그의 언행이 아니라 그의 마음이다. 만일 한 사람의 생활 태도 때문에 그 사람이 말하는 것이 하나님의 진리라고 믿는다면, 우리는 성경 대신에 사람의 말과 행동을 진리의 척도로 삼는 잘못을 범하는 것이다.

우리는 역사 속에서 거룩한 성도들이 "이단의 교리"를 전파한 경우가 무수히 많다는 것을 알고 있다! 그 이유는 간단하다. 그들의 심령은 새로워졌으나 지성이 변화되지 않은 채로 있었던 것이다. 우리는 물론 생명이 지식보다 더 중요하다는 사실을 인정할 것이다. 사실 생명은 지식보다 몇 천 배 더 중요하다. 그러나 생명이 어느 정도 자란 후에는 새로워진 지성에서 나오는 지식을 추구하는 것이 반드시 필요하다. 우리는 심령과 지성이 함께 새로워지는 것이 얼마나 시급한 것인지를 알아야 한다.

만일 그리스도인의 지성이 새로워지지 않는다면, 그의 생활은 균형을 잃고 편협해지게 마련이다. 그가 일한다는 것은 거의 불가능하다. 오늘날 널리 보급되고 있는 가르침은, 그리스도인의 생활에 사랑과 인내와 겸손 같은 것이 있어야 된다는 사실을 강조한다. 이러한 심령의 특성은 매우 중요한 것이다. 다른 것으로 이러한 미

덕을 대치할 수 없기 때문이다. 그렇다 하더라도 이러한 것들이 우리의 필요를 **모두** 충족시켜 준다고 말할 수 있겠는가? 이런 것들이 중요하긴 하지만 모든 것을 포함하는 것은 아니다. 사람의 마음이 새로워지고, 확장되고, 강건케 되는 것도 똑같이 필요하다. 그렇지 않으면 균형을 잃은 생활을 하게 될 것이다.

많은 사람들이 영적인 그리스도인은 마치 어리석을수록 더 좋은 것처럼 비상식적이어야 한다고 생각한다. 그렇다면 이러한 영적인 신자들은 다른 사람들보다 조금 더 선한 생활을 한다는 것 외에는 다른 쓸모가 없으며, 이런 이들에겐 어떤 일도 맡길 수가 없을 것이다. 물론 우리는 세상적인 지혜나 지식을 주장하지 않는다. 하나님의 구속은 죄로 물든 우리의 옛 마음을 필요로 하지 않기 때문이다. 그러나 하나님께서는 우리의 마음이 우리의 영과 같이 새롭게 되기를 원하신다. 하나님께서는 우리의 사고 생활을 창조 당시의 우수한 상태로 환원시킴으로써, 우리가 생활에서뿐 아니라 생각에서도 하나님께 영광을 돌리기를 원하신다.

마음을 소홀히 함으로써 편협해지고, 완고해지고, 심지어 더러워지는 하나님의 자녀들의 수를 누가 헤아릴 수 있겠는가? 이들은 하나님의 영광에 이르지 못한다. 주님의 백성들은 충만한 생활을 위해서는 그들의 마음이 새로워져야 한다는 것을 알아야 한다. 오늘날 하나님 나라에 일꾼이 많이 부족한 이유 중 하나는 너무나 많은 사람들이 머리를 쓰지 못하고 있기 때문이다. 이들은 구원받은 후에 마음을 새롭게 하는 일을 소홀히 함으로써 그들의 일이 장애를 받도록 내버려둔다. 성경은 우리가 "마음을 새롭게 함으로 변화를 받아야" 한다고 강조하고 있다(롬 12:2).

마음은 싸움터이다

악령들의 공격을 받고 있는 마음

　그리스도인의 정신적인 경험을 면밀히 검토해 보면, 그가 편협할 뿐만 아니라 그 외에도 많은 결함을 가지고 있음을 알게 될 것이다. 예를 들어, 그의 머리 속은 갖가지 억제할 수 없는 생각과 상상과 불순한 영상과 방황과 혼란스러운 사상들로 가득 차 있을지도 모른다. 기억력이 갑자기 약화될 수도 있고, 집중력이 약화될 수도 있으며, 원인 모를 편견에 사로잡혀 있거나, 마치 마음이 사슬에 매인 것처럼 생각이 지체되거나, 머리 속에 끊임없이 떠오르는 불순한 생각들로 인해서 얼굴이 붉어질 수도 있다. 그리스도인은 자기의 정신 생활을 규제하지 못하고, 의지가 뜻하는 바에 순종하도록 만들지 못하는 자신을 발견하게 될 것이다. 그는 헤아릴 수 없는 크고 작은 문제들을 망각해 버린다. 많은 부당한 행동을 하면서, 왜 그런 행동을 하는지도 모르고 원인을 찾으려고 하지도 않는다. 육신적으로는 아주 건강하지만, 정신적으로 이와 같은 징후들이 의미하는 바를 이해하지 못한다. 현재 많은 성도들이 이러한 정신적인 어려움에 직면해 있지만, 그 원인이 어디에 있는지 알지 못한다.

　누구든지 자신에게서 위에 언급한 몇 가지 징후들이 발견된다면, 그 근본 원인을 판별하기 위하여 몇 가지 질문을 해볼 필요가 있다. 누가 나의 마음을 통제하고 있는가? 나 자신인가? 만일 그렇다면 왜 나는 지금 그것을 통제할 수 없는 것일까? 지금 나의 마음을 주장하는 것은 하나님이신가? 그러나 성경적인 원칙에 의하면, 하나님께서는 결코 인간을 대신해서 마음을 지배하는 일이 없으시다. (이 원칙에 대해서는 후에 더 상세히 다루기로 하겠다). 만일 나도 하나님도 정신 생활을 규제하지 않는다면, 누가 지배하고 있단 말인가? 이와 같은 정신적인 징후들을 조장하는 것은 두말할 필요도 없이 어둠의 세력이다. 따라서 하나님의 자녀가 더 이상 자신의 마음을 통제할 수 없는 것을 느낄 때마다 그는 즉시 원수가 그것을 지배하고 있다는 것을 알아야 한다.

항상 염두에 두어야 할 한 가지 사실은, 사람은 누구나 자유의지를 가지고 있다는 것이다. 하나님의 뜻은 사람이 자신을 지배하는 것이다. 인간에게는 자신이 타고난 일체의 기능을 규제할 수 있는 권세가 있다. 따라서 그의 정신적인 과정은 의지력의 지배를 받게 마련인 것이다. 그리스도인은 스스로 이렇게 질문허 보아야 한다. "이것은 나의 생각인가? 생각하는 것은 나 자신인가?" 만일 생각하는 것이 내가 아니라면, 그것은 틀림없이 인간의 마음속에 역사할 수 있는 악령일 것이다. 나는 생각하지 않으려고 하는데(나의 마음은 대개 나의 의지를 따른다) 계속 생각이 난다면, 그것은 나의 생각이 아니고 "제3자"에게서 나오는 생각이다. 그 제3자는 나의 의지에 반하여 나의 마음의 기능을 사용한다. 우리가 생각하려고 하지 않는데 머리 속에 떠오르는 생각들이 있다면, 그것은 나 자신의 생각이 아니고 악령의 생각임을 알아야 한다.

어떤 생각이 자신에게 속한 것인지 악령으로 인한 것인지 판별하려면, 그 생각이 어떻게 유발되었는가를 살펴보아야 한다. 만일 처음에 그의 정신적인 기능이 침착하고 평온한 상태에서 그가 처한 환경에 따라 정상적으로 기능하다가, 갑자기(그의 현재 환경이나 하고 있는 일과 관계없는) 어떤 생각이나 아이디어가 두뇌를 스쳐간다면, 그와 같이 무질서하고 돌발적인 생각은 십중팔구 악령들의 행위에서 연유한 것이다. 악령들은 그들의 생각을 신자의 머

마음은 싸움터이다

리 속에 주입시켜, 신자가 그 생각을 자신의 생각으로 받아들이도록 유인하려 한다.

악령들이 사람의 머리 속에 집어넣는 생각은, 그때까지 그가 생각지도 않았던 것이며 그가 생각하던 방향과 전혀 맞지 않는 것이다. 그것은 그가 스스로 생각해 본적이 없는 전혀 "새로운" 것이다. 그러한 생각은 갑자기 돌발적으로 일어난다. 누구든지 이러한 종류의 생각이 떠오를 때는 다음과 같이 자문해 보는 것이 좋다. "나는 정말 **이와 같이** 생각하는가?" "생각하고 있는 주체가 과연 나 **자신인가?**" "나는 그와 같이 생각하기를 원하는가?" 아니면 "이것은 내 머리 속에서 독자적으로 일어나는 것인가?"

하나님의 자녀는 생각하는 주체가 자기 자신인지 아닌지를 판별해야 한다. 만일 어떤 생각이 자신에게서 나온 것이 아니고 오히려 그 생각에 반대하는데도 그것이 계속 머리 속에 남아 있다면, 그 생각은 원수에게서 나온 것임을 알 수 있다. 사람이 생각하지 않기로 결심한 생각이나 그의 의지에 반대되는 생각은 그 사람에게서 나온 것이 아니고 외부에서 들어온 것이다.

그리고 우리의 머리는 종종 종잡을 수 없는 잡다한 생각들로 범람한다. 이럴 때 우리의 머리는 외부 세력에 의해서 움직이는 "생각하는 기계"와 같다. 생각은 계속 하지만 그만두지를 못한다. 신자가 머리를 설레설레 흔들며 생각을 떨쳐버리려고 해도 그럴 수가 없다. 생각은 밤낮 파도처럼 밀어닥치는데, 그것을 중단시킬 길은 없다. 우리는 이것이 악령의 활동에 지나지 않는다는 것을 알지 못한다.

우리는 "생각"이 무엇인가를 이해해야 한다. 생각은 우리의 **마음이 붙잡으려고 하는** 어떤 것이다. 그러나 이런 제어하기 어려운 생각들의 경우에는, 마음이 어떤 것을 붙잡고 있는 것이 아니라 어떤 것이 우리의 마음을 붙잡고 있는 것이다. 자연스러운 생활 과정에서 어떤 문제들에 대하여 생각하는 것은 마음이다. 그러나 이제는 이런 문제들이 마음으로 하여금 생각하도록 강요한다. 우리는 종종 어떤 문제를 제쳐놓고 싶지만, 어떤 외적인 힘이 그 문제를 잊지 못하게 하고 계속 생각하도록 강요할 때가 있다. 이것이 바로 악령들이 하는 일이다.

결론적으로 종합해서 말하자면, 우리는 모든 비정상적인 징후들을 조사해서 밝혀야 한다. 병과 같은 자연스러운 원인을 제외하고, 모든 비정상적인 징후의 원인은 악령에 있다. 하나님께서는 결코 인간의 타고난 능력에 간섭하지 않으신다. 하나님께서는 결코 갑작스럽게 자신의 생각을 인간의 생각과 혼합시키지 않으시며, 또 갑자기 인간의 지적인 기능을 제한하거나 파괴하지 않으신다. 머리 속이 진공 상태가 된 것처럼 갑자기 모든 생각이 중단되는 것, 당시 마음속에 있는 생각의 흐름과 완전히 모순되는 생각이 불현듯 떠오르는 것, 전깃줄이 중도에서 툭 끊기는 것처럼 기억력이 갑자기 마비되는 것, 이 모든 것이 원수가 스쳐간 흔적이다.

악령이 사고의 기관을 붙잡고 있기 때문에, 그 기능을 중단시킬 수도 있고 다시 놓아 주어 발동하게 할 수도 있다. 우리는 자연스러운 원인은 자연스러운 징후만을 낳는다는 사실을 인식해야 한다. 갑작스런 생각들이나 기억력의 상실은 우리의 의지력이나 능력으로 어쩔 수 없는 것으로, 자연스러운 원인과 결과에 반대되는 것이다. 따라서 이런 일들은 초자연적인 악의 세력으로 말미암아 일어나는 것이다.

에베소 그리스도인들에게 보낸 편지에서 바울은 "불순종의 아들

마음은 싸움터이다

들 가운데서 역사하는 영"(엡 2:2)에 대해서 언급하고 있다. 어둠의 세력은 외부에서 역사할 뿐만 아니라 사람 안에서도 역사한다는 사실을 알아두는 것이 중요하다. 사람들이 일할 때는 기껏해야 말과 행동과 몸의 움직임으로 일할 수 있다. 그러나 악령들은 이 모든 것을 통해 일하는 데서 그치지 않는다. 악령들은 사람들이 하는 것과 똑같은 방법으로 외부로부터 일할 수 있다. 그러나 악령은 한 걸음 더 나아가 내부로부터도 일할 수 있다. 이것은 악령들이 인간의 사고 생활과 일 속에 끼어들 수 있다는 것을 의미하는 것이다. 인간은 이것을 할 수 없다. 인간은 다른 사람의 두뇌 속에 들어가서 간교하게 여러 가지 제안을 하고 생각의 원천을 흐려놓을 수 없다. 그러나 악령은 할 수 있다.

악령들은 사람들이 갖지 못한 교통의 능력(ability in communication)을 가지고 있다. 악령들은 우선 사람의 머리 속에서 일을 벌이고 그 다음에 감정으로 힘을 뻗친다. 마음과 감정은 긴밀하게 연결되어 있기 때문이다. 악령들은 먼저 마음에서 역사하고 거기서부터 인간의 의지에까지 손을 뻗친다. 마음과 의지도 긴밀하게 연결되어 있기 때문이다.

이 원수의 영들이 활동하는 방법은 인간의 머리 속에 그들의 목표를 달성하는 데 필요한 관념들을 은연중에 주입시키거나, 반대로 그들의 뜻에 맞지 않는 생각을 차단시킴으로써 인간이 그것을 생각하지 못하도록 하는 것이다. 성경은 어둠의 세력이 사람에게 생각을 심어 줄 수도 있고 또 사람에게서 생각을 빼앗아갈 수도 있다는 것을 분명히 시사하고 있다. "마귀가 벌써 시몬의 아들 가룟 유다의 마음에 예수를 팔려는 생각을 넣었더니"(요 13:2). 이것은 사탄이 그의 생각을 사람의 마음속에 주입시킬 수 있음을 보여주는 것이다. "길가에 있다는 것은 말씀을 들은 자니 이에 마귀가 와서 그들로 믿어 구원을 얻지 못하게 하려고 말씀을 그 마음에서 빼앗는 것이요"(눅 8:12). 이것은 사탄이, 사람이 기억해야 할 말씀을 빼앗아가고 모든 것을 망각하게 만드는 장본인임을 증명하는 것이다.

위의 두 구절은 인간의 마음에 대한 악령의 두 가지 작용을 잘 보여주고 있다. 악령들은 인간의 마음에 무엇을 더해 주거나 무엇을 빼앗아감으로써 자신의 목표를 달성한다.

악령들이 공격하는 이유

그리스도인의 정신 생활이 악령들에 의해서 그와 같이 심한 괴로움을 당하는 이유는 어디에 있는가? 이 질문에 대한 답은 간단하다. 즉 신자들이 악령들(혹은 마귀)에게 공격할 기회를 주기 때문이다. 사람의 마음이 마귀에 의해서 공격을 받을 수 있다는 것을 분명히 알아야 한다. 많은 성도들의 경험이 이것을 확증해 주고 있다. 그리고 마귀에 의해서 주로 공격을 받는 부분은 생각하는 기관이다. 마음은 악령과 특별히 밀접한 관계를 맺고 있기 때문이다.

마음은 부분적으로 아니면 전적으로 인간의 주권에서 벗어나 악령들의 지배하에 들어갔다. 따라서 이들 어둠의 세력은 사람의 의견은 완전히 무시하고 **그들의 소원대로 생각을 일으킬 수도 있고 끊을 수도 있다.** 비록 머리는 아직 신자에게 붙어 있지만, 머리에 대한 주권은 "제3자"에게 강탈을 당하고 말았다. 아무리 열을 올려 반항한다고 하더라도 달라지는 것은 별로 없다.

누구든지 악령들에게 기회를 주게 되면, 그는 더 이상 자기의 뜻

마음은 싸움터이다

SPIRITUAL

을 따를 수 없고, 다른 이의 뜻에 순응해야 한다. 마음속에서 악령들에게 자리를 내어주는 즉시 우리는 그 마음에 대한 주권을 포기하는 것이다. 이것은 또한 우리의 정신 기능이 악령들에게 점거되어 있다는 사실을 입증해 주는 것이다. 악령들의 공격을 받지 않았더라면, 우리의 의지는 계속해서 모든 것을 지배했을 것이다. 우리는 아무런 어려움 없이 원하는 대로 생각할 수도 있고 생각을 멈출 수도 있었을 것이다.

이와 같은 마음과 악령들 간의 밀접한 관계 때문에 그리스도인은 종종 악령들에게 기회를 주는 것이다. 그렇게 기회를 포착하면 악의 세력은 신자의 머리 속에서 아무런 거리낌없이 권세를 행사할 수 있게 된다. 그러나 인간의 마음은 **인간**에게 속해 있다는 이 한 가지 사실만은 기억해 두자. 인간의 허락이 없이는 사탄도 그것을 사용할 힘이 없는 것이다. 인간이 (알든 모르든 간에) **자발적으로** 자신의 마음을 악령들에게 내맡기지만 않는다면 악령들은 인간의 자유를 침해할 권리가 없다. 이것은 이와 같은 악령들이 생각을 통하여 우리를 유혹할 수 없다는 뜻은 아니다(생각을 통하여 유혹받는 것은 피할 수 없는 것이다). 그러나 우리를 유혹하는 생각에 대해서 우리의 의지로 거부한다면 그 생각은 즉시 중단될 것이다. 오늘날 많은 그리스도인들의 결함은 그들이 종종 의지로 거부할지라도 생각은 계속된다는 것이다. 그래서는 안 된다. 이것은 악령들이 역사하고 있다는 확실한 증거이다.

이들의 악한 활동과 관련해서 제일 결정적인 요소는 그들에게 주어진 **기지**를 차지하는 것이다. 적절한 발판이 주어지지 않으면 악령들은 활동할 수 없다. 악령들의 활동량은 그들에게 내어준 공간의 양에 따라 좌우된다. 그리스도인이 악령들에게 활동 영역을 제공하는 것은 사고 기관을 통해서이기 때문에, 악령들은 사고 기관을 통해서 활동한다. 일반적으로 원수에게 내어줄 수 있는 기지는 여섯 가지가 있는데, 여기서 그 하나하나를 좀더 상세하게 살펴보기로 하겠다.

1. 새로워지지 않은 마음

육신은 계속해서 원수가 활동할 수 있는 근거를 제공해 준다. 만일 사람의 영이 거듭난 후에도 마음이 새로워지지 않는다면, 그는 굉장한 활동 영역을 악령에게 내어주는 것이다. 많은 성도들이 회개하는 순간 정신상태가 변화되는 반면에, 사탄에 의해 닫혀진 마음의 눈은 아직 완전히 뜨이지 않고 있으며 여러 면에서 가리워져 있다. 이 어두운 구석은 악령들의 이전 활동 무대였다. 비록 굉장히 방해를 받긴 하지만 이 어두운 구석은 아직 완전히 제거되지 않았다. 따라서 보이지 않는 악한 군대들에게 활동할 수 있는 기지를 계속해서 제공해 주는 것이다.

마귀의 군대는 그들의 행위를 가리는 일에 극히 주의를 기울인다. 만일 그리스도인이 계속 육신적인 상태로 머문다면, 마귀의 군대는 그의 성격과 기질에 어울리는 것처럼 보이는 생각을 그에게 주입시켜 그것이 자신의 생각에서 나온 자연스런 결론이라고 믿도록 만들 것이다. 이 새로워지지 않은 마음이 악령들의 제일 좋은 일터라는 것과, 적군은 갖가지 방법을 동원해서 신자를 무식한 상태에 묶어 두려고 하거나 신자가 마음을 새롭게 하지 못하도록 훼방 놓으려 한다는 것을 알아야 한다.

원수에게 이러한 마음밭을 내어주는 것은 그리스도인들 사이에 아주 흔히 있는 일이다. 이러한 것이 그리스도인들이 내어주는 유일한 종류의 마음밭이라면 그들의 지능과 기억이 그처럼 심한 피해를 겪지는 않을 것이다. 그러나 또 다른 종류의 마음밭이 있다.

2. 부당한 마음

모든 죄는 원수에게 활동 영역을 제공한다. 만일 하나님의 자녀가 그 마음에 죄를 품고 있으면 그는 자기의 마음을 악령들이 쓸 수 있도록 빌려주고 있는 것이다. 모든 죄는 어두운 세력에서 기인하는 것이기 때문에, 그의 마음에 어떤 죄든지 죄가 존속하는 것을 허락하는 한, 그는 이 어둠의 세력에 저항할 수 없다. 죄된 생각이 마음에 오래 남아있을수록 악령들은 그만큼 더 많이 활동할 수 있다. 모든 더러운 생각과 교만하고 사납고 불의한 생각이 이 악령들에게 활동 기지를 제공하고 있다. 하나님의 자녀가 일단 이러한 생각을 허용한다면, 그는 다음번에 다시 그 생각이 떠오를 때 그것을 저지하기가 더 힘들다는 것을 알게 될 것이다. 어둠의 세력이 이미 그의 마음속에 일정한 기지를 확보해 놓았기 때문이다.

죄된 생각들 외에도 원수에게 활동 기지를 제공하는 부당한 생각들이 많이 있다. 종종 사탄의 무리가 신자의 머리 속에 어떤 생각을 주입시킨다. 신자가 그 생각을 받아들이면, 그 생각은 신자의 마음속에 하나의 발판을 확보하는 것이다. 모든 증명되지 않은 이론과 헛된 생각, 알 수 없는 생각, 우연히 지나다 들은 말, 무심코 읽은 한두 줄의 글, 이 모든 것들이 원수가 앞으로 활동할 수 있는 기지를 제공해 주는 것이다. 원수는 사람을 온통 편견으로 충만하게 함으로써 그를 기만하여 하나님의 진리를 대적하고 여러 가지

이단의 학설을 받아들이게 만든다.

3. 하나님의 진리를 오해하는 것

악령들로부터 거짓말을 받아들일 때마다 스스로 원수에게 새로운 기지를 제공하는 것이라는 사실을 알고 있는 그리스도인은 별로 많지 않다. 하나님을 따르는 자들이 악령들이 자신의 몸이나 환경이나 일에 공작을 벌이고 있는 것을 알지 못하고, 이를 자연스러운 것이나 자신에게서 기인하는 것으로 오해한다면, 그들은 악령들에게 굉장한 영토를 내어주는 셈이다. 그들이 받아들인 거짓말은 후에 사탄적인 요소가 활동할 수 있는 무대를 만들어 주는 것이다. 이러한 현상을 자신의 "자아"에서 비롯된 결과라고 오해함으로써 우리는 무의식중에 이런 것들이 생활 속에 남아있도록 만든다. 비록 그것이 기만을 통해 들어온다 해도, 그것은 악령들이 활동할 수 있는 충분한 발판을 제공해 주는 것이다.

반면에 많은 그리스도인들은 하나님의 진리들을 으해하고 있다. 그리스도와 함께 죽는 것, 헌신, 성령의 활동 등의 참된 의미를 모르기 때문에 이들은 이 진리들에 대해 자기 나름대로의 해석을 하고, 결국 편견에 빠지게 된다. 이 기회를 놓칠세라, 악령들은 성도들이 하나님의 진리에 대해 오해하고 있는 것과 똑같은 것을 성도들에게 전해준다. 악령들은 신자들의 오해에 따라서 전략을 세운다. 그런데 신자들은 이런 것들이 자기의 오해에 근거한 것이며 악령들의 모조품에 지나지 않는다는 사실을 알지 못하고, 이런 것들이 하나님께로서 난 것이라고 단정한다.

마음은 싸움터이다

4. 제안을 받아들이는 것

　사탄의 세력이 그리스도인의 마음에 심어주는 생각은 무수히 많은데, 특히 그의 환경과 장래에 관한 생각들이 많다. 악령들은 신자에게 앞으로 어떤 일이 닥칠 것이며 어떻게 될 것인가를 미리 말해 주고 예언하기를 좋아한다. 만일 그리스도인이 이러한 예언이 어디에서 나온 것인지를 인식하지 못하고 이런 것을 마음에 두고 있으면, 악령들은 적절한 때를 이용해서 환경을 움직여 일이 꼭 예언한 대로 이루어지게 만든다. 어쩌면 신자는 모든 것이 원수의 세력에 의해서 이루어진 것임을 알지 못하고, 일이 그렇게 될 것을 기대했을지도 모른다. 원수의 세력은 단지 그들의 생각을 예언의 형태로 바꾸어 신자의 머리 속에 주입시키고, 신자가 그들의 생각을 받아들이는지 거절하는지를 살펴볼 뿐이다. 그래서 신자의 의지가 반대를 제기하지 않고 승인하는 뜻을 표하면 악령들은 자기들이 제안한 것을 그대로 이행할 수 있는 발판을 굳히게 되는 것이다. 점쟁이들의 말이 이루어지는 것은 전적으로 이 원칙에 근거한 것이다.

　때때로 원수는 그리스도인의 몸이 약해지거나 병이 들 것에 대해서 예언적인 발언을 하곤 한다. 만일 신자가 이 생각을 받아들이면 그는 정말 약해져서 병을 앓게 된다. 그는 자신이 실제로 아프다고 생각한다. 과학적인 지식을 가지고 있는 사람들은 이것을 심리적인 병이라고 결론을 내리겠지만, 영적 통찰력을 가지고 있는 사람들은 그것이 단순히 신자가 악령의 제안을 받아들여 악령에게 상황을 위조하도록 기반을 제공해 주었기 때문이라는 사실을 알 것이다. 소위 "자연적인 병"이나 "심리적인 병"이라고 하는 것 중에, 얼마나 많은 것들이 실제로는 악령들의 공작이겠는가! 그리스도인이 악령들에게서 나온 생각들을 물리치지 못할 때, 악령들에게 일할 수 있는 기반을 내어주는 것이다.

5. 공허한 마음

하나님께서는 인간을 창조하실 때, 지적인 능력을 가진 인간으로 만드셨다. "말씀을 듣고 깨닫는 자니"(마 13:23). 하나님께서는 인간이 그의 지능을 써서 하나님의 말씀을 깨닫기를 원하신다. 그렇게 말씀을 이해할 때, 감정과 의지와 영에까지 미치게 되는 것이다. 따라서 활동적인 머리는 악령들의 일에 장애가 된다. 악령들의 가장 큰 목표 중 하나는 사람의 마음을 "공허한 상태"로 이끌어가는 것이다. 공허함이란 속이 텅 비어 완전히 공백이 생긴 것을 말한다. 원수의 세력은 기만이나 압력을 통하여 그리스도인의 정신적 기능을 공허한 상태로 유도한다. 악령들은 그리스도인의 머리가 텅 비어 있으면 정상적인 생각을 할 수 없다는 것을 알고 있다. 그러한 상태에서 그리스도인은 모든 사고력과 지각력을 잃고 악령들의 가르침을 (그 성격이나 결과를 생각지 않고) 무조건 받아들인다.

그리스도인은 자신의 마음을 활용하지 않으면 안 된다. 그리스도인이 마음의 기능을 발휘할 때 악령들은 불리한 입장에 놓이게 되므로, 그들은 온 힘을 다하여 그 마음을 공허한 상태로 만들려 하는 것이다. 마음이 정상적으로 기능을 발휘할 때에만, 그리스도인은 무의미한 초자연적 계시와 외부에서 주어지는 갖가지 제안들을 **분별하고**, 이런 것들이 외부에서 투입된 것임을 인식할 수 있다.

마음은 싸움터이다

공허한 마음은 악령이 활동할 수 있는 터전을 제공해 준다. 텅 빈 머리 속에 들어오는 모든 계시와 관념들은 출처가 원수에게 있다. 그리스도인이 어느 때이고 자신의 사고 기관을 활용하지 않으면, 그는 마귀의 영들이 얼마나 열심히 그의 생각을 도우려 하는지를 발견하게 될 것이다!

6. 수동적인 마음

일반적으로 말해서, 공허한 마음과 수동적인 마음은 크게 다를 것이 없다. 엄격하게 말해서 공허한 머리란 머리를 사용하지 않는 것을 의미하고, 수동적인 머리는 어떤 외부 세력이 그것을 자극해 주기만을 기다리고 있는 상태를 의미한다. 수동적인 마음은 공허한 마음보다 한 단계 더 나쁜 상태이다. 수동적인 상태란 혼자 움직이기를 꺼리면서 대신 외부 요소가 자기를 움직이도록 하는 것이다. 수동적인 머리는 언제나 혼자 생각하지 않고, 외부의 힘이 생각을 대신 하게 만드는 것이다. 수동적인 태도는 결국 사람을 하나의 기계로 전락시킨다.

수동적인 상태는 악령들에게 신자의 의지와 몸을 점령할 수 있는 기회를 마련해 준다. 어두워진 마음이 스스로 무엇을 하며 어디로 가고 있는지를 알지 못하기 때문에 쉽게 기만을 당하듯이, 수동적인 마음도 감수성이 전혀 없기 때문에 공격에 약하다. 누구든지 자기 머리로 생각과 탐구와 결정을 하지 않고 더 이상 자기의 행동과 경험을 성경에 비추어 검토하지 않으면, 그는 사실상 사탄이 자기의 마음을 침범해서 자기를 기만하도록 초청하고 있는 것이다.

성령의 인도를 따르기를 갈망하는 주의 백성들 가운데 많은 사람들은, 겉으로 보기에 하나님으로부터 온 것처럼 보이는 생각들은 일체 성경에 비추어 따지고 조사하고 판단해 볼 필요가 없다고 느낀다. 이들은 성령의 인도를 받는 것이, 자신에 대하여 죽은 상태에서 무엇이든지 머리에 떠오르는 관념이나 충동을 따르는 것이라고 생각한다. 이들은 특별히 기도하고 난 후에 떠오르는 생각을 따른다. 따라서 이들은 기도하는 동안과 기도한 후에 자신의 마음을 수동적으로 조절하는 것이다. 그들은 "하나님의 생각"을 받기 위하여 자신의 생각과 정신적인 활동을 중단시킨다. 그 결과 그들은 이유 없이 완악해져서 여러 가지 비합리적이고 어처구니없는 일들을 하게 된다.

이들은 다음의 사실들을 알지 못한다. (1) 기도는 우리의 생각을 경건한 생각으로 변화시키지 않는다. (2) 기도하는 동안과 기도한 후에 하나님의 생각을 기다리는 것은 악령들로부터 거짓된 사상을 구하는 것이나 다름없다. (3) 하나님의 인도하심은 영의 직관에 있지, 혼의 마음에 있지 않다.

많은 성도들이 하나님께서 원하시는 것은 우리가 수동적으로 되는 것이 아니라 적극적으로 협조하는 것이라는 사실을 알지 못하고, 수동적인 마음을 가지도록 자신을 단련시키는 데 많은 시간을 보낸다. 그들은 하나님의 생각들을 소유하기 위하여 자기 스스로 생각하지 못하도록 억제한다. 이들은, 자신이 두뇌를 쓰지 않으면 하나님께서도 그 두뇌를 사용하지 않으시며 또 하나님의 생각을 주입시켜 주지 않으신다는 단순한 사실을 이해하지 못하고 있다.

하나님의 원칙은 언제나 인간이 자기의 의지로 자신의 전인격을 다스리고 하나님과 함께 일하는 것이다. 마귀만이 수동적인 마음을 틈타서 마음을 다스리는 통제권을 인간에게서 빼앗아간다. 하

마음은 싸움터이다

하나님께서는 인간이 로봇처럼 자기의 계시를 기계적으로 받아들이기를 원치 않으신다. 인간이 로봇처럼 움직이기를 원하는 것은 마귀의 영들뿐이다. 모든 수동적인 태도는 악령에게 유익을 준다. 악령들은 하나님의 백성들의 어리석음과 수동성을 이용하여 그들의 마음속에 역사하기 때문이다.

수동적인 태도

일단 악령들에게 내어준 "기지"는 악령들의 "일터"가 된다. 그 중에서도 제일 심각한 것이 수동적인 태도이다. 수동적인 태도는 의지의 태도를 나타내고, 의지의 태도는 전인격을 나타낸다. 수동적인 태도는 악한 요소들이 활동할 수 있는 자유를 제공한다. 악령들은 습관적으로 자신의 정체를 숨기고 성도들을 속이려고 한다. 그리스도인이 수동적인 이유는 무지하기 때문이다. 그는 영적인 생활에서 마음의 역할을 오해하고 있다. 다시 말해서 그는 마음을 너무 과대 평가하는 동시에 과소 평가 하고 있다. 따라서 그는 사고능력을 둔감한 상태에 빠지게 만들고, 그와 같은 상태에서 나오는 생각은 어느 것이나 환영한다. 그러므로 하나님께서 인도하시는 방법을 분명히 이해하는 것이 반드시 필요하다.

마음의 수동성은 헌신의 의미와 성령에게 순종하는 것을 잘못 이해한 데서 연유한다. 많은 사람들은 당연히 머리 속의 생각들이 그들의 영적 생활에 방해가 된다고 생각한다. 그들은 기능을 중단하거나 무질서하게 기능하는 두뇌는 신앙 생활에 방해가 되지만, 정상적인 기능을 발휘하는 두뇌는 유익할 뿐만 아니라 없어서는 안 될 필수적인 것임을 모르고 있다. 이와 같은 마음만이 하나님과 협조할 수 있는 것이다.

　전에 강조한 대로, 정상적인 하나님의 인도는 영의 직관 속에 있는 것이지 마음에 있는 것이 아니다. 이 원칙에 대한 올바른 이해는 절대적으로 필요한 것으로, 우리는 이 원칙을 결코 잊어서는 안 된다. 신자는 자신의 직관 속의 계시를 따라야 하며, 머리 속의 생각을 따라서는 안 된다. 마음의 소리를 따르는 사람은 육신을 따르며, 곁길로 탈선하고 있는 것이다. 그러나 우리는 마음이 전혀 쓸모가 없다거나 2차적인 역할도 할 수 없다고 말하지 않았다. 우리가 만일 마음을 하나님과 직접적인 교제를 나누는 기관이나 하나님으로부터 계시를 받는 기관으로 승격시킨다면, 굉장한 과오를 범하는 것이다. 마음에 맡겨진 일은 따로 있다. 그 일은 바로 직관을 **보조하는** 일이다.

　그렇다. 우리가 하나님의 뜻을 알게 되는 것은 직관을 통해서이다. 그러나 우리에게는 "우리의 내적인 감각"을 살피고, 그것이 직관에서 난 것인지 감정의 장난인지, 하나님께로서 난 것인지, 그리고 말씀에 화합되는 것인지를 판단하는 마음이 필요하다. 우리는 직관으로 알고, 마음으로 증명한다. 우리는 얼마나 과오를 범하기 쉬운가! 마음의 도움이 없이는 어느 것이 참으로 하나님으로부터 난 것인지를 진단할 수 없는 것이다.

　정상적인 하나님의 인도 과정에서도 마음이 필요하다. 직관의 인도는 종종 이성의 사고와 반대되기도 하지만, 우리는 직관과 논쟁을 벌이기 위해서가 아니라 이것이 참으로 하나님으로부터 온 것인가를 시험하기 위해서 머리를 쓰지 않으면 안 된다. 직관은 하나님의 뜻을 매우 빠르게 파악해낸다. 그러나 우리의 두뇌로 하여금 우리가 깨달은 것이 참으로 우리의 직관과 성령으로부터 온 것

마음은 싸움터이다

인지를 검토하고 증명하게 하는 데는 시간이 필요하다. 만일 그것이 하나님으로부터 온 것이면 우리의 직관은 조사를 받는 동안에 훨씬 더 정확한 감각을 유출함으로써, 그것이 진실로 하나님으로부터 온 것임을 이전보다 더 강하게 믿게 만든다. 마음을 이와 같이 —**조사**하는 데 — 활용하는 것은 유익할 뿐만 아니라, 정당한 것이다. 그러나 이 감각이 육신적인 생각과 감정에 속한 것이라면, 조사하는 과정에서 우리의 양심은 반대의 소리를 높일 것이다.

결국 어떤 문제가 하나님께로서 온 것인지를 알아보기 위해서 마음으로 조사하는 것은 직관을 방해하기는커녕 오히려 직관에게 스스로를 증명해 보일 수 있는 기회를 주는 것이다. 만일 그것이 직관에서 나온 것이라면 마음의 조사를 두려워 할 이유가 있겠는가? 반면에 무엇이든지 검사받기를 두려워하는 것은 자신의 자아에서 비롯된 것일 때가 많다. 머리는 지도하거나 인도하는 것이 아니다. 그러나 인도의 정당성을 검토하는 데 있어서 머리는 절대적으로 필요한 것이다.

이러한 가르침은 성경 말씀에 위배되는 것이 아니다. "그러므로 어리석은 자가 되지 말고 오직 주의 뜻이 무엇인가 이해하라" 그리고 "주께 기쁘시게 할 것이 무엇인가 시험하여 보라"(엡 5:17,10). 마음의 기능은 사용하지 않고 제쳐놓아서는 안 된다. 하나님께서는 인간의 혼의 갖가지 요소들을 말살하지 않으신다. 하나님께서는 그들을 먼저 새롭게 한 다음에 사용하신다. 하나님께서는 그의 자녀가 하나님께 순종할 때 자기가 무엇을 하고 있는지를 알기 원하신다. 하나님은 우리가 무감각하게 맹목적으로 따르는 것을 요구하지 않으신다. 신자가 자기가 무엇을 하고 있는지도 모르고 어리둥절한 상태에서 그저 듣고 느끼는 바에 따라 행하는 것은 결코 하나님께서 원하시는 것이 아니다. 그리고 신자의 이해나 동의가 없이 신자의 몸의 일부를 사용하는 것은 하나님의 방법이 아니다.

하나님이 원하시는 것은, 그리스도인이 하나님의 뜻을 이해하고 의식적으로 몸의 여러 부분을 사용하여 하나님께 복종하는 것이다. 책임지는 것을 거부하는 사람은 게으른 사람이다. 그는 오로지 수동적인 상태에서 부분적으로 아니면 전적으로 하나님에 의해 움직이게 되기를 기대하기 때문이다. 그러나 하나님께서는 인간이 적극적으로 하나님의 뜻이 무엇인지를 검토하고, 그 다음에 자신의 의지를 사용하여 하나님께 복종하기를 원하신다. 하나님께서는 인간의 직관과 의식이 함께 조화를 이루어 일하기를 원하신다.

그렇다 하더라도 신자는 이것이 하나님의 인도하시는 방법이라는 것을 알지 못하고 스스로 수동적인 상태로 빠져 들어갈 수 있다. 그는 하나님께서 자신의 뜻을 그의 생각 속에 넣어 주실 거라고 기대할 것이다. 그리고 자신의 마음을 사용하여 그것이 과연 하나님에게서 온 것인지 확인하지 않고, 맹목적으로 모든 초자연적인 지시를 따른다. 심지어 그는 하나님께서 의식(意識)의 범주를 넘어서 자신의 육신을 사용해 주시기를 바란다. 다시 말해서 그는 하나님의 뜻이 무엇인지를 이해하기 위해서 마음을 활용하지 않고, 의지를 발휘하여 그것을 행하지 않는다. 이러한 무지의 결과로 원수가 침범해 들어온다. 수동성은 그러한 일이 일어날 수 있는 조건이 되기 때문이다. (이에 대해서는 다른 곳에서 자세히 다루겠다.)

사람이 자기의 마음을 사용하지 않으면 하나님께서도 사용하지 않으신다. 그렇게 하는 것은 하나님이 일하시는 원칙에 어긋나는 것이기 때문이다. 그러나 악령들은 그렇게 한다. 즉 그들은 조금도

마음은 싸움터이다

망설이지 않고 인간의 마음을 이용할 기회를 포착한다. 그러므로 자신의 마음이 수동적인 상태에 빠지도록 내버려두는 것은 극히 어리석은 일이다. 원수의 영들은 항상 삼킬 자를 찾아 헤매고 있기 때문이다.

악령들이 역사할 수 있는 조건으로서의 수동성에 관한 문제를 한걸음 더 나아가 생각해 보자. 우리는 악령들과 교통하는 것을 특별히 즐기는 부류의 사람들을 알고 있다. 보통 사람들은 귀신 들리는 것을 원치 않는다. 그러나 이 특별한 부류의 사람들은 귀신에게 붙들리기를 갈망한다. 이들은 점쟁이나 길흉을 말하는 자, 박수, 신접한 자, 마술사 등이다. 그들이 귀신 들리는 이유를 자세히 살펴보면, 귀신이 들리는 원리를 이해할 수 있다.

이들은 말하기를, 그들이 신들(gods)이라고 부르는 것(사실은 마귀를 말한다)에 사로잡히기 위해서는 무엇이든지 그들의 몸에 오는 것을 저지하지 말고 기꺼이 받아들여야 한다고 한다. 의지를 완전히 수동적으로 만들기 위해서는, 마음이 먼저 공허한 상태가 되어야 한다. 텅 빈 두뇌는 수동적인 의지를 낳는다. 이 두 가지 요소가 귀신 들리는 데 필요한 기본 조건이다. 따라서 "신"이 자기에게 내리기를 기다리는 점쟁이는 머리를 풀고 일정한 기간 동안 머리를 흔드는데, 머리가 어지러워지고 마음이 완전히 활동을 정지할 때까지 그리한다. 머리가 텅 비면, 그의 의지는 자연히 동작을 멈추게 된다. 이 지점에 이르면 그의 입이 무의식중에 움직이기 시작하고 차츰 몸이 떨리게 된다. 그러면 머지않아 "신"이 그에게 내리는 것이다.

이것이 귀신 들리는 한 가지 방법이다. 다른 방법들이 많이 있을지라도, 모든 영험자(靈驗者)들의 원칙은 동일하다. 즉 완전히 텅 빈 마음을 통하여 의지의 피동성에 도달하는 것이다. 왜냐하면 모든 영험자들은 영이나 귀신이 그들 위에 내린 다음부터는 그들의 머리가 더 이상 생각을 할 수 없고 그들의 의지가 더 이상 행동할 수 없다는 사실에 동의하기 때문이다. 텅 빈 마음과 수동적인 의지에 이르기 전까지는 귀신에게 사로잡히지 않은 것이다.

오늘날 사람들에게 정신 감응이나 병고침이나 변화하는 능력을 주는 소위 과학적인 최면술이나 종교적인 요가는 사실상 이 두 가지 원칙에 근거하는 것이다. 사람들의 주의를 집중시키고 조용히 앉아서 명상을 하며 좌선을 하는 부류의 사람들은 특정한 방법이 인류에게 유익을 줄 수 있다는 논리를 내세우면서 실제로 이러한 방법을 써서 사람들의 마음을 텅 빈 상태로 전락시키고 의지를 피동적인 상태로 만들어, 초자연적인 영이나 귀신들이 그들에게 여러 가지 놀라운 경험을 제공하도록 한다. 여기서 우리가 이를 지적하는 목적은 이 사람들이 스스로 악령들을 불러들이고 있다는 사실을 깨닫고 있는지의 여부를 물으려는 것이 아니고, 다만 그들이 귀신의 요구 조건을 이루어 주고 있다는 사실을 말하려는 것이다. 그 결과는 매우 심각하다. 아마 뒤늦게 이들은 자기들이 받아들인 것이 악령들이었다는 사실을 깨닫게 될 것이다.

내가 여기서 의도하는 바는 이 문제를 상세하게 다루려는 것이 아니다. 다만 주님의 백성들에게 어두운 세력의 배후에 있는 활동원칙, 즉 **공허하고 수동적인 마음과 의지**에 대해서 주지시켜 주기를 원할 뿐이다. 악령들은 이러한 조건들이 주어질 때 기뻐 날뛰게 마련이다. 악령들은 조건이 갖추어지는 즉시 그들의 일을 시작할 수 있기 때문이다.

모든 그리스도인은 악령의 역사와 성령의 역사 사이의 근본적이

마음은 싸움터이다

고도 가장 중요한 차이점을 항상 기억해 두어야 한다. 성령께서 자신이 일할 수 있는 조건을 인간 편에서 이루어 줄 때 일하시는 것처럼, 악령들도 그들이 일할 수 있는 조건을 인간이 충족시켜 줄 때 일한다. 비록 인간이 성령을 추구하는 것처럼 보일지라도, 악령들이 역사할 수 있는 여건을 마련해 주면 성령은 결코 역사하지 않으신다. 악령들은 지칠 줄 모르고 활동을 개시할 수 있는 기회를 노리고 있다. 누구든지 무엇이 참으로 하나님께 속한 것이며 무엇이 거짓된 것인가를 구별할 능력이 없다면, "이러한 현상을 처음으로 경험했을 때 나는 어떤 상태에 있었는가?"를 자문해 보면 된다. 만일 그가 성령이 활동할 수 있는 전제 조건을 다 이루었다면 그것은 하나님으로부터 온 것임에 틀림없다. 그러나 악령들이 역사하는 데 필요한 조건을 충족시켜 주었다면 그가 경험한 것은 악령이 틀림없다. 모든 초자연적인 현상을 부인하는 것이 아니다. 다만 하나님께 속한 것과 사탄에게 속한 것을 구분할 수 있기를 간절히 바랄 뿐이다.

성령과 악령이 각각 역사할 수 있는 조건들의 근본적인 차이점은 다음과 같이 요약해서 말할 수 있다.

(1) 마음의 기능을 완전히 중지시킬 것을 요구하거나 마음이 활동을 멈춘 후에야 얻을 수 있는 모든 초자연적인 계시나 환상이나 기타 이상한 현상들은 하나님께 속한 것이 아니다.

(2) 성령으로부터 일어나는 모든 환상은 신자의 마음이 완전한 기능을 발휘할 때에만 주어지는 것이다. 이러한 환상을 이해하기 위해서는 반드시 마음의 갖가지 기능을 적극적으로 활용해야 한다. 악령들의 노력은 꼭 정반대 과정을 거친다.

(3) 하나님으로부터 오는 것은 모두 하나님의 성품과 성경 말씀에 일치한다.

외적인 형태는 무시하고 다만 관계된 원칙이 무엇인가만 따져 보자. 형태는 마귀적으로 나타날 수도 있고 거룩하게 가장되어 나타날 수도 있기 때문이다. 우리는 암흑의 세력으로부터 오는 모든 초자연적인 계시는 마음의 기능을 중단할 것을 요구한다는 사실을 알 필요가 있다. 그러나 무엇이든지 하나님으로부터 오는 것은 마음의 기능이나 능력을 방해하지 않고 계속 활동할 수 있게 한다. 이스라엘 민족이 시내산에서 환상을 보았다는 구약의 기록이나 베드로가 욥바에서 환상을 보았다는 신약의 기록을 읽어 보면, 이 사람들이 그들의 머리를 사용했다는 사실을 알 수 있다.

하나님의 초자연적 계시가 기록되어 있는 신약성경의 모든 예를 살펴볼 때, 우리는 계시를 받았던 사람들은 모두 마음이 정상적인 기능을 발휘하고, **자기 자신을 제어할** 수 있으며, 몸의 어떤 부분이든 사용할 수 있는 상태에서 계시를 받았음을 알 수 있다. 그러나 거짓된 초자연적 계시는 대부분 그 계시를 받는 사람의 마음이 전적으로 아니면 부분적으로 **수동적**이 될 것을 강요받는다. 이 때 계시를 받는 사람은 부분적으로나 전체적으로 몸의 지체들을 사용할 수 없게 된다.

여기에 하나님께 속한 것과 마귀에게 속한 것의 근본적인 차이점이 있다. 예를 들어 방언을 말하는 일에 관한 기록을 보면, 언제나 방언을 말하는 사람은 자신을 제어하고 있고 의식하고 있다. 오순절날 베드로는 사람들의 비웃는 소리를 듣고 그에 응답할 수 있었으며, 자기와 자기 동료들이 술에 취한 것이 아니라 성령에 충만

마음은 싸움터이다

해 있음을 증거했다(행 2장). 고린도교회의 방언하던 사람들은 두 세 사람의 수를 셀 수 있었고, 스스로 **자제하여** 차서대로 말할 수 있었고, 통역하는 사람이 아무도 없을 때에는 **잠잠할** 수 있었다(고전 14장). 모든 사람이 의식을 잃지 않았으며 스스로를 제어할 수 있었다. 이것은 "예언하는 자들의 영이 예언하는 자들에게 제재를 받기" 때문이다(고전 14:32). 그러나 거짓된 경험 속에서는 대개 영이 예언하는 사람의 복종을 요구한다.

여기서 우리는 어느 것이 하나님께 속한 것이고 어느 것이 마귀에게 속한 것인지를 알 수 있다.

지금까지 성령에 의해서 주어지는 특별한 현상과 악령들에 의해서 주어지는 현상을 구분하는 방법을 상세하게 기록했다. 이제 **일상적인 현상**에서는 이들이 어떠한 차이점을 보이는가를 간단히 살펴봄으로써 결론을 내리고자 한다.

하나님의 인도를 예로 들어 설명하겠다. 성령께서는 우리가 지혜와 계시의 정신으로 **눈을 뜨고** 하나님을 **알게** 되기를 원하신다(엡 1:17,18). 하나님의 영은 사람을 꼭두각시처럼 세워놓고 아무런 의식 없이 자기를 따르라고 강요하지 않는다. 하나님은 사람들에게 그런 식으로 선을 강요하시는 분이 아니다. 하나님께서는 보통 인간의 깊은 속, 즉 그의 영에 자신의 생각을 나타내 주신다. 따라서 하나님의 인도하심은 결코 혼란스럽거나, 모호하거나, 강제적이지 않다.

그러나 악령들의 경우에는 다르다. 악령들이 활동하는 경로를 유의해 보라. (1) 악령들의 생각은 언제나 외부로부터 주로 마음을 경유해서 침범해 들어온다. 마귀의 생각은 우리의 존재 심층에서 나오는 것도 아니고, 우리의 직관에 주어지는 계시도 아니며, 다만 머리 속에 번개처럼 떠오르는 생각일 뿐이다. (2) 악령들의 생각은 인간으로 하여금 즉시 행동을 취하도록 강요하고 억압한다. 결코 인간에게 생각하고 고려하거나 조사할 기회를 주지 않는다. (3) 악령들의 생각은 사람의 마음을 혼돈시키고 마비시킴으로써 더 이상 생각할 수 없게 만든다.

  결국 우리는 신자의 생활 속에 일어나는 모든 현상에서, 그것이 특별한 현상이든 일반적인 현상이든 간에, 악령에게서 유출되는 것은 모두 인간의 마음의 정상적인 기능을 빼앗아간다는 것을 알 수 있다. 그러나 성령은 마음의 기능을 결코 방해하시는 일이 없다.

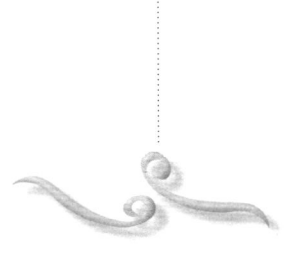

제2장
수동적인 마음 상태

너무도 많은 그리스도인들이 악령의 활동과 성령의 활동의 근본적인 차이를 알지 못하고, 무의식중에 원수가 자신의 마음을 정복하도록 허용하는 것은 슬픈 일이 아닐 수 없다. 여기서 악령의 공격을 받고 있는 마음의 상태를 간단히 검토해 보도록 하자.

갑자기 떠오르는 생각

신자의 마음이 수동적인 상태에 빠지면, 그는 외부로부터 주입되는 갖가지 생각들, 불결하고 불경하고 혼돈된 관념들을 받아들이게 된다. 이러한 생각들이 줄을 지어서 그의 머리 속을 스쳐간다. 비록 신자가 이런 생각들을 거절하기로 결정한다 할지라도 그는 생각을 중단시킬 수도 없고 생각의 방향을 바꿀 수도 없다. 그의 마음은 계속해서 돌아가는 기계와 같다. 즉 일단 시작되면 멈출

SPIRITUAL

줄을 모른다. 아무리 의지적으로 저항할지라도 그는 자신의 머리에서 이런 생각들을 떨쳐버리지 못한다. 신자의 의지에 어긋나는 생각들은 악령들에 의해서 주어진 것이다.

때때로 이러한 생각들은 번개처럼 갑자기 사람의 뇌리에 떠오른다. 이러한 생각들은 특별한 문제들을 이해하거나 발견하게 만든다. 그것은 어떤 일을 하도록 재촉하는 제안의 형태로 나타날 수도 있다. 때때로 이런 생각들은 신자 자신으로부터 일어난 것처럼 보일지도 모른다. 그러나 면밀히 검토해 보면 그는 스스로 그런 생각을 해낸 적이 없다는 것을 알게 된다. 이런 생각들은 악령들이 수동적인 마음속에 뿌려놓은 씨앗이다. 하나님의 자녀는 자신의 즉각적인 행동을 요구하는 갑작스런 생각들을 거부해야 한다. 이런 것들은 성령으로 말미암은 것이 아니기 때문이다. 만일 신자가 이런 생각들을 따른다면, 그는 이런 생각들이 얼마나 가치 없는 것인가를 깨닫게 될 것이다.

우리는 이 마지막 때에 악령들이 특별히 가르치는 일에 많이 개입하고 있음을 알고 있다(딤전 4:1). 하나님의 백성들은 수동적인 마음에 오는 이와 같은 가르침을 경계하여야 할 것이다. 성도들 가운데는 성경을 읽다가 새로운 빛을 보고, 먼저 간 성도들이 깨닫지 못한 새로운 것을 깨달았다고 생각하는 사람들이 적지 않다. 이러한 그리스도인들은 극히 주의하지 않으면 안 된다. 왜냐하면 악령의 세력이 그들의 생각을 신자에게 주입시키거나 그들의 생각을 신자의 생각에 교묘하게 혼합시키는 것은 대개 우리가 묵상하는 동안에 이루어지기 때문이다. 자신의 마음속에 악령들의 가르침을 받아들일 가능성도 있다는 것을 인식하지 못하고, 그리스도인들은 묵상중에 갑자기 떠오르는 것은 무엇이든 자기 **자신의 새로운 영**

영에 속한 사람

적 발견이라고 생각한다. 이들은 이러한 생각을 자기가 연구한 결과로 얻은 열매라고 기록하기도 하고 설교하기도 한다. 이러한 가르침을 읽거나 들은 사람들은 이 그리스도인들의 지혜에 감탄한다. 그러나 그들은 이러한 가르침이 실상은 대부분 무저갱으로부터 나온 것임을 알고 있는가?

세상에 돌아다니는 갖가지 이단들과 소위 말하는 "영적인 가르침" 그리고 그리스도의 교회를 갈라놓은 "말씀에 대한 갖가지 해석"은 대개 성경 공부하는 도중에 갑자기 떠오른 생각들에 기인하는 것이다. 이 갑자기 깨달았다는 진리가 얼마나 놀라운 것인가를 생각하기 이전에, 그 빛이 어디에서 나온 것인가를 알아보아야 한다. 그것은 성령에 의해서 우리의 직관 안에 계시된 것일까? 우리 자신의 생각에서 나온 것일까? 아니면 악령들이 조성한 것일까?

신자의 마음이 수동적이 되면, 원수가 그의 머리 속에 얼토당토 않은 생각을 집어넣기가 수월해진다. 예를 들면 그는 "당신은 하나님의 특별한 그릇입니다", "당신이 하는 일은 온 세계를 변화시킬 것입니다", "당신은 다른 사람들보다 훨씬 더 신령합니다", "당신은 다른 길을 택하지 않으면 안 됩니다", "하나님께서 머지않아 당신을 위하여 전도의 문을 열어 줄 것입니다", "당신은 나아가 믿음으로 살아야 합니다", "당신의 영적인 능력은 한이 없습니다"라고 말한다. 이와 같은 무모한 생각들은 모든 성도의 경계 태세를 해이하게 만든다. 그는 자기 자신이 얼마나 위대하고 놀라운가를 꿈꾸면서 밤낮 이러한 생각 속에 파묻혀 있다. 신자는 자신의 이성을 사용하지 않으므로, 이러한 생각들이 그의 영적인 생활에 얼마나 해로우며 가소로운 것인지를 깨닫지 못하고 있다. 그는 자신의 장래가 얼마나 영광스럽게 전개될 것인가를 상상하면서 계속 이러한 생각 속에 빠져 있다.

주님을 위해 말씀을 전하는 성도들도 가끔 갑자기 떠오르는 생각에 지배될 때가 있다. 그들은 갑자기 자기들에게 계시된 것을 전한다. 그들은 이와 같이 갑작스럽게 떠오르는 생각을 하나님으로부터 온 것으로 간주하고, 그 생각을 수동적으로 받아들인다. 이들은 하나님께서는 갑작스럽게 계시하는 일이 없으시며, 마음에 계시를 주지도 않으신다는 것을 이해하지 못하고 있다. 때때로 이러한 말들이 깊은 의미가 있는 것처럼 보일지라도, 그것은 암흑의 권세에서 나오는 것이다. 게다가 이따금씩 설교자가 말씀을 전할 때, 많은 성경 구절들이 갑자기 머리 속에 떠올라 생각을 좌우하기도 한다. 듣는 사람들은 감동을 받는 것처럼 보인다. 그러나 모임이 끝나고 말씀을 들은 사람들의 생활을 살펴보면 아무런 실제적인 도움을 주지 못했음을 알 수 있다. 그것은 꿈 같은 것이다. 이것 역시 어둠의 세력의 활동이라 할 수 있다.

마음속에서 악령들에게 영토를 내어준 하나님의 자녀는 악령들이 그 안에 어떠한 생각이라도 불러일으킬 수 있다는 것을 깨닫게 될 것이다. 동역자들 사이에서, 악령들은 종종 한 사람의 마음속에 근거없는 의심이나 분파적인 생각을 집어넣어 그들 사이를 갈라놓는다. 악령들의 악한 선동으로 인해 사역자는 아무런 근거도 없이 어떤 사람이 자기를 이러저러하게 생각한다고 결론을 짓는다. 이렇게 해서 사역자들이 서로 갈라지게 된다. 사실 그렇게 생각하는 데는 아무런 근거가 없다.

만일 하나님의 자녀가 이러한 생각의 근원을 밝힐 줄 알고 물리칠 줄 안다면, 그러한 분열은 일어나지 않을 것이다. 이러한 생각을 집어넣은 것이 악령이라는 사실을 알지 못하고 그것을 자신의 생각으로 간주하는 것은 얼마나 슬픈 일인가!

영상

원수는 또한 "신자의 마음"이라는 스크린 위에 갖가지 영상(pictures)을 투사할 수 있다. 어떤 영상은 깨끗하고 좋은 것으로 환영할 만한 것이고, 어떤 것은 불순하고 죄스러운 것으로 양심에 걸리는 것이다. 그것이 좋은 것이건 나쁜 것이건, 자기가 좋아하는 것이건 싫어하는 것이건 간에, 한 가지 슬픈 사실은 이런 영상이 그의 머리 속에 들어오는 것을 막을 힘이 그에게 없다는 것이다. 그의 의지가 반대하는데도 불구하고 그의 눈 앞에는 과거의 경험과 미래의 일에 대한 예언과 기타 다른 일들이 펼쳐져 있다. 이것은 그의 상상력이 수동적인 상태에 빠져 버렸기 때문이다.

그는 자신의 상상력을 제어하지 못하고, 악령들이 그것을 조종하도록 허락한 것이다. 하나님의 자녀는 자신의 마음에서 나오지 않는 것은 무엇이든지 초자연적인 원수의 세력에서 나온 것임을 알아야 한다.

꿈

꿈(dreams)은 자연적일 수도 있고 초자연적일 수도 있다. 어떤 꿈은 하나님의 영감을 받은 꿈인가 하면, 또 어떤 꿈은 마귀에 의해 발생된 것이다. 사람의 생리적, 심리적인 조건으로 인해서 꾸게 되는 꿈을 제외한 나머지 꿈은 그 근원이 초자연적이다. 만일 사람의 마음이 악령들에게 개방되어 있었다면, 밤에 그가 꾸게 되는 꿈

수동적인 마음 상태

SPIRITUAL

들은 대부분 낮에 접했던 "영상"이 다른 형태로 나타나는 것에 불과하다. 보이지 않는 악의 세력들은 낮 동안에는 영상을 만들어내고 밤에는 꿈을 꾸게 한다.

자신의 꿈이 마귀에게서 비롯된 것인지의 여부를 밝히기 위해서는, "나의 마음은 **보통** 수동적인가?" 하는 한 가지 질문을 해보면 된다. 만일 그렇다면, 이런 꿈들은 신빙성이 없는 것이다. 게다가 하나님께서 영감을 주시는 꿈이나 환상은 사람으로 하여금 정상적이고 평화롭고 침착하며 이성과 의식이 충만하도록 만든다. 그러나 마귀가 초래하는 것은 이상하고 무분별하고 어리석고 공상적이며, 사람을 교만하고 멍청하고 어리둥절하고 비합리적으로 만든다.

사탄의 세력이 셀 수 없는 이상한 꿈들을 그리스도인에게 주는 이유는, 그의 정신생활이 수동적이기 때문이다. 정신적인 기능이 이미 수동적인 상태에 있는 사람에게는 꿈이 모두 하나님이나 자연적인 원인에 기인하는 것이 아니라 악령으로부터 오는 것이다. 밤에는 뇌가 낮만큼 활동적이지 않다. 따라서 더 수동적이고, 마귀에게 조종당하기가 더 쉬운 것이다. 그러한 꿈을 꾸면 다음날 아침에 무거운 머리와 낙담한 심령으로 일어나게 된다. 그의 잠은 그의 힘을 회복시켜 주지 못한다. 그것은 수동적인 마음을 통해서 악령들이 그의 인격 전체에 악영향을 미쳤기 때문이다. 누구든지 밤에 이와 같은 꿈을 꾸는 사람은 악령들의 사악한 활동에 굴복하고 있는 것이다. 만일 그가 밤낮으로 악령들의 활동에 저항한다면 그는 자유를 되찾게 될 것이다.

불면증

불면증은 성도들의 공통적인 병 가운데 하나다. 동시에 이것은 마귀가 신자의 마음속에 일으키는 특별난 일이기도 하다. 많은 이들이 잠자리에 누워 있으면 생각이 꼬리를 물고 머리 속에 계속 떠오르는 것을 발견한다. 이들은 계속 그날 하루의 일에 대하여 생각하거나, 과거의 경험을 회상하거나, 서로 관련도 없는 잡다한 문제들로 마음을 채운다. 이들은 앞으로 무엇을 어떻게 할 것인가, 그리고 가장 좋은 계획이 무엇인가 등 수백 수천 가지의 문제들을 생각한다. 이들은 어떤 계획을 세울까, 어떤 일이 일어날 것인가, 그리고 갖가지 상황을 어떻게 대처해 나갈 것인가 등등 내일 있을 일을 미리 생각하고 염려한다. 이와 같은 생각들이 홍수처럼 이들에게 밀어 닥친다. 비록 이들은 잠자리가 잠을 자는 곳이지 책상처럼 생각하는 장소가 아니라는 것을 잘 알고 있지만, 이들의 머리는 끊임없이 생각한다. 이들은 다음날의 일을 위해서 잠을 자는 것이 중요하다는 것을 알고 있지만, 그리고 참으로 자고 싶지만, 무슨 이유에서인지 잠을 잘 수가 없다. 마음의 활동은 그칠 줄 모르고 잠은 이들을 피하여 달아난다.

성도들 중에는 여러날 밤 동안 잠을 이루지 못한 채 불면증으로 고통을 당해 본 사람들도 있을 것이다. 이들은 보통 때와 같이 밤이 되면 모든 염려를 내려놓고 누워서 쉴 준비를 한다. 그러나 피로가 겹쳤는데도 불구하고 머리는 쉬지를 못한다. 작동을 멈출 수 없는 기계와 같이 머리는 활동을 계속한다. 이들의 의지는 머리를 지배할 힘이 없다. 이들은 생각을 멈추지 못하고, 그저 어떻게든지 마음이 일을 멈추어 잠시라도 눈을 부칠 수 있기만을 기다린다. 보

수동적인 마음 상태

통 잠은 일상 생활에서 우리의 영을 새롭게 해준다. 그러나 여러날 밤을 불면증으로 고생한 적이 있는 신자는 밤과 잠, 그리고 잠자리를 두려워하게 된다. 그는 쉼이 필요하다. 그러나 매일 아침 그는 무시무시한 세계에서 빠져나오는 듯한 기분을 느낀다. 머리가 무겁고, 의지가 마비되고, 온통 힘이 빠지는 듯하다.

이와 같은 상황에서 하나님의 자녀는 그것이 자기의 육체적인 상태나 자극, 또는 신경과민에 원인이 있다고 믿기가 쉽다. 대개 이러한 이유들은 가정에 그칠 뿐이다. 만일 그 이유들이 정말이라면 휴식을 취하거나 그 외에 자연적인 치유책을 쓰고 나면 기운이 회복되는 것을 경험할 것이다. 그러나 그는 이와 같은 회복을 경험하지 못한다. 악령들이 이러한 자연적인 이유를 이용하여 그들의 보이지 않는 활동을 가리기 때문이다.

따라서 신자가 밤에 여러 가지 생각들이 머리 속을 스쳐지나가는 것을 의식하면, 자신에게 다음과 같은 질문들을 던져 보아야 한다 : 이러한 생각들은 어디에서 일어나는 것인가? 이 생각들은 나의 생각인가 아니면 외부에서 들어온 것인가? 내가 생각하고 있는가? 내가 이런 식으로 생각하는가? 내가 생각하기를 원치 않는데도 이런 생각이 나에게서 나올 수 있는가? 누가 나에게 이같이 복잡하고 혼란스럽고 불결하고 억압적인 생각을 주는 것일까? 악령들이 아니면 누가 이런 수작을 벌이겠는가!

건망증

마귀의 공격 때문에 적지 않은 성도들이 기억력을 상실하고 건망증에 시달리고 있다. 이들은 자기가 방금 말하나 행한 것을 잊어버린다. 이들은 같은 날 자기가 치운 물건의 위치를 생각해내지 못한다. 이들은 얼마전에 한 약속을 기억하지 못한다. 이들은 마치 머리 속에 아무것도 들은 것이 없는 것처럼 행동한다. 이런 성도들은 자기들의 기억력이 다른 사람들보다 훨씬 뒤떨어진다고 결론을 내린다. 이들은 자기들의 마음이 악령들의 공격을 받고 있다는 사실을 깨닫지 못하는 것이다. 따라서 이들은 노트에 의존해야 한다. 이들은 기억력 대신에 노트와 메모의 노예가 된다.

사람이 모든 것을 기억할 수 있어야 한다고 말하려는 것이 아니다. 우리는 무슨 일이든 여러 해가 지나면 잊어버릴 수 있고, 깊은 인상을 남기지 못한 일들은 즉시 잊어버릴 수도 있다는 것을 인정한다. 그러나 얼마전에 일어난 사건과 우리의 주의를 끌었던 사건들은 일정한 기간내에 적절한 상황에서 마땅히 기억해낼 수 있어야 한다. 왜 이들은 아무런 그림자도 남기지 않은 채, 도저히 회상할 수 없는 망각의 세계로 사라져 버리는 것일까? 이에 대한 설명은 자연적일 수가 없다. 왜냐하면 이것은 악령들의 침공에 기인하는 것이 틀림없기 때문이다.

어떤 일은 자연스럽게 망각되지만 어떤 일은 그와 같이 자연스럽게 사라지지 않는다. 부자연스런 기억상실은 도두 사탄의 세력의 간교한 공격을 암시하는 것이다. 많은 그리스도인들이 이러한 종류의 공격을 경험한다. 얼마나 많은 그리스도인들의 노력이 이러한 공격에 의해 좌절되고 있는가! 그리고 이 건망증에 의해서 얼마나 많은 농담이 유발되고 있는가! 따라서 그로 인해 신뢰도와 유용성이 떨어지는 것이다.

또 하나의 눈에 띄는 현상이 있는데, 그것은 보통 때 훌륭한 기억력을 소유하고 있는 신자가 아주 긴급한 순간에 의외로 기억력

수동적인 마음 상태

이 약화된다는 것이다. 마음의 활동이 갑자기 멈춘 것 같고 아무것도 기억하지 못하는 가운데 곤란한 지경에 빠지게 된다. 이와 같이 마음의 기능이 갑자기 활동을 멈추는 것은 그에게 이상하게 보일 것이다. 그는 이것을 육신적인 힘의 잠정적인 결핍 때문이라고 해석하고, 가끔 일어날 수 있는 일이라고 넘겨 버릴 것이다. 이 때 그가 깨닫지 못하는 것은, 이것이 그의 마음이 악령들의 공격을 받고 있기 때문에 나타나는 증상이라는 사실이다.

집중력의 결핍

사탄의 앞잡이들은 종종 그리스도인의 정신적인 집중력을 방해한다. 우리는 사람에 따라서 이 집중력의 정도가 다르다는 것을 인정한다. 그러나 그리스도인의 경험을 통해서 볼 때, 우리는 이 집중력이 악령들의 파괴적인 일을 통해서 (정도의 차는 있지만) 상실되고 있음을 알 수 있다. 어떤 사람들은 생각하려고 할 때 전혀 집중하지 못하는 것같이 보인다. 또 어떤 사람들은 그보다는 낫지만, 특정한 문제에 대해서 잠시 동안 집중적으로 생각한 후에 곧 생각이 사방으로 분산되는 것을 발견한다. 특별히 기도하는 동안이나 성경을 읽는 동안이나 설교를 듣는 동안에, 그리스도인들은 그들의 생각이 방황하는 것을 발견한다. 아무리 집중하려고 마음을 먹어도 집중할 수가 없다. 이들은 급속도로 진행되는 생각을 의지의 힘으로 잠깐 동안 멈추게 할 수 있을지도 모르나, 이러한 결과는 오래 지속되지 못한다. 때때로 이들은 모든 자제력을 상실한다. 일을 벌이고 있는 것은 마귀임에 틀림없다.

마귀가 이와 같이 설칠 수 있는 이유는, 신자가 자기 마음에 악령들이 일할 수 있는 기지를 마련해 주었기 때문이다. 아침부터 저녁까지 아무것도 하지 못하면서 마음의 힘만 낭비하는 것은 얼마나 안타까운 일인가! 육신적인 힘을 낭비하는 것이 해로운 것처럼, 정신력을 허비하는 것도 역시 해로운 것이다. 오늘날 많은 그리스도인들이 별다른 결과를 얻지 못한 채 굉장히 많은 시간을 허비하고 있다. 이들의 마음은 악령들의 공격을 받고 있기 때문에 도저히 정신을 집중하지 못하는 것이다.

이 어두운 세력의 공격 때문에 하나님의 백성들은 특별한 종류의 방심 상태를 경험하게 된다. 마음이 특정한 문제에 초점을 맞추어야 된다는 것을 알고 있지만, 갑자기 마음이 텅빈 상태로 돌변하고 생각은 다른 곳으로 유리한다. 이들은 자신이 하고 있는 일이 무엇인지, 또는 자신이 읽고 있는 것이 무엇인지 의식하지 못한다. 이들은 자신이 다른 문제에 대하여 생각하고 있었음에 틀림없다고 생각하겠지만, 그러한 생각들이 그들 자신의 의지에서 비롯될 수 있겠는가? 집회 도중에 갑자기 아무것도 들을 수 없게 되는 그리스도인들이 얼마나 많은가! 원수의 영들은 그리스도인들이 그들에게 유익한 것을 듣지 못하도록 방해를 놓는다. 그러나 그들은 마음의 기능을 정지시킴으로써 그리하지 않고 다른 문제를 생각하도록 강요함으로써 그리한다.

일단 마음이 마귀에게 공격을 받으면 신자들은 다른 사람의 말에 귀를 기울이지 못한다. 종종 우리는 타인의 말을 귀기울여 듣다가 몇몇 문장이나 말을 놓쳐 버린다. 이 때 우리는 다른 사람이 하는 말의 의미를 이해하려고 이맛살을 찌푸려 가면서 주의를 집중시킨다. 우리는 종종 아주 간단한 말을 이해하지 못하고, 우리에게 주어지는 가르침을 오해한다. 이 모든 것은 마음의 혼란 상태에서

수동적인 마음 상태

기인한다. 우리는 이미 악령들이 심어 준 여러 가지 편견으로 가득 차 있으며, 모든 것에 대한 판단을 이미 내렸다. 이러한 이유로 많은 그리스도인들이 다른 사람들이 하는 말을 듣지 못한다. 사람들이 말을 마치기도 전에 성급하게 남의 말을 막는다. 왜냐하면 악령들이 먼저 갖가지 생각으로 우리의 마음을 채우고, 우리가 자기들의 말을 듣고 그것을 남에게 전하기를 원하기 때문이다.

이러한 사람들은 사실 안팎으로 귀를 기울이고 있는데, 안으로는 원수의 제안에 귀를 기울이고 밖으로는 자기들과 이야기하는 사람들에게 귀를 기울이고 있다. 마음속의 음성이 귀에 들려오는 음성보다 훨씬 더 크기 때문에, 외부의 음성은 여간해서 들을 수가 없다. 이와 같은 방심이나 부주의함의 징후는 실제로 이들의 마음이 사탄적인 요소들로 가득 차 있다는 것을 암시하는 것이다. 신자들은 종종 자기도 모르는 사이에 갑자기 부주의한 상태에 빠지는 것을 경험한다. 이 때 사실은 이들의 마음을 악령들에게 강탈당한 것이다. 악령들의 활동에서 해방되지 않는 한, 이들은 마음을 집중할 수 없을 것이다.

이와 같은 마음의 혼란 때문에 그리스도인들은 종종 혼란된 생각을 제거해 버리기 위해 머리를 흔들 때가 있다. 이들은 자기 마음에 강한 인상을 남기기 위해서 자기 자신에게 큰 소리로 말해야 한다. 또한 이들은 크게 말하면서 생각해야 한다. 그렇지 않으면 이들의 어두워진 마음이 이해하지 못할 것이다. 게다가 이들은 자기가 읽는 내용을 자신에게 알리기 위해서 큰 소리로 읽어야만 한다. 이 모든 것이 집중력이 부족한 결과이다.

무기력함

맹렬한 공격을 받고 있는 신자의 마음은 생각할 수 있는 능력을 상실한다. 사고력이 거의 전적으로 악령들의 손아귀에 들어가게 되면 신자는 더 이상 사고력을 사용할 수 없게 된다. 비록 생각하기를 원한다 할지라도 생각할 수가 없다. 왜냐하면 그는 자기 자신의 힘으로 생각을 시작할 수가 없기 때문이다. 참으로 제어할 수 없는 수십 가지 생각들이 머리를 스쳐 지나간다. 그러나 그는 이런 생각을 멈추고 자기 자신의 생각을 시작할 수가 없다. 외부에서 들어온 생각이 너무나 압도적이어서 자기 자신의 생각을 할 여유가 없다. 때때로 마음속에 자신의 생각을 투입시킬 수 있는 틈을 발견한다 하더라도, 그는 그 생각을 지속하는 것이 매우 힘들다는 것을 알게 된다. 너무나 많은 소리와 주제들이 이미 들어와 있기 때문에 자기 자신의 생각은 밀려나게 되는 것이다.

누구든지 생각하기를 원한다면, 기억력과 상상력과 추리력을 소유하고 있어야 한다. 그러나 지금 그리스도인은 이러한 능력을 상실했기 때문에 생각할 수 없는 것이다. 그는 창작할 수도 없고 추론할 수도 없고 회상할 수도 없다. 또한 비교하거나 판단하거나 이해할 수도 없다. 따라서 그는 생각할 수 없는 것이다. 생각하려고 마음을 먹고 시도하면, 그는 어떠한 건설적인 생각도 일어나지 못하게 막는 혼미한 상태를 경험하게 된다.

이제 지적인 사고 과정이 속박을 받게 된 신자는 자연히 무질서하고 균형이 맞지 않는 관점을 소유하게 된다. 갑자기 눈 앞에 산과 같이 큰 장애물이 나타난다. 모든 것이 하늘에 이르는 계단을 올라가는 것처럼 힘겨워 보인다. 그는 생각을 요하는 것은 특별히

수동적인 마음 상태

더 두려워한다. 그는 사람들과 이야기하기를 싫어한다. 이야기하는 것은 그에게 너무 많은 것을 요구하기 때문이다. 매일매일 주어지는 일을 착실하고 꾸준히 해나가는 것은 그의 생명을 요구하는 것같이 보인다. 그는 다른 사람이 인식하지 못하는 무형의 사슬에 매여 있는 것 같다. 그는 반항하고 싶지만 결코 반항하지 못하는 노예처럼 불안감에 빠진다.

따라서 이러한 그리스도인에게는 사는 것이 마치 꿈 속을 거니는 것과 같다. 그는 생각이나 상상이나 추론이나 의식이 없이 시간을 보내고 있다. 마음이 공격을 받음으로써 의지가 또한 자동적으로 영향을 받는다. 왜냐하면, 마음은 의지의 등불이기 때문이다. 그는 환경에 의해 이리저리 밀려 다닐 뿐 스스로 아무런 결정도 내리지 못한다. 갖가지 생각으로 마음에 평안이 없을 때, 그는 이 굴레를 벗어나지 못하는 것이다. 무엇인가 보이지 않는 장애물에 부딪힌 기분이다. 하고싶은 일이 수없이 많지만, 그에게는 모든 일이 불가능하게 보이기 때문에 일을 해보려고 노력하는 도중에 중단하고 싶은 충동을 느낀다. 그에게는 매일매일의 삶이 극복할 수 없는 장애물의 연속에 불과하다. 이러한 그리스도인이 어떻게 항상 만족할 수 있겠는가?

이와 같은 무기력 상태는 일반적인 무기력함과 완전히 다르다. 일반적으로 마음이 활동하지 않고 잠잠할 때는 아무 때나 원한다면 다시 기능을 활성화시킬 수 있다. 그러나 두뇌의 무기력 상태가 악령들의 압력에 기인하는 것일 때는, 아무리 활동적이 되려고 안간 힘을 써도 마음의 기능을 한치도 움직일 수 없다. 그는 단순히 생각할 수가 없는 것이다! 머리가 무엇인가 굉장히 무거운 짐에 짓눌려 있는 듯하다. 이러한 현상이 바로 악령들에 의해 깊이 영향을 받은 정신 상태이다.

  계속해서 염려하고 걱정하는 그리스도인들은 "정신적인 무기력함"이라는 병에 걸리게 된다. 그의 주위 환경과 지위를 고려할 때, 우리는 마땅히 만족하고 행복해야 할 사람이 바로 그라는 결론을 내릴 수밖에 없다. 그러나 사실 그는 걱정과 불행한 생각들로 가득 차 있다. 그에게 왜 그런지 이유를 물어 보라. 그에게는 아무것도 만족스러운 것이 없다. 그에게 그러한 생각을 버리라고 충고해 보라. 그는 도저히 그리할 수 없는 자신을 발견할 것이다. 그는 자기 자신이 처해 있는 위기를 모르고 있다. 그는 마치 빠져나올 수 없는 수렁에 빠진 것 같다. 그는 걱정하는 데 익숙해져 있기 때문에 걱정을 딛고 일어설 힘이 없는 것이다.

  이것은 물론 원수가 내리누르는 "무거운 손"이다. 만일 이것이 자연스런 걱정이라면, 거기에는 **충분한 이유**가 있을 것이다. 자연스런 원인이나 충분히 정당화할 수 있는 근거가 없는 근심, 걱정은 모두 악령들의 충동에 의해서 생기는 것이다. 신자는 너무나 깊은 수렁에 빠져 있다. 처음에는 단지 악령들의 생각을 받아들였으나, 이제는 거기서 벗어날 힘도 없다. 마음이 완전히 수동적인 상태에 빠져 있기 때문에 더 이상 동작할 수가 없는 것이다. 이런 사람은 부담을 느끼고 있기 때문에 이와 같은 속박을 의식하고 있다. 그는 푸른 하늘을 쳐다볼 수 없으며 어떤 것의 진상을 이해할 수 없다. 그는 자신의 사고력을 발휘할 수 없다. 마치 지하 감옥에 던져진 죄수처럼 암흑 속에서 하루하루를 보내고 있다. 악령들은 사람들이 고통을 당하는 것을 바라보며 즐거워한다. 악령들의 간계에 넘어가는 사람은 누구나 악령들에게 이같은 대접을 받는다.

수동적인 마음 상태

변덕스러움

　신자의 마음이 악령의 지배를 받는 한, 그의 생각은 전적으로 믿을 만한 것이 못된다. 왜냐하면 대부분의 생각이 악령들로부터 온 것이기 때문이다. 이러한 영들은 신자 속에 한 가지 생각을 일으킨다. 그러나 얼마 가지 않아서 정반대의 생각을 유발시킨다. 그리스도인은 이와같이 변덕스럽게 바뀌는 생각들을 따르는 가운데 자연히 변덕스러운 사람이 된다. 그와 함께 있는 사람이나 함께 일하는 사람들은 그를 성격이 변덕스러운 사람이라고 생각한다. 그는 항상 입장을 바꾸기 때문이다. 그러나 근본적으로 그의 생각을 바꾸고 의견을 바꾸는 장본인은 악령들이다.

　"할 수 있다"고 했다가 금방 "할 수 없다"고 말하는 그리스도인들을 우리는 얼마나 자주 만나는가! 이들은 아침에 "원한다"고 했다가 오후에는 "원치 않는다"로 바꾸어 버린다. 이렇게 되는 이유는 처음에는 악령들이 "할 수 있다"는 생각을 신자의 마음속에 심어 주고 참으로 할 수 있다고 믿게 만들어 놓고는, 다음 순간에 "할 수 없다"는 정반대되는 생각을 주입시키고 정말로 할 수 없다고 생각하게 만들기 때문이다. 따라서 그가 처음에 말한 것을 변동시킨 장본인은 그 자신이 아니다.

　이와 같이 변덕스러운 태도 속에서 우리는 인간의 마음속에 역사하는 원수의 흔적을 탐지할 수 있다. 성도들은 이와 같이 변덕스런 생활을 증오하지만, 그들에겐 도저히 자기 자신을 안정시킬 수 있는 방법이 없다. 그들은 자기 자신의 소유가 아니기 때문이다. 만일 성도들이 외부의 제안을 거절하면, 악한 세력들은 양심의 소리를 가장하고는 그들에게 하나님을 따르지 않는다고 비난할 것이다. 이러한 비난을 피하기 위해서 성도들은 사람들 앞에서 자신의 입장을 변동시킬 수밖에 없는 것이다. 이와 같이 변덕스럽고 불안정한 성질은 모두 같은 원천에서 나오는 것이다. 머리 속으로 악령들의 소리에 귀를 기울이는 가운데 그리스도인들은 갑자기 여러 가지 일들을 시작한다. 그러나 원수의 세력이 그들의 제안을 바꾸면, 이에 따라서 그리스도인도 자기가 하던 일을 바꾸는 것이다.

이러한 현상 외에도 악령들은 사람들로 하여금 종종 때에 맞지 않는 생각을 하게 만든다. 예를 들어 밤중에 사람을 깨워놓고는 이런 저런 일을 수행하라고 지시한다. 만일 사람이 순종하지 않으면, 악령들은 그를 비난하기 시작한다. 아니면 밤이 깊었을 때, 악령들은 그리스도인에게 일의 방향을 바꾸라고 제안함으로써 극히 중요한 결정을, 마음이 극히 혼미할 때에 내리도록 유도한다. 이와 같이 급변하는 사태의 배후를 살펴볼 때 우리는 악령들이 인간의 마음속에 일을 벌이고 있음을 발견하게 된다.

수다스러움

마음이 사탄의 공격을 받고 있는 하나님의 백성들은 종종 사람들과 대화하는 것을 꺼린다. 이들에게는 들을 수 있는 힘이 없기 때문이다. 다른 사람의 말에 귀를 기울이려 하던, 도저히 제어할 수 없는 생각들이 바람에 날리는 구름처럼 머리 속을 스쳐간다. 그러나 대개 이런 이들은 말이 많다. 갖가지 잡된 생각들로 머리가 터질 것만 같은데 어떻게 입이 잠잠할 수 있겠는가! 다른 사람의 말에 귀를 기울이지 못하고 자기 이야기만 들으라고 요구하는 마음은 병든 마음이다. 어떤 그리스도인은 본래 말이 많은 것이 사실

수동적인 마음 상태

SPIRITUAL

이지만, 그럼에도 불구하고 자기도 모르는 사이에 이들은 악령들의 손 안에서 놀아나는 기계로 전락하는 것이다. 세상에는 외부 세력에 의해 돌아가는 "말하는 기계"와 같은 그리스도인들이 너무나 많다.

자신의 혀를 제어하지 못하여 잡담과 농담과 중상 모략을 일삼는 그리스도인이 얼마나 많은가! 마음은 비어 있는데 그런 무익한 말을 중단하거나 통제할 수 있는 힘이 없다. 어떤 생각이 마음속에 들어오자마자 깊이 생각할 여유도 없이 벌써 생각이 말로 화한 것 같은 느낌이다. 생각들이 파도처럼 밀려와서 사람에게 말할 것을 강요한다. 마음과 의지가 혀를 다스릴 수 없는 실정이다. **생각**이나 취사 선택을 거치지 않고 말이 홍수처럼 터져 나온다. 때때로 이러한 말은 말하는 사람의 의도와 뜻에 반대되게 나타나기도 한다. 나중에 다른 사람의 말을 듣고는 "내가 왜 그런 말을 했을까" 하고 이상하게 생각한다. 이 모든 것이 마음이 수동적인 데서 기인하는 것이다. 사탄적인 요소들은 사람의 무기력한 마음을 통해서 사람의 입을 놀릴 수 있다. 이들은 우선 자기들의 생각을 사람의 생각과 혼합시키고, 나중에는 자기들의 말과 사람의 말을 혼합시켜 버린다.

그리스도인은 자기 입에서 나오는 모든 말이 자기가 생각한 결과여야만 한다는 것을 분명히 알아야 한다. 생각의 과정을 거치지 않은 말들은 모두 악령들이 조장한 것이다.

고집

사람의 정신적인 기능이 수동적인 상태에 빠져 어둠의 세력에 정복되면, 그는 일단 결정을 내린 문제에 대해서는 다른 사람이 제시하는 이유나 증거에 절대로 귀를 기울이지 않는다. 어떤 사람이든 자기를 더 잘 이해시키려고 하면 그는 이를 "남의 자유를 침해한다"고 곡해한다. 그는 그들이 아주 어리석다고 생각한다. 왜냐하면 그들은 "내가 아는 것"을 알 리가 없기 때문이다. 그의 관념은 전적으로 틀린 것일지도 모른다. 그러나 그는 자신에게 말로 설명할 수 없는 이유가 있다고 생각한다. 이런 사람은 마음이 무기력한 상태에 있기 때문에, 이성적으로 검토하고 판단하고 분별하는 방법을 모른다. 그는 악령들이 마음속에 집어넣는 것은 무엇이든 가장 우수한 것이라 생각하고 이를 무비판적으로 받아들인다.

이런 사람이 초자연적인 음성을 들으면, 자동적으로 이것이 하나님의 뜻이라고 생각한다. 그에게는 그 음성이 이미 율법이 되어 버렸기 때문에, 이성의 판단을 뛰어넘는 것이다. 그 생각이나 음성이나 가르침이 무엇이든 간에, 그는 그것이 무오한 것이며 안심하고 받아들일 수 있는 것이라고 생각한다. 그는 시험하거나 검토하거나 고려하기를 거부하고, 완고하게 그것을 주장하면서 다른 의견에는 아예 귀를 기울이려 하지 않는다. 자기 자신의 어떠한 추론이나 양심도, 또는 타인의 어떠한 증거나 설명도 그를 움직일 수 없다. 일단 그가 이것을 하나님의 인도하심이라고 믿으면, 그의 마음은 어떠한 변화도 허용하지 않는다. 그리고 사고력을 일체 사용하지 않기 때문에, 그는 쉽게 악령들에게 속아 넘어가게 마련이다. 약간 이해력을 가지고 사람들은 이것이 위험한 줄은 알지만 초자연적인 음성이라면 마치 과자라도 먹듯이 삼켜 버린다. 이와 같은 사람을 정상적인 상태로 회복시킨다는 것은 결코 쉬운 일이 아니다.

수동적인 마음 상태

눈의 징후

수동적이고 악령들의 공격을 받고 있는 마음은 즉시 눈을 통하여 판별될 수 있다. 사람의 눈은 몸의 다른 어떤 부분보다도 그의 마음을 잘 나타낸다. 마음이 수동적인 사람은 독서를 한다고 책을 보고 있지만 머리에는 아무 생각도 들어가지도 않고 아무것도 기억에 남는 것이 없다. 사람들과 대화하는 동안 그의 눈동자는 위 아래로 방향을 잡지 못한 채 사방으로 움직인다. 그것은 두 말할 나위없이 무례한 행동이지만, 그는 상대방의 얼굴을 정면으로 주시할 수가 없는 것이다. 또 다른 경우에는 정반대로, 상대방의 얼굴을 눈 한번 깜짝하지 않고 뚫어지게 쳐다본다. 마치 알 수 없는 세력이 그의 시선을 거기에 고정시켜 두는 것처럼 말이다.

이렇게 뚫어지게 쳐다보는 것은 아주 심각한 결과를 낳을 수 있다. 마귀는 이러한 방법을 써서 신자가 점쟁이나 마술사의 태도를 취하도록 유인하기 때문이다. 종종 말하는 사람의 얼굴을 오랫동안 쳐다보면, 신자는 그가 하는 말에 귀를 기울이는 것이 아니라, 그 순간 악령들이 그 사람 안에 집어넣는 갖가지 생각에 귀를 기울이게 된다.

눈동자가 자신의 의도와 관계없이 독자적으로 움직이는지, 아니면 자신의 의식을 따르고 있는지 살펴볼 필요가 있다. 마음이 수동적일 때, 그 사람의 눈은 흐리멍덩해진다. 그는 자기가 보기 원하는 것에 시선을 집중하지 못하는 반면, 원치 않는 광경을 주시하게 되는 것이다.

끝으로

　요약하면, 악령들의 공격을 받고 있는 그리스도인의 마음은 여러 가지 현상으로 나타날 수 있다. 그러나 한 가지 원칙이 모든 현상의 밑바닥에 잠재되어 있다. 그것은 사람이 자기 자신을 제어할 수 있는 힘을 상실했다는 점이다. 하나님께서 정해 주신 질서에 의하면, 각 사람의 타고난 능력은 (마음의 사고 과정도 이 중에 포함된다) 완전히 사람 자신의 지배를 받지 않으면 안 된다. 그러나 그리스도인이 자기도 모르게 악령들에게 기지를 내어준다면, 악령들은 그의 정신 생활을 정복하고 그 사람의 의지로부터 아무런 저항도 받지 않은 채 직접적인 행동을 취할 수가 있다. 따라서 그리스도인이 자기 마음속에서 성령에 근거하지 않은 어떤 독립된 움직임을 발견한다면, 그는 즉시 자신이 어둠의 세력으로부터 공격을 받고 있다는 사실을 깨달아야 한다.

　활동 대신에 침체된 무기력 상태, 잔잔함 대신에 동요된 상태, 밀려드는 생각들로 인한 불안감, 집중하거나 분별하거나 기억할 수 없는 상태, 어찌할 수 없는 혼돈, 열매 없는 노력, 할 일 없이 보내는 낮 시간과 꿈과 환상에 시달리는 밤, 불면증, 의심, 깨어있지 못한 상태, 이유 없는 두려움, 고통이라고까지 할 수 있는 지나친 번민, 이 모든 것이 한결같이 악령들의 활동에 기인한 것이다.

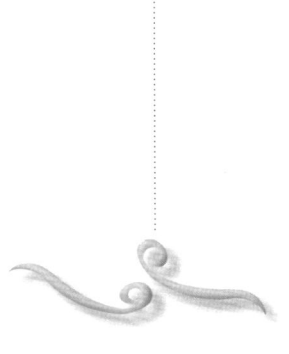

제3장
구조의 길

사람의 마음이 앞장에서 말한 상태에 빠져 있다면 그는 구조받을 수 있는 길을 찾아야 할 것이다. 앞장에서 기술된 내용은 수동적인 마음의 일반적인 징후에 지나지 않는다. 각 개인의 상태를 상세하게 제시할 수 없다. 수동성의 정도와 악령들의 공격과 이에 따른 마음의 피해는 사람에 따라 차이가 있기 때문이다. 그러나 누구든지 앞에서 언급한 현상에 직면했음을 깨닫는 즉시, 극히 조심하고 경계하지 않으면 안 된다. 그는 악령들에게 이미 활동 기지를 내어주고 공격을 받고 있기 때문이다. 그는 구조의 손길을 구해야 한다.

많은 그리스도인들이 자신의 마음이 악령들에 의해 피해를 받고 있음을 스스로 모르고 있다는 사실에 대해 놀라움을 금치 못한다. 많은 사람들이 자신의 사고 기관의 타락한 상태를 의식하지 못한 것에 대하여 매우 놀란다. 이들은 여러 가지 문제에 대해서 많이 알고 있는 것 같지만 그들 자신의 마음에 대해서는 거의 모르고 있다. 이들은 다른 사람이 지적해 주기 전에는 자기가 마귀의 간계에 의해 얼마나 심각한 피해를 입었는지도 깨닫지 못한다. 왜 이런 것들이 전에는 분별되지 않았는가? 바로 이러한 결핍이 우리의 마음과 악령들 사이에 특별한 관계가 있어, 결국 우리의 마음에 대한 지식을 약화시킨다는 사실을 말해 주고 있지 않은가? 이러한 피해를 입어본 사람은 이 질문에 답할 수 있을 것이다.

악령들의 간계

신자가 자신의 상태에 대해서 눈을 뜨면, 그는 자연히 구조의 손길을 구하게 될 것이다. 그러나 악령들은 싸우지 않고는 자기들의 포로를 놓아 주려 하지 않는다는 것을 알아야 한다. 악령들은 온갖 힘을 동원해서 신자가 구조의 도움을 얻지 못하도록 방해 공작을 펼 것이다.

악령들은 다음과 같은 여러 가지 거짓말로 핑계를 삼을 것이다.

"네가 지금 갑자기 생각해낸 그 멋진 아이디어는 하나님으로부터 온 것이다."

"그 갑자기 떠오르는 계시들은 신령한 생활의 열매이다."

"기억력이 나빠진 것은 건강 상태가 좋지 않기 때문이다."

"갑자기 건망증이 심해지는 것은 자연스러운 것이다."

"당신이 지나치게 예민한 것은 타고난 기질 때문이다."

"기억력이 나쁜 것은 유전이다."

"불면증은 병이 악화된 결과로 생기는 것이다."

"당신은 그저 피로에 지쳤을 뿐이다."

"너무 일을 열심히 했기 때문에 생각할 수 없는 것이다."

"밤에 계속 잡다한 생각으로 시달리는 것은 낮 동안에 과로했기 때문이다."

"불결한 생각은 당신의 죄에서 나오는 것이다."

"당신은 벌써 타락했다."

"당신이 다른 사람들의 말에 귀 기울일 수 없는 것은, 당신이 처한 특별한 환경 때문이거나 아니면 그들의 과실 때문이다."

악령들은 이외에도 갖가지 다른 핑계들을 조작해낼 수 있다. 하나님의 자녀들이 자기가 **실제로 공격을 받고 있으며** 정상적인 상태에서 떨어져 있음을 깨닫지 못하는 한, 원수는 자기들이 획득한 기지를 놓치지 않으려고 이와 같은 핑계들을 사용할 것이다. 그러나 진짜 이유는 마음이 수동적이며 비어 있기 때문에 사탄의 영들에게 점령을 당하는 것이다. 이러한 현상들 하나하나가 악령들의 악한 역사의 결과이다. 우리는 자연적인 원인들이 이러한 핑계들과 혼합되어 있을 수 있다는 사실을 인정한다. 그러나 많은 성도들의 경험을 보면, 어둠의 세력이 아주 간교하게 자연적인 원인들과 더불어 역사하여, 성도들을 속여 그러한 자연적인 원인들―기질, 신체적 조건과 환경―이 유일한 원인이라고 생각하게 만들고, 거기에 악령들이 미묘하게 혼합되어 있다는 사실을 완전히 망각하게 만든다. 악령들은 그들의 활동을 조그마한 자연적 원인의 배후에다 숨겨 놓고 기뻐한다.

그러나 여기에 가늠할 수 있는 기준이 하나 있다. 그것은 "만일 원인이 자연스러운 것이라면, 일단 그 자연적 원인이 제거되면 그 사람의 상태가 정상으로 회복된다"는 것이다. 그러나 거기에 어떤 초자연적인 요소가 부가되었다면 설령 자연적인 요소가 제거된다

구조의 길

하더라도 그는 정상으로 회복되지 않을 것이다. 예를 들어, 당신이 잠을 자고 싶어도 마음대로 잠을 잘 수 없는 불면증을 앓고 있다면, 원수는 그것이 당신의 과로와 마음의 지나친 활동 때문이라고 제의할 것이다. 당신은 마귀의 속삭임에 귀를 기울인다. 그리고 일을 멈추고, 마음의 기능을 전혀 활용하지 않으면서 일정 기간 동안 휴식을 취한다. 그럼에도 불구하고 수백 가지의 생각들이 밀려들어와 잠자는 동안에도 머리 속을 이리저리 배회한다. 이것은 당신의 병이 전직으로 자연적인 원인에만 기인하는 것이 아님을 증명해 주는 것이다. 초자연적인 원인이 자연적인 원인과 어디에선가 혼합된 것이다. 초자연적인 요소를 처리하는 데 시간을 들이지 않는다면, 자연적인 요소를 제거한다 해도 아무런 효과를 보지 못할 것이다.

오늘날 형제들이 이러한 핑계의 원천을 **조사해 보고 점검하는** 것은 무엇보다도 중요한 일이다. 악령의 세력은 사람들을 유인하여 그들의 악한 활동을 자연적인 현상으로 설명하게 만드는 데 특별히 능숙하다. 악령들은 이들로 하여금 "잘못은 바로 나 자신에게 있다"고 생각하게 만든다. 이러한 사람들은 거의 무의식적으로 악령들의 범죄를 덮어 주는 것이다. 따라서 머리에 무슨 핑계가 떠오르건 간에 그리스도인은 주의깊게 이를 검토하지 않으면 안 된다. 모든 이유를 분석하고, 모든 마음의 증상을 추적해 보아야 한다. 그렇지 않으면 우리는 초자연적인 일을 자연적인 현상으로 오인함으로써 원수에게 더 많은 기지를 제공하는 결과를 낳게 된다. 그리스도인이 자기 자신에 대해서 품고 있는 생각은 일일이 증명되어야 한다. 악령들에게 새로운 영토를 제공하지 않기 위해서는 이것이 반드시 필요하다.

영에 속한 사람

오랫동안 이런 상태에 빠져 있다 보면 악령들의 악한 활동을 변호해 주는 치명적인 잘못을 쉽게 범할 수 있다. 이것은 엄격히 경계하지 않으면 안 된다. 왜냐하면 그렇게 함으로써 우리는 악령들이 공격 목적을 은폐할 수 있도록 도와주는 것이나 다름이 없기 때문이다. 비록 곤경에 처해 있지만 그럼에도 불구하고 악령들의 편에 서서 그들의 기지를 보존해 주고 있는 것이다.

마귀의 추종자들은 이 중요한 때에 신자들의 육신을 자극하여 그들과 협조하도록 유인한다. 실제로 육신은 언제나 마귀와 함께 일한다. 체면을 지키기 위해서나 아니면 다른 이유 때문에, 그리스도인은 자기 마음이 마귀에게 점령당할 수 있다는 사실을 시인하지 않고, 자기 자신이나 자기가 하는 일에 대해서 어떤 말도 듣지 않으려 한다. "영적인 경험"을 상실하게 될지도 모른다는 두려움 때문에 이와 같은 자기 검토를 꺼리는 것은 구조받는데 큰 장애가 된다.

그는 다음과 같은 갖가지 방법으로 반문할지도 모른다. "나는 구조의 손길이 필요하지 않습니다. 왜 내가 구조의 손길을 원해야 합니까?" "나는 그리스도를 통해서 이미 승리했습니다. 그리스도께서 이미 사탄을 이기셨기 때문에 이제 나는 사탄에 대해서 신경을 쓸 필요가 전혀 없고, 단지 그를 하나님께 넘기기만 하면 됩니다. 나는 그리스도께만 마음을 집중하고 있습니다." 또는 "나는 사탄의 일에 대해서는 아무것도 모릅니다." "나는 복음을 전하는 데만 정신을 집중할 뿐입니다. 내가 왜 사탄에게 신경을 써야 한단 말입니까?" 이상과 같은 다양한 반응을 나타내면서 신자는 자기 안에 역사하고 있는 악령들의 활동을 무시해 버린다. 그리고 자기를 도와주려는 사람에게 그는 이렇게 말할지도 모른다. "좋습니다.

저를 위해서 사탄을 대적해 주십시오. 그리고 저를 위해서 기도해 주십시오." 그러나 그는 진심으로 이런 말을 하는 것이 아니다. 다만 안일하게 살면서 다른 사람들이 자기를 위해서 구조의 손길을 가져다 주기를 원하는 것이다.

이 모든 사실에 비추어, 우리는 사람들이 사탄과 사탄의 일에 대해서 듣기를 거부하는 이유를 알아 보아야 한다. 그것은 사탄에 의해서 마음이 이미 정복되었는데, 일단 폭로된 후에 그 상황을 직면하기가 두렵기 때문일까? 사실은 그가 사탄에 대해서 이미 너무나 잘 알고 있기 때문에 더 이상 알기를 원치 않는 것이다. 그러나 예수 그리스도의 복음은 우리를 죄에서뿐만 아니라 마귀에게서도 건져 주신다. 그렇다면 복음을 전할 때 마귀를 언급한다고 해서 겁낼 이유가 어디에 있는가? 이것은 어떤 죄를 저지르고 그 특정한 범죄가 다른 사람의 입에 오르내릴까봐 걱정하는 사람과 비슷하지 않은가?

이미 마귀에게 마음을 빼앗겼기 때문에 신자는 사람들이 그를 언급하는 것을 싫어한다. 마음속 깊이 그는 자신의 진상이 폭로될까봐 두려워 하고 있다. '내가 참으로 악령들의 침해를 받고 있다면, 이제 내가 이것에 대해 도대체 무엇을 할 수 있을까'를 진지하게 생각한다. 따라서 그는 자신의 정체를 숨기고 자신을 위로하기 위해서, 위에서 언급한 대로 남에게 말하게 된다.

그러나 신자가 빛을 보고 자유를 찾기 시작하면, 악령들은 그의 머리속에 갖가지 비난을 퍼부어 잘못과 흠을 지적하고 맹렬히 정죄하고 질책함으로써 "잃어버린 기지"를 되찾을 수 있는 힘을 빼앗는다. 악령들은 신자가 빛을 보았기 때문에 더 이상 그를 **기만할** 수 없다는 것을 알고 있다. 따라서 이들은 전략을 바꾸어, "너는 틀렸다. 너는 잘못하고 있다"고 끊임없는 비난의 화살을 퍼붓는다. 이때 신자는 도움이 될 만한 것이 눈앞에 보이지 않기 때문에 죄의 구렁텅이 속으로 빠져들고 싶어진다. 그러나 신자가 이것이 단순히 사탄의 속임수임을 인식할 수만 있다면, 그는 일어나 이를 대적할 것이다. 그는 승리를 거두고 말 것이다.

 사람이 자신의 마음에 대한 주권을 상실했다는 사실을 깨닫고 그것을 되찾으려 하면, 그는 전보다 몇 배 더 되는 고통을 겪게 된다는 것을 우리는 경험을 통해서 알 수 있다. 악령들은 이 때에 최후의 발악을 하며 덤벼들 것이다. 악령들은 신자에게 그가 너무나 깊이 수동적인 상태에 빠져 있기 때문에 자유를 되찾는 것은 불가능하다든가, 하나님께서는 다시 그에게 은혜를 베풀지 않으실 것이라든가, 또는 그가 저항하지 않는 것이 신상에 더 좋을 것이라든가, 아니면 구조의 손길을 받을 수 없다는 것을 알면서 어쩌자고 그와 같이 애를 쓰느냐고 속삭임으로써, 상습적인 "기만술"을 사용할 것이다.

 그러나 하나님의 자녀는 누구나 사탄의 권세에 의하여 살아서는 안 된다는 것을 알아야 한다. 그리스도인은 자유를 되찾기 위하여 애쓰다가 죽는 한이 있더라도 자유를 소유해야만 한다. 아무런 구조의 손길을 받을 수 없을 정도로 깊이 수동적인 상태에 빠진 사람은 하나도 없다. 하나님께서 우리편에 계시므로 우리는 반드시 자유하게 될 것이다.

 일단 진리를 알고 자기 마음이 어둠의 세력에서 전혀 벗어나지 못했거나 부분적으로만 벗어났다는 것을 인정한다면, 하나님의 자녀는 자연히 자기 안에 구축되어 있는 악령들의 요새를 파하기 위해 일어나 싸울 것이다. 이때 그는 싸움의 병기가 영적인 것이어야

구조의 길

함을 알게 된다. 육신적인 병기는 그에게 아무런 소용이 없기 때문이다. 그는 결심이나 결의를 새롭게 하거나 사고력이나 기억력을 향상시키기 위해서 어떤 대책을 세운다고 해서 자유로워질 수 없다. 신자의 마음은 육신적인 방법으로 내쫓거나 파괴시킬 수 없는 초자연적인 세력에 사로잡혀 있는 것이다.

신자는 어둠의 세력이 그와 같이 심각하게 자신의 머리를 강탈했으리라고는 꿈에도 생각지 않고 있다가 스스로 진리를 알게 되면 잃어버렸던 영토를 되찾으려고 준비하게 된다. 그러면 악한 세력은 자기들의 위치를 지키려고 나선다. 이와 같은 과정에서 하나님의 자녀는 자기 머리가 얼마나 어두우며, 우둔하며, 수동적이고 다루기가 힘든가를 깨닫게 된다. 마귀는 갖은 방법을 써서 신자의 마음을 괴롭히고, 상실한 땅을 회복하기 위한 어떤 조치도 취하지 말라고 위협한다.

여기서 신자는 자신의 정신적인 생활이 확실히 원수의 "견고한 진"이며, 자신이 그 정신 생활을 완전히 통제하지 못하고 있었음을 더욱 확신하게 된다. 그는 원수가 신자들이 배우려고 하는 진리를 이해하지 못하게 하려고 갖은 방해 수작을 벌이고 있음을 알게 된다. 그래서 그는 중요하지 않은 문제는 기억할 수 있으면서 정작 중요한 문제는 전혀 기억하거나 이해하지 못하는 것이다. 그는 자기 머리 속에 반대 세력이 자리잡고 있어, 그가 이미 동의한 진리에 반대하고 있음을 알게 된다.

이제 마음의 해방을 위한 싸움이 시작된다. 그리스도인은 악령들의 "견고한 진"을 존속시키는 데 만족하는가? 그렇지 않다면 누가 문제를 해결해 주어야겠는가? 문제를 해결할 사람은 문제를 가지고 있는 그 사람 자신이다. 그는 자신을 온전히 하나님께 맡길 것인지 아니면 자신의 사고 기관을 사탄에게 양보할 것인지를 선택해야 한다. 어둠의 세력이 그의 마음을 이용하도록 내버려둘 것인가? 악령들이 구원받은 사람들의 마음을 통해서 왜곡된 생각을 나타내도록 내버려둘 것인가? 악령들이 "지옥에서 나는 불"로 신자의 머리를 채우도록 허용할 것인가? 악령들은 그들의 가르침을 신자의 마음을 통해서 마음대로 전파할 수 있는가? 그렇다면 신자의 지성을 교묘하게 조종함으로써 악령들이 하나님의 진리를 대적하는 것이 가능한 것인가? 악령들은 마음을 통해서 신자를 괴롭힐 수 있는가?

    그리스도인 자신이 이 문제를 결정하지 않으면 안 된다. 그는 악령들의 영원한 꼭두각시로 지내기를 원하는가? 신자는 분명한 선택을 하여야 한다. 그렇지 않으면 해방될 가능성이 없다. 물론 하나님을 위해서 어떤 결심을 했다고 해서 이미 승리했음을 뜻하는 것은 아니다. 그러한 결심은 신자가 진정으로 원수의 공격을 대적하고 있는지의 여부를 나타낼 뿐이다.

잃어버린 기지를 되찾기 위해서

    신자가 악령들에게 기지를 내어주었기 때문에 악령들이 그의 마음에 역사할 수 있었다는 것을 기억할 것이다. 앞에서 여섯 가지 제목으로 나누어 "잃어버린 기지"를 생각해 보았다. 이제 우리는 그것을 세 가지 유형으로 축소해서 살펴보겠다. (1) 새로워지지 않은 마음, (2) 악령들의 거짓말을 받아들이는 것, (3) 수동적인 상태가 바로 그것이다. 신자는 자신이 이 세 가지 기지 중에서 어떤 것을 악령들에게 내어주었는가를 주의깊게 검토하여야 한다. 새로워지지 않은 마음인가? 수동적인 마음인가? 혹은 악령들의 거짓말을 받아들이는 것인가? 아니면 이 세 가지 기지를 모두 악령들에게 내어주었는가?

그리스도인들의 경험에 비추어 볼 때, 대부분의 성도들은 이 세 가지를 모두 마귀와 그의 추종자들에게 내어주었다. 자기가 악령들에게 기지를 내어준 지점을 정확히 파악했으면, 즉시 신자는 자기가 상실한 기지를 찾으러 나서야 한다. 이것만이 그의 유일한 구원이다. 신자는 이런 저런 발판을 악령들에게 내어줌으로써 현재와 같은 상태에 빠지게 되었다. 따라서 이런 발판들을 모두 되찾을 때에만 다시 자유로워질 수 있는 것이다. 새로워지지 않은 마음은 새로워져야 한다. 받아들였던 거짓말은 일일이 색출하여 부인해야만 한다. 그리고 수동적인 태도는 자유로운 행동으로 변화되어야 한다. 앞으로 이 문제를 하나씩 다루어 나가도록 하겠다.

새로워진 마음

하나님께서는 자기 백성들이 회심하는 순간에 마음이 변화되기를 원하실 뿐만 아니라, 완전히 새로워진 마음, 수정과 같이 투명한 마음을 소유하기를 원하신다. 우리는 이것이 하나님의 말씀에 나타난 명령임을 알고 있다. 사탄이 일할 수 있는 이유는 그리스도인이 육신적인 마음에서 완전히 벗어나지 못했기 때문이다. 그리스도인은 다른 사람을 조금도 용납하지 못하는 편협한 마음 상태로 시작할 수도 있고, 깊은 진리를 깨달을 수 없는 어두워진 마음으로 시작할 수도 있다. 아니면 중요한 책임을 질 수 없는 어리석은 정신 상태로 출발할 수도 있다. 그러다가 그는 더 깊은 죄에 빠지게 된다. "육신의 생각은 하나님과 원수가 되기"(롬 8:7) 때문이다.

일단 로마서 6장의 가르침을 알게 된 성도들은 대개 자기 자신은 육신적인 마음에서 해방되었다고 생각한다. 이들은 십자가가 인간의 모든 영역에 끊임없이 역사해야 한다는 사실을 깨닫지 못하고 있다. "너희 자신을 죄에 대하여는 죽은 자로 여길지어다"(롬 6:11) 다음에는 "너희는 죄로 너희 죽을 몸에 왕노릇하지 못하게 하라"(롬 6:12)가 따라야 한다. 정신이 변화된 다음에는 "모든 생각을 사로잡아 그리스도에게 복종케 하는 일"(고후 10:5)이 따라야 한다. 마음은 완전히 새로워지지 않으면 안 된다. 육신적인 생각이 잔존해 있는 한 그것은 하나님과 원수가 되기 때문이다.

우리의 지성을 새롭게 하기 위해서 우리는 십자가 앞에 가까이 나아가지 않으면 안 된다. 에베소서 4장의 가르침이 바로 이것이다. 바울 사도는 17, 18절에서 인간의 육적인 마음 상태가 얼마나 어두운가를 기술하고 있다. 그러나 22, 23절에서 그는 마음이 어떻게 새로워질 수 있는가를 보여 주고 있다 — "너희는 유혹의 욕심을 따라 썩어져가는 구습을 쫓는 옛사람을 벗어 버리고 오직 심령으로 새롭게 되어." 우리는 우리의 옛사람이 이미 즈님과 함께 십자가에 못박혔음을 알고 있다(롬 6:6).

여기서 우리는 우리의 마음이 새로워질 수 있도록 옛사람을 "벗어 버리라"는 권고를 받는다. 이 때에 마음을 새롭게 하는 기구로서 십자가가 등장한다. 신자는 그의 옛 "두뇌"도 역시 하나님께서 완전히 벗어 버리기를 원하시는 옛사람의 일부분임을 알아야 한다. 주님께서 십자가를 통해 부여하시는 구원은 새 생명만을 포함하는 것이 아니다. 주님의 구원은 우리 혼의 모든 **기능**을 새롭게

구조의 길

하는 데까지 미치는 것이다. 우리의 존재 깊숙한 곳에 뿌리박고 있는 구원은 점차적으로 "이루어져야" 한다. 오늘날 그리스도인들에게 심각하게 결여되어 있는 것은 그들의 마음이 구원받을 필요가 있다는 사실을 바로 깨닫지 못하는 데 있다(엡 6:17). 이들은 구원을 일반적이고 약간 모호한 개념으로 생각한다. 이들은 하나님께서 그들의 능력이 모두 새로워져서 하나님께서 쓰시기에 합당할 정도로 온전히 구원하기를 원하신다는 사실을 인식하지 못하고 있다.

마음은 사람이 타고난 것 중의 하나다. 하나님께서는 자기 백성들이 옛사람은 십자가에 못박혔음을 믿기를 원하신다. 그 후에 그들은 옛사람에게 내린 하나님의 심판을 단순한 마음으로 받아들이고, 그들의 의지를 발휘하여 옛 생각을 비롯한 낡은 옛 행위를 벗어 버려야 한다. 우리는 관습적인 사고방식을 버리고 하나님께서 새로운 마음을 주실 것을 믿으며 십자가 앞에 나아가야 한다.

형제들이여, 옛 사람은 철저하게 배제되어야 한다! 그렇다. 마음을 새롭게 하는 것은 하나님께서 하시는 일이다. 그러나 옛 "사고 기관"을 벗어 버리는 일, 즉 부인하고 버리는 일은 당신 자신이 해야 하는 일이다. 만일 당신이 맡겨진 일을 완수하면, 하나님께서도 자신의 일을 이루어 주실 것이다. 그리고 일단 당신이 명확하게 그것을 벗어 버리고 나면, 하나님께서 어떻게 그렇게 하실지는 모르더라도 하나님께서 틀림없이 당신의 마음을 새롭게 해주시리라는 것을 철저하게 믿어야 한다.

구원을 받고 새 생명을 소유하고 있는 하나님의 자녀들 가운데 얼마나 많은 사람들이 아직도 옛날의 머리를 그대로 지니고 있는가! 이들의 이전 이론이나 학설, 사고 과정, 편견은 조금도 변화된 것이 없다. 다만 기독교의 껍질이 부가되었을 뿐이다. 이들은 옛날의 낡은 두뇌를 사용하여 영적인 진리를 추구하고 입수하고 전파한다. 이들이 수없이 많은 오류에 빠지고 교회내에 끝없는 갈등을 불러 일으키고 있는 것은 이상한 일이 아니다.

하나님께서는 자신의 힘으로 주님의 일을 하려고 하는 악인을 기뻐하지 않으시는 것처럼, 자신의 마음으로 하나님의 진리를 깨달으려고 노력하는 악인도 기뻐하지 않으신다. 새로워지지 않은 마음 상태는 영적으로 죽은 것이다.

따라서 거기서 나오는 모든 것들은 마찬가지로 죽은 것일 수밖에 없다. 많은 사람들이 성경에 대한 지식의 깊이와 신학적인 교리의 우수함을 자랑할지 모르지만, 영적인 분별력이 있는 사람들은 그것이 죽은 것임을 잘 알고 있다.

마음의 부패한 상태를 의식하고 이를 십자가로 말미암아 벗어버리려 하는 그리스도인은 매일같이 육신의 생각들을 부인하는 연습을 해야 한다. 달리 새롭게 되는 방법은 없다. 신자가 아직도 육신을 따라 생각하고 있는데 하나님께서 어떻게 신자의 마음을 새롭게 하는 책임을 완수하실 수 있겠는가?

그리스도인은 자기의 모든 생각을 끈기있게 면밀히 검토하되 하나님의 빛에 비추어서 그리해야 한다. 무엇이든지 하나님의 진리에 반대되는 내용이나 하나님께 속하지 않은 것은 머리 속에서 "밀어내어야" 한다. 바울의 말처럼 우리의 새로워지지 않은 마음은 얼마나 논쟁과 교만한 생각으로 가득 차 있는가!(고후 10:5). 이런 것들이 사람으로 하여금 하나님을 참으로 알지 못하게 만든다. 그리스도인들은 모든 생각을 사로잡아 그리스도께 복종케 해야 한다. 바울 사도는 "모든 생각"이라는 말을 쓰고 있다. 따라서 우리는 모든 생각을 한 가지도 빠짐없이 그리스도 앞에 복종시켜야만 한다. 그리스도인은 모든 생각을 그리스도께 복종시킬 때까지 안심해서는 안 된다.

자신의 생각을 검토하는 가운데 그리스도인은 그 생각이 (1) 자기의 옛 마음에서 온 것인지, (2) 내어준 기지에서 나온 것인지, (3) 악령들에게 새로운 기지를 제공하는 것인지, 아니면 (4) 정상적인 또는 새로워진 마음에서 나온 것인지를 판단해야 한다. 그리스도인은 자기의 생각이 혼돈되고 편파적이고 반항적인 이유를 따져 보아야 한다.

왜 어떤 진리를 검토해 보기도 전에 반대하는지, 왜 만나 보지도 못한 어떤 그리스도인들에 대해서 듣기만 하고 반대하는지 (반대할 만한 충분한 증거가 있는지, 단순히 타고난 마음으로 미워하는 것인지) 자문해 보아야 한다. 이와 같은 조사 기간 동안에 모든 생각과 상상은 면밀히 검토될 필요가 있다. 이러한 검토를 통해서 옛 사람으로부터 비롯되는 생각은 모두 적발되고 배제된다.

어리석게 하루하루를 살아가는 사람들에게는 이와 같은 제의가 용납될 수 없는 것처럼 보일 것이다. 이들의 마음은 어둠의 세력에 의해서 좌우되고 있기 때문에 해이하고 흐트러진 상태에 있다. 그러나 싸움이 진행 중이라는 사실을 직시해야 한다. 우리가 싸우지 않으면 우리 마음속에 구축되어 있는 원수의 요새를 어떻게 다시 탈환할 수 있겠는가? 원수는 가상적인 존재가 아니다. 원수는 실재하고 있다. 그런데 우리가 어떻게 경계를 게을리 할 수 있겠는가?

거짓말을 부인함

구원받은 사람이 자신을 하나님의 빛 아래 비추어 볼 때, 그는 과거에 종종 악령들의 거짓말을 받아들임으로써 현재와 같은 상태에 빠지게 되었다는 사실을 발견하게 된다. 때때로 신자는 원수의 거짓말을 믿고 하나님의 진리를 오해함으로써 잘못된 **행동**이나 태도를 취한다. 예를 들어 하나님과 인간의 관계를 오해함으로써 신자는 하나님께서 그의 생각을 직접적으로 인간에게 부여하신다고 믿을 수 있다. 그래서 그는 수동적으로 기다린다. 그러다가 마음속에 어떤 충동을 느끼면 이것이야말로 하나님으로부터 온 것이라고 생각한다. 그로 인해 악령들은 위장하는 데 성공하여 신자에게 이와 비슷한 수많은 생각들을 자주 제공할 수 있게 된다.

아니면 또 어떤 때는, 원수가 신자의 건강이나 그와 직접적으로 관련된 다른 문제들에 관해서 제시한 것을 그대로 받아들임으로써, 신자는 자기 몸의 상태나 기타 관련된 문제들이 꼭 마귀가 말한 대로 이루어지는 것을 발견한다. 예를 들면, 악령들은 신자의 마음에 어떤 일이 일어날 것이라고 암시해 줄 수 있다. 이때 신자가 이를 거부하지 않거나, 아무 의심없이 그 암시를 받아들이면, 머지않아 악령들이 지적했던 것이 영락없이 그에게 닥치는 것을 보게 될 것이다.

하나님의 자녀는 자신의 마음을 활용함으로써, 오늘날의 많은 고민과 연약함과 병과 그밖에 비슷한 현상들이 과거에 악령들이 심어준 거짓말을 직접적으로나 간접적으로 받아들인 데에 그 원인이 있음을 발견하게 될 것이다. 그런 현상들은 이런 거짓말을 믿음으로써 직접적으로 생겨나든지, 아니면 그 말을 믿은 후에 간접적으로 유발되는 것이다. 자유를 되찾기 위해서 그리스도인은 하나님의 진리인 하나님의 빛을 경험해야 한다. 과거에 거짓말을 믿음으로써 기지를 잃어버렸으니 이제는 모든 거짓말을 부인함으로써 이 기지를 되찾아야 한다. 빛이 어두움을 몰아내듯이 진리는 거짓말을 소멸시킨다.

따라서 성도는 하나님과 자신, 그리고 악령들에 대한 모든 진리를 깨달아야 한다. 이러한 진리를 소유하기 위해서는 대가를 치루어야 한다. 신자는 자신의 정확한 상태(진리)를 파악하고, 그로 인해 자신이 어디서 기만을 당하고 왜 고통을 당했는지 알 수 있도록 빛을 달라고 전심으로 기도해야 한다. 다음으로 그는 모든 육신적인 고통과 환경적인 고통을 세심히 조사해 보아야 한다. 이 고통들은 다 어디에서 오는 것인가? 무엇이 이러한 문제들을 야기했는가? 그것은 사탄의 거짓말을 믿음으로써, 또는 거짓말을 받아들여 그릇된 행동을 취함으로써 비롯된 결과인가? 그는 원천을 추적한 다음, **조용히 기도하는 심정으로** 하나님의 빛이 비치기를 기다려야 한다.

마귀는 빛과 진리를 싫어한다. 빛과 진리는 마귀가 역사할 수 있는 근거를 없애버리기 때문이다. 모든 진리의 말씀은 싸움을 통해서 신자의 마음속에 사수(死守)되어야 한다. 악령들은 그들의 활동상을 신자가 알지 못하도록 하기 위해 갖은 노력을 다한다. 게다가 이들은 **특정한 거짓말을** 받아들임으로써 생긴 **특정한 현상이** 자기와 상관 없는 것임을 주장하려 한다. 이들의 활동 원칙은 종종 사람들에게 "그리스도의 영광의 복음의 광채가 비취지 못하게 하는"(고후 4:4) 것이다.

그리스도인은 모든 문제에 대한 진리를 발견하는 일에 매우 철저해야 한다. 진리란 적어도 "진짜 상태"를 가리키는 말이다. 원수를 내어 쫓을 힘이 없다 하더라도 신자가 진리의 편에 설 때, 원수는 자기의 기지를 포기할 것이다. 신자는 최소한 자신의 의지로 자신이 진리를 **원한다**는 것과 진리를 알고 순종하기를 원한다는 사실을 선언할 수 있다. 기도와 의지의 선택으로, 그리스도인은 모든 사탄의 기만―그것이 생각이나 상상, 논쟁 등, 어떤 형태로 표현되든 간에―을 대적해야 한다. 이렇게 함으로써 성령은 신자의 어두워진 마음을 하나님의 진리의 빛 가운데로 인도할 수 있는 기회를 갖게 되는 것이다.

실제 생활 가운데 신자는 때때로 여러달만에 겨우 사탄의 거짓말 하나를 식별해낼 수도 있다. 신자는 먼저 자신의 의지로써 악령들의 모든 기지를 대적하고, **전에는 믿었으나 이제는 믿지 않는 거짓말**을 하나씩 부인해야 한다. 이런 식으로, 그는 마귀에게 넘겨주었던 영토를 점차로 회복할 수 있는 것이다. 그는 악령들이 말하는 것을 털끝만큼도 믿으려 하지 않을 것이다. 이렇게 해서 악령들은 그 힘을 상실하게 된다.

정상적인 상태에 대한 인식

신자가 수동적인 태도를 취함으로써, 아니면 악령들의 거짓말을 믿음으로써 갖가지 고뇌에 빠지게 되었다면, 그는 즉시 무엇이 자기에게 "정상적인" 것인지를 판단해야 한다. 새로워지지 않은 마음을 제외하고, 수동적인 태도와 거짓말을 수긍하는 태도는 악령들에게 활동할 수 있는 발판을 제공해 줌으로써 그리스도인의 정신 상태는 모든 방면으로 점차 타락하게 된다. 사고력이나 기억력,

그리고 육신적인 인내력 등이 모두 감퇴한다.

만일 자신의 위험을 깨달았다면, 신자는 해방을 구해야 할 것이다. 그러나 "해방"은 어떤 상태를 두고 하는 말인가? 여기서 해방은 **본래의** 상태로 되돌아가는 것을 말한다. 따라서 회복을 원하는 사람은 누구나 자신의 본래 상태가 어떤 것이었는지를 필히 확인해야 한다. 각 사람에겐 원수의 기만에 빠져 타락하기 이전의 상태, 즉 정상적인 상태가 있다. 그는 자신의 정상적인 상태에 대해 재인식할 필요가 있다. 그리스도인은 자신의 현재 상태가 이전과 다르다는 것을 발견하는 즉시 다음과 같은 질문을 던져 보아야 한다. "나의 이전 상태는 어떠했는가? 지금 나는 그 상태에서 얼마나 떨어져 있는가? 나는 어떻게 원상태로 돌아갈 수 있는가?"

당신의 이전 상태가 바로 정상적인 상태다. 당신이 타락하기 이전의 상태가 당신의 가늠자이다. 만일 당신에게 어떤 것이 정상적인 상태인지 모른다면 다음과 같은 질문을 해보라. 나의 마음은 태어날 때부터 이와 같이 혼란스러웠을까? 아니면 나에게도 혼란스럽지 않았던 때가 있었는가? 나의 기억력은 습관적으로 이와 같이 나빴던가 아니면 잘 기억하던 때가 있었는가? 나는 늘 잠이 없었는가 아니면 한때 잘 자던 때가 있었는가? 영화를 보듯이 항상 눈 앞에 이처럼 수많은 영상들이 스쳐지나가곤 했는가 아니면 나에게도 눈앞이 깨끗한 순간이 있었는가? 나는 항상 연약했는가 아니면 나에게도 더 건강했던 시절이 있었는가? 내가 나 자신을 제어할 수 없는 것이 사실인가 아니면 한때 자신을 훨씬 더 잘 다스릴 수 있었던 때가 있었는가?

이상의 질문에 답해 봄으로써 신자는 자기에게 정상적인 상태가 결핍되어 있는지, 공격을 받고 있는지, 아니면 수동적이 되었는지의 여부를 식별할 수 있어야 한다. 이것은 또한 그가 자신의 정상적인 상태를 그려보는 데 도움이 될 것이다.

신자가 자신의 본래 상태를 규명하기 위해서는 먼저 "나에게도 정상적인 상태가 있다"는 것을 인정하고 믿어야 한다. 비록 지금은 타락했다 할지라도 한때는 더 좋은 삶을 경험했었다. 바로 이러한 상태를 향해서 신자는 회복을 갈구해야 한다. 정상적인 상태란 말 그대로 정상적인 상태를 뜻한다. 만일 자신의 정상적인 상태를 결정하는 데 어려움이 있다면, 자기의 영이 강건하고 기억력과 사고력이 왕성하고 몸이 제일 건강하던 때를 회상해 보도록 하다. 그리고 그것을 자신의 정상적인 상태로 채택하라. 이것은 최소한 회복해야 할 목표를 설정해 줄 것이다. 신자는 이러한 상태에 못미치는 어떠한 상태에도 만족해서는 안 된다. 한때 그런 상태에 있었으므로, 다시 도달하지 못할 이유가 없는 것이다. 그러나 그것이 그의 최고의 가능성은 아니다. 따라서 신자는 적어도 자신의 정상적인 상태를 회복해야 하며, 다시 그 상태에서 떨어지는 일이 없도록 해야 한다.

자신의 현재 상태를 이전 상태와 비교함으로써 그리스도인은 자기의 이전 상태로부터 얼마만큼 멀어져 있는가를 판단할 수가 있다. 마음이 공격을 받고 있는 사람은 자신의 기억력과 사고력이 얼마나 쇠약해졌는가를 알 수 있다. 그리고 몸이 악령의 공격을 받고 있는 사람은 오늘날 자신의 힘이 이전에 비해서 얼마나 약화되었는가를 잘 알 수 있을 것이다. 자신이 정상적인 상태에서 멀어졌다는 것을 깨닫자마자 그리스도인은 자신의 의지를 활용하여 비정상적인 상태를 거부하고 정상적인 상태로 회복되기 위하여 노력해야 한다.

구조의 길

이때 악령들은 대개 그들의 견고한 진을 파하려는 그러한 시도를 저지할 것이다. 악령들은 신자에게 말을 걸기 시작한다. "당신은 이제 늙었소. 젊을 때처럼 그렇게 강직한 마음을 기대할 수는 없지 않소. 사람의 능력이란 해가 감에 따라 감퇴되는 법이오." 또는 당신이 젊다면, 악령들은 다음과 같이 말할 것이다. "당신은 타고난 결함 때문에 다른 사람들처럼 적극적인 마음의 축복을 오래 누릴 수 없소." 아니면 악령들은 당신이 너무나 과로했기 때문에 이러한 상태에 빠졌다고 말할 것이다. 그들은 심지어 아주 담대해져서 당신의 현재 상태가 당신의 본래 상태이며, 당신은 타고난 재능이 남보다 못하기 때문에 다른 사람에 비해 열등하다고 말할지도 모른다.

악령들의 목표는 하나님의 자녀로 하여금, 그가 약한 것은 **자연스러운 것이며 피할 수 없는 것이고** 놀라운 것이 아니라고 믿도록 유인하는 것이다. 만일 하나님의 자녀가 기만을 당하지도 않고 수동적이지도 않고 완전히 자유롭다면, 그런 말은 아마 연구할 가치가 있을지도 모르겠다. 그러나 그들이 기만에 넘어가 수동적인 상태에 있다면 그러한 핑계는 완전히 믿을 수 없는 것이다. 지금 같은 상태보다는 더 나은 생활을 영위할 수 있도록 구속받은 신자는 어둠의 세력이 그를 더 비천한 상태에 빠뜨리도록 허락해서는 안 되겠다. 신자는 악령들의 거짓말을 단호하게 거부해야 한다.

한 가지 유의할 점이 있다. 병 때문에 유약해진 마음은 악령들에게 기지를 제공해 줌으로써 약화된 마음과는 전혀 다르다. 첫번째 경우는 사람의 신경 계통이 손상된다. 그러나 두번째 경우, 원수가 하는 일은 신경 조직을 망쳐 놓는 것이 아니라 단지 그 정상적인 기능을 방해하는 것이다. 사람의 마음이 근본적으로 손상된 것이 아니고 단지 잠정적으로 정상적인 작용이 중단된 것이라면, 그는 일단 악령들이 내쫓기게 되면 이전 상태로 회복될 수 있다. 많은 정신 이상자들은 자연적인 병으로 인해서 먼저 신경 계통이 손상되고, 그 후에 악령들로부터 침해를 당한다. 따라서 이런 사람들은 정상적으로 회복되기가 더 힘들다.

수동적인 태도를 버림

정상적인 상태가 어떤 것인지를 확신한 그리스도인이 취할 다음 단계는 회복을 위해 투쟁하는 것이다. 그러나 지상의 군왕들이 자기들의 영토를 지키려고 발버둥이치는 것과 똑같이 원수도 자기가 노획한 땅을 보전하려고 최선을 다할 것이라는 사실을 잊어서는 안 된다. 우리는 어둠의 세력이 아무런 저항 없이 그들의 요새를 내어주리라고 기대할 수 없다. 오히려 그들은 끝까지 투쟁할 것이다. 그들에게 기지를 내어주기는 극히 쉬운 일이지만, 그 기지를 되찾기란 여간 어려운 일이 아니다.

그러나 다음과 같은 사실에 특별히 유의할 필요가 있다. 각 나라에는 법률이 있어서 사람들은 법적인 판결에 절대적으로 순종해야 한다. 마찬가지로 하나님의 세계에는 영적인 법칙이 있는데, 그 법칙의 판결은 마귀들도 불복할 수 없는 권위를 지니고 있다. 만일 이 영적인 법칙을 알고 그에 따라 행한다면 악령들은 그들이 취한 것을 되돌려 줄 수밖에 없을 것이다.

영적인 세계의 가장 기본적이고 중요한 법칙은, 인간에 관계되는 어떠한 것도 "의지의 동의" 없이는 이루어질 수 없다는 것이다. 하나님의 자녀가 악령들의 기만을 받아들이고 악령들이 그의 생활

속에서 활동하도록 허용한 것은 무지 때문이다. 이제 신자는 양도했던 영토를 되찾아야 한다. 잃었던 영토를 되찾기 위해서 신자는 의지를 활용하여 자기가 스스로 주인이라는 것을 주장함으로써 이전의 동의를 뒤엎고, 원수가 자기 존재의 어떤 부분이라도 조종하는 것을 허용하지 말아야 한다. 이런 싸움에서 악령들은 영적인 법칙을 어길 수가 없다. 따라서 악령들은 후퇴해야 한다.

처음에는 신자의 마음이 수동적인 태도를 통해서 악한 세력들에게 약탈당하고, 결국 이것이 의지의 수동성을 가져왔다. 이제 신자는 하나님의 법칙에 의해서 그의 마음이 자신에게 속해 있으며 스스로 이를 활용하고 외부 세력이 자기의 마음을 자극하고 통제하는 것을 허용하지 않겠다고 선언해야 한다. 만일 신자가 수동적인 상태에서 가차없이 물러나 자신의 마음을 활용한다면, 마음은 서서히 해방되어 본래의 상태로 되돌아올 것이다(기지를 되찾는 문제와 싸움에 대해서는 후에 더 많이 다루게 될 것이다).

이 싸움에서 하나님의 자녀는 마음을 활용해야 한다. 그는 모든 행동에 주도권을 가져야 하며, 다른 사람을 의존해서는 안 된다. 가능하면 수동적으로 다른 사람의 도움을 구하거나 더 좋은 환경이 올 때까지 기다리는 일 없이 자기 스스로 결단을 내려야 한다. 과거를 돌아보아서도 안 되며 미래에 대해 염려해서도 안 된다. 다만 지금 이 순간만을 위해서 사는 법을 배워야 한다. 깨어서 기도하는 마음으로 한 걸음씩 나아가야 한다. 그는 마음을 활용해서 **생각하되**, 무엇을 할 것이며 무엇을 말할 것이며 무엇이 될 것인가를 생각해야 한다. 모든 버팀목을 내어 던지고, 세상적인 요소나 수단이 마음의 능력을 대신하는 일이 없도록 해야겠다. 신자는 마음을 활용하여 생각하고, 살피고, 기억하고, 이해해야 한다.

개인의 정신 생활이 장기간 동안 만성적으로 수동적인 상태에 빠져 있었다면, 자유를 회복하기 위한 싸움도 역시 상당한 시간을 요하게 된다. 자유를 되찾기 전에 신자는 자기의 생각이 대부분 자기 마음을 강탈한 악령들에 의해서 좌우되고 있으며, 스스로 생각해낸 것이 아니라는 사실을 알아야 한다. 따라서 신자는 옛 기지를 완전히 되찾기 전에 새로운 기지를 무의식적으로 악령들에게 내어주는 일이 없도록 자신의 생각 하나하나를 일일이 검토하지 않으면 안 된다. 그러므로 이런 기간 동안에는 비난이 일어나는 것도 반드시 그의 잘못 때문이 아닐 수 있고, 칭찬도 반드시 그의 공로 때문에 생기는 것이 아닐 수 있다. 그는 머리가 온통 절망적인 생각들로 가득 차 있다 하더라도 희망을 버려서는 안 된다. 마찬가지로 고상한 생각으로 충만해 있다고 해서 우쭐해서도 안 된다.

신자는 한걸음 더 나아가 악령들의 거짓말을 공격해야 한다. 원수로부터 나오는 모든 제안에는 단호하게 성경의 진리로 대응해야 한다. 의심에 대해서는 믿음의 말씀으로 응답하고, 절망에 대해서는 희망의 말씀으로 응답하라. 그리고 불안에 대해서는 평안의 말씀으로 응답하라. 적절한 구절이 생각나지 않으면, 주님의 인도를 구해야 할 것이다. 무엇이든지 원수들에게서 나온 것임을 알았을 때, 신자는 그들에게 "이것은 너희들의 거짓말이다. 나는 이것을 받아들일 수 없다"고 단언할 수 있을 것이다. 승리는 성령의 검을 사용함으로써 얻을 수 있다.

이와 같이 투쟁을 하는 동안 그는 절대로 십자가의 위치를 잊어서는 안 된다. 그는 로마서 6:11 말씀대로 자신을 "죄에 대하여는 죽은 자요 그리스도 예수 안에서 하나님을 대하여는 산 자"로 여겨야 한다. 그는 이미 죽었기 때문에 옛사람으로부터 해방을 받은 것이다. 악령들은 이제 그의 생활 가운데 아무 일도 할 수 없다. 왜냐하면 악령들이 지금까지 소유하고 있던 활동 기지가 십자가 위에서 소멸되었기 때문이다.

그리스도인이 자기의 마음을 활용해서 마귀를 대적할 때마다 그는 온전히 십자가가 이루어 놓은 사실에 의존한다. 그는 자기가 그리스도와 함께 죽은 것을 하나의 사실로 인식하고 있다. 따라서 그는 원수 앞에서 이 위치를 굳게 지킨다. 신자는 죽었다. 악령들은 죽은 사람에 대해 아무런 권한이 없다. 바로는 홍해 건너편에 있는 이스라엘 자녀들을 해칠 수 없었다. 예수 그리스도의 죽음 안에 안식하는 그리스도인에게는 굉장한 유익이 따른다.

자유와 갱신

신자가 조금씩 기지를 탈환해 감에 따라, 그 결과는 차츰 눈에 띄게 나타날 것이다. 신자가 회복을 위해 노력하는 가운데, 비록 처음에는 상황이 더 악화되는 것같이 보일지라도 끝까지 싸우면 원수가 서서히 세력을 잃어가는 것을 목격하게 될 것이다. 영토가 차츰 탈환됨에 따라 여러 가지 징후들이 줄어들게 된다. 그는 자기의 마음이 기억력과 상상력, 그리고 사고력과 함께 점차 자유로워지는 것을 발견할 것이다. 결국 그는 마음을 다시 활용할 수 있게 된다.

그러나 여기서 다음 한 가지를 경계해야 한다. 즉 신자는 이 때에 스스로 만족에 빠져, 잃어버린 모든 기지를 되찾을 때까지 싸우지 않을 수가 있다. 이렇게 해서 신자는 악령들이 앞으로 활동할 수 있는 근거지를 남겨두는 것이다. 신자는 완전히 자유로워질 때까지, 계속해서 자신의 주권을 회복해야 한다. 그가 십자가의 기반 위에 서서 마음을 활용하여 원수의 약탈행위에 저항한다면, 곧 완전히 해방될 것이다. 이 때에 그는 자신의 정신 생활의 주인이 될 것이다.

여기서 지금까지 살펴본 "수동성"에서 자유를 얻기까지의 과정을 요약해 보면 다음과 같다.

(1) 그리스도인의 마음은 원래 정상적이었다.
(2) 그는 하나님께서 자기의 마음을 사용하시기를 원하였기 때문에 수동적인 태도에 빠졌다.
(3) 그는 이제 새로운 마음을 소유하고 있다고 믿도록 기만을 당했다.
(4) 사실 그는 악령들의 공격에 의해서 정상 이하로 떨어졌다.
(5) 그의 마음은 유약하고 무력해졌다.
(6) 그는 잃어버린 기지를 되찾기 위해 싸움을 벌인다.
(7) 그의 마음은 전보다 더 부패하고 혼돈된 것처럼 보인다.
(8) 사실상 그는 점차 자유를 되찾고 있다.
(9) 그는 자신의 주권을 주장하고 수동적인 태도에서 돌아서기로 결단한다.
(10) 그는 수동성에서 벗어나 정상적인 상태를 회복한다.
(11) 자신의 의지를 견지함으로써, 그는 그 후로 정상적인 상태를 계속 유지하는 데 성공할 뿐만 아니라,
(12) 그의 마음은 회복되어 전에 할 수 없던 일들을 할 수 있게 된다.

구조의 길

새로워진 마음은 단순히 자유로운 마음보다 더 깊은 의미가 있다는 것을 알아야 한다. 수동성과 원수의 거짓말을 믿음으로써 상실했던 견고한 진을 되찾는다는 것은 단순히 상실했던 것을 회복하는 것을 뜻한다. 그러나 새로워진다는 것은, 전에 양도했던 것을 되찾는 것은 물론이거니와 본래 가졌던 것보다 더 높은 무엇을 소유하게 되는 것을 뜻한다. 새로워진 마음을 갖는 것은 하나님께서 본래 그의 마음에 대하여 계획했던 최대의 가능성에 도달하는 것이다.

하나님께서는 신자의 마음이 온전히 스스로를 통제함으로써 어두움의 세력으로부터 벗어날 뿐만 아니라, **새롭게 되어** 완전히 성령과 협조할 수 있게 되기를 바라신다. 하나님께서는 신자의 마음이 빛과 지혜와 총명과 상상력과 사고력으로 충만하여 하나님의 뜻에 완전히 순종하기를 원하신다(골 1:9). 그러므로 약간의 유익을 얻었다고 해서 만족하는 일은 없어야겠다.

제4장
마음의 법칙

마음이 새로워진 하나님의 자녀는 마음의 능력에 대해 놀라게 될 것이다. 그는 나태하고 불필요한 활동으로부터 해방된 것이다. 그는 집중력이 더 강해지고 이해력이 더 예민해지고 기억력이 더 날카로워지고 사고력이 더 명확해지며 사물을 보는 관점이 더 넓어진다. 더 효과적으로 일하고, 더 포괄적으로 생각하고, 다른 사람의 생각을 더 쉽게 파악한다. 그는 열린 마음으로 영적인 지식을 받아들인다. 왜냐하면 그는 이제 자신의 사소한 경험을 이야기하는 데서 벗어나 무한한 영적 지식의 세계로 들어섰기 때문이다. 하나님의 일에 대한 편견과 선입견이 모두 제거되고, 그의 마음은 전에는 불가능하던 일을 할 수 있게 되고 전보다 두세 배의 책임을 더 질 수 있게 된다.

오늘날 그리스도인의 마음이 무력한 이유는 그것이 아직 새로워지지 않았기 때문이다. 비록 새로워졌다 하더라도, 그 마음이 다시 옛 사고 방식의 침해를 받지 않는다는 보장은 없는 것이다. 그리스도인이 계속 끈질기게 전통적인 사고방식을 배격하지 않는다면, 그는 무의식적으로 옛날의 상태로 되돌아갈 수가 있다. 그리스도인은 육신의 일을 부인하고 매일 영을 따라야 하는 것처럼, 이전의 사고방식을 부인하고 매일 새로워진 마음을 따라서 생각해야 한다. 이와 같은 경계 태도는 절대적으로 필요한 것이다. 그렇지 않으면 그는 이전의 상태로 되돌아 갈 수도 있다. 영적인 생활에서 퇴보는 언제나 있을 수 있는 것이다. 하나님의 자녀가 마음을 새롭게 함으로 깨어있지 않으면, 그는 여전히 원수의 거짓말을 믿고 다시 한번 수동적인 상태를 통하여 원수에게 기지를 내어줄 수 있다.

계속 새로워진 마음 상태를 유지하기 위해서, 그리고 나날이 그 마음을 새롭게 하기 위해서, 신자는 마음의 법칙들을 적용해야 한다. 영에 법칙이 있는 것처럼, 마음에도 법칙이 있다. 이제 마음의 법칙 가운데 몇 가지를 열거해 보겠다. 이 법칙을 이행할 때에 신자의 승리가 보장되는 것이다.

영과 함께 일하는 마음

신령한 그리스도인의 "분별하고 이해하고 수행하는" 과정을 분석함에 있어서, 우리는 다음과 같은 단계를 제시할 수 있다.

(1) 성령께서 그리스도인의 영에 하나님의 뜻을 계시해 주시므로, 그는 하나님의 뜻이 무엇인지 알게 된다.

(2) 마음을 통하여 이 계시의 의미를 파악한다.

(3) 자신의 의지로 영적인 힘을 사용함으로써 몸을 활성화하여 하나님의 뜻을 수행한다.

인간의 생활에서 영에 제일 가까운 것은 마음이다. 우리는 마음이 지적인 세계와 물질 세계의 일들을 인식하는 기저라고 알고 있고, 영은 영적인 세계의 실체를 인식하는 요소라고 알고 있다. 그리스도인은 지성을 통해서 자기 자신에 대한 것을 알고, 영을 통해서 하나님께 속한 것들을 안다. 영과 마음은 둘 다 지식의 기관이다. 따라서 이 둘의 관계는 다른 어떤 관계보다도 더 가까운 것이다. 영을 따라 행하는 데 있어서 우리는 마음이 영에게 최선의 조력자가 된다는 것을 알게 될 것이다. 따라서 마음고- 영이 어떻게 함께 일하는가를 이해하는 것은 반드시 필요하다.

　성경은 영과 마음의 협력관계를 분명히 말하고 있다. "우리 주 예수 그리스도의 하나님 영광의 아버지께서 지혜와 계시의 정신을 너희에게 주사 하나님을 **알게** 하시고 너희 마음 눈을 밝히사…… 너희로 **알게** 하시기를 구하노라"(엡 1:17-19). 전에 "지혜와 계시의 정신(영)"이 무엇을 의미하는가에 대하여 설명한 적이 있다. 그것은 하나님께서 영에 계시를 주심으로 우리에게 하나님 자신과 자신의 뜻을 알게 하시는 것을 의미한다. 그러나 이제 우리는 영에 직관적으로 주어진 계시가 우리의 마음과 어떻게 함께 일하는가를 살펴보고자 한다.

　"너희 마음 눈(The eyes of your heart)"이란, 사고와 이해의 기관, 즉 우리의 마음(mind)을 비유적으로 가리키는 말이다. 이 구절에서 "안다"는 말이 두 번 쓰였는데, 각각 다른 개념을 가지고 있다. 첫 번째 것은 직관적으로 아는 것을 말하고, 두 번째 것은 정신적으로 알고 이해하는 것을 말한다. 계시의 영은 우리의 존재 깊은 곳에 자리잡고 있다. 하나님께서는 우리가 직관으로 하나님을 참으로 알 수 있도록 자신을 우리의 영에 계시하시는 것이다. 그러

마음의 법칙

나 아직까지는 직관적인 지식일 뿐이다. 다시 말하면, 속사람은 알지만 겉사람은 아직 모르고 있다는 말이다.

속사람에게 알려진 것을 겉사람에게 전달하는 것은 필수적인 단계이다. 이러한 전달이 잘못될 때 속사람과 겉사람은 함께 연합된 행동을 취할 수가 없다. 그렇다면 어떻게 이 교통이 가능한가? 성경은 우리의 영이 정신 기능을 자극하여 직관에 주어진 계시의 의미를 이해할 수 있게 해준다고 말하고 있다. 우리의 겉사람은 사물을 이해하기 위해서 마음에 의존하기 때문에, 영은 직관적으로 아는 것을 마음에 전달해야 한다. 이렇게 될 때, 마음은 이 "메시지"를 전 존재에 전달할 수 있고, 하나님의 자녀는 영을 따라 행할 수 있는 것이다.

우리는 먼저 우리의 직관을 통하여 하나님의 뜻을 알게 되고, 그러고 나서 우리의 지성이 그 뜻을 해석해 준다. 성령께서 우리 영 안에 역사하셔서 우리 속에 영적인 감각을 자아내고, 그 다음에 우리는 두뇌를 활용하여 이 감각의 의미를 이해하게 된다. 하나님의 뜻을 완전히 이해하기 위해서는 영과 마음의 협조가 필요하다. 영은 우리의 속사람으로 하여금 알게 하고, 마음은 겉사람으로 하여금 이해하게 한다.

영과 혼의 협조를 펜과 잉크로 기술하려면 오랜 시간이 걸리지만, 사실 이러한 협조는 순식간에 이루어지는 것이다. 영과 혼은 마치 우리의 두 손처럼 작용한다. 따라서 눈 깜짝할 사이에 영은 자기가 본 것을 마음에 알린다. 모든 계시는 성령으로부터 오는 것으로, 마음이 아니라 영에 입수되는 것이다. 그래서 사람은 직관으로 알고, 직관에 알려진 계시는 그의 정신력에 의해서 검토되고 이해된다.

영에 속한 사람

언제나 하나님의 뜻을 받아들이는 일에 있어서 마음이 일차적인 요소로 행세하지 않도록 해야 한다. 그러나 우리는 마음이 하나님의 뜻을 이해하기 위한 이차적인 기구로써 봉사하는 것을 금해서는 안 되겠다. 육적인 그리스도인은 영을 따라 행하는 법을 아직 배우지 못했기 때문에 머리의 생각을 행동의 기준으로 오인할 때가 많다. 영적인 그리스도인은 영을 따른다. 그러나 그는 또한 영이 뜻하는 바를 마음이 이해할 수 있도록 한다. 참된 인도하심에는 이 두 가지 요소가 하나로 나타난다. 보통 영에 주어지는 하나님의 인도하심은 사람이 말하는 이성과 대치된다. 그러나 사고력이 새로워진 사람에게는 이와 같은 이성이 그의 영과 함께 일한다. 따라서 하나님의 인도는 그의 이성으로 볼 때 완전히 논리적이다. 그러나 속사람이 아직 이와 같은 고매한 위치에 이르지 못한 사람의 이성은 종종 영의 인도에 저항한다.

에베소서 1장에서 영이 어떻게 마음을 돕는가를 살펴보았다. 하나님의 계시를 받자마자 신자의 영은 지성을 깨우친다. 신령한 사람의 마음은 육적인 생명, 즉 타고난 생명에 의존하지 않는다. 오히려 신령한 사람의 마음은 영의 깨우침에 따라 움직인다. 그렇지 못할 때 신자의 마음은 암흑 속에 빠지게 된다. 새로워진 마음은 영의 빛이 지시하는 대로 움직일 필요가 있다. 속사람이 악령들에 의해 봉쇄될 때 사람의 생각이 혼돈되고 그의 전존재가 흩트러지는 이유가 바로 여기에 있다. 신령한 사람의 두뇌는 그의 영에 의해서 지탱된다. 영이 포위를 당했을 때, 그 힘은 직접 두뇌에까지 미치지 못하고 마음은 즉시 통제력을 잃게 된다. 이 두 가지 요소가 적당한 관계를 유지하도록 하기 위해서는, 우리의 영이 악령들에게 포위당해 마음까지 정상적인 기능을 상실하지 않도록 경계

마음의 법칙

태세를 취해야 한다.

신자의 마음은 성령의 출구이다. 사람의 영에 내재하시는 분께서 어떻게 자신을 나타내시는가? 성령은 자기가 사람의 영에 내재하신다는 것을 성도가 믿는다고 해서 만족하지 않으신다. 성령의 목표는 사람을 통해 자기 자신을 나타냄으로써 다른 사람들도 성령을 소유할 수 있도록 하는 것이다. 성령께서 **인간의 협조를 요구**하시는 일은 무수히 많다. 성령께서 인간의 영에 **내주하시는** 것만으로는 충분치 않다. 성령께서는 한 걸음 더 나아가 그 인간의 영을 통하여 자기 자신을 **나타내기를** 원하신다. 인간의 영을 나타내는 것은 마음이다. 따라서 마음이 방해를 받을 때 영은 자신의 표현 수단을 빼앗기게 되고, 하나님의 영은 인간의 속사람으로부터 다른 사람들에게 흘러나갈 수 없게 된다.

우리는 또한 직관적인 지식의 의미를 이해하기 위해서도 마음이 필요하다. 마음이 그것을 이해할 때, 하나님께서는 우리를 통하여 그의 생각을 전달하실 수 있다. 우리의 마음이 어리석고 편협하다면 성령께서는 자신이 원하는 대로 우리와 교제를 나누실 수 없을 것이다.

마음, 영, 영적인 마음

하나님의 자녀는 신령해질수록 영을 따라 행하는 것의 중요성과 육신을 따라 행하는 것의 위험성을 더 많이 깨닫게 된다. 그러나 실제로 그리스도인은 어떻게 영을 따라 행할 수 있는가? 로마서 8장에 주어져 있는 대답은 영의 일을 생각하고 영적인 마음을 소유하라는 것이다. "육신을 좇는 자는 육신의 일을 영을 좇는 자는 영의 일을 생각하나니 육신의 생각은 사망이요 영의 생각은 생명과 평안이니라"(5, 6절).

영을 따라 행하는 것은 영의 일에 마음을 두는 것을 뜻한다. 영을 따라 행하는 것은 또한 영으로 하여금 마음을 다스리게 하는 것을 뜻한다. 영을 따라 행하는 사람들은 그 마음이 속사람의 일들로 가득 차 있다. 따라서 이들의 마음은 영적이다. 영을 따라 행한다는 것은 단지 영의 지배하에 있는 마음이 영의 일에 집착해 있는 것을 뜻한다. 이것은 우리의 마음이 새로워져 영의 지배를 받게 되었기 때문에 영의 모든 움직임과 침묵을 탐지할 수 있게 되었음을 뜻한다.

여기서 우리는 이 두 구성 요소 사이의 관계를 보게 된다. "육신을 좇는 자는 육신의 일을 영을 좇는 자는 영의 일을 생각하나니." 사람의 머리는 육신의 일을 생각할 수도 있고 영의 일을 생각할 수도 있다. 우리의 정신적 기능(혼)은 영과 육(여기서는 정확히 말해서 몸을 지칭함) 사이에 놓여 있다. 마음이 어느 쪽으로 기울어지는가에 따라서 사람의 생활도 좌우된다. 마음이 육신에 사로잡혀 있으면 우리는 육신을 따라 행하게 되고, 반대로 영에 사로잡혀 있으면 우리는 영을 따르게 된다. 따라서 우리가 영을 따라 행하고 있는가 그렇지 않은가는 물어 볼 필요도 없다. 다만 우리가 영에 마음을 두고 있는가, 즉 영의 움직임이나 침묵을 주목하고 있는가만을 자문해 보면 된다. 육신의 일에 마음이 사로잡혀 있으면서 영을 따라 생활한다는 것은 있을 수 없는 일이다. 마음이 어느 쪽으로 쏠려 있는지에 따라서 우리의 생활도 좌우되는 것이다. 이것은 변할 수 없는 하나의 법칙이다.

일상 경험 가운데 우리의 마음은 무엇을 생각하며 무엇을 주목

마음의 법칙

하고 있는가? 어느 쪽에 순종하고 있는가? 속사람에 주의를 기울이고 있는가 아니면 육신에 순종하고 있는가? 영의 일로 우리의 마음을 채울 때 신령한 사람이 되고, 육의 일로 마음을 채울 때는 육신적인 사람이 되는 것이다. 우리의 마음이 영에 의해 지배되고 있지 않다면, 육에 의해 지배되고 있는 것이 분명하다. 즉 하늘의 지배를 받고 있지 않다면, 땅의 지배를 받고 있는 것이 틀림없다. 위로부터 규제를 받지 않는다면 밑으로부터 규제를 받는 것이 틀림없다. 영을 따르는 결과는 생명과 평안이며, 육신을 따르는 결과는 죽음이다. 하나님의 관점에서 보면, 육신에서 나오는 것은 아무런 영적인 가치가 없다. 신자는 구원을 받아 생명을 소유하고 있으면서도 "죽음" 안에 거할 수 있다.

영의 일들을 **생각하는 것**이 영을 따라 생활하는 데 왜 그처럼 중요한가? 그것은 영의 인도를 받기 위한 첫번째 조건이기 때문이다. 오늘날 얼마나 많은 하나님의 자녀들이 영의 소리에 귀를 기울여야 한다는 사실을 망각한 채, 하나님께서 환경을 인도해 주실 것을 기다리고 있는가! 이들은 속사람의 중심으로부터 흘러나오는 소리에 귀를 기울이려 하지 않는다. 우리 안에 내주하시는 하나님께서 우리 영 안에서 우리를 인도해 주셨으나, 우리의 정신적 기능이 둔해서 그것을 깨닫지 못하는 경우도 종종 있다. 주님께서는 틀림없이 우리의 직관에 계시를 주셨다. 그러나 우리의 지성은 영의 일보다는 수천 수백 가지의 다른 일들에 쏠려 있다.

우리는 우리의 영적 감각을 소홀히 여긴다. 때때로 우리의 영은 정상적이지만 우리의 마음이 실수를 범한다. 따라서 우리는 영을 따를 수 없게 된다. 무엇이든지 영의 직관에 의해서 표현되는 것은 섬세하고 조용하고 잔잔하다. 우리가 습관적으로 영의 일을 생각하지 않는다면, 어떻게 영의 생각을 알아내고 그대로 행할 수 있겠는가? 우리의 마음은 언제나 속사람의 움직임을 살피기 위해 경비원처럼 경계 태세를 갖추고 있어야 한다. 그렇게 할 때 겉사람은 완전히 항복할 것이다.

모든 하나님의 인도하심은 영의 작고 섬세한 감각들에 의해서 전달된다. 하나님께서는 결코 강압적이고 압도적인 감정 같은 것을 사용하여 사람들이 강제로 순종하도록 만들지 않으신다. 하나님께서는 언제나 우리가 스스로 선택할 수 있는 기회를 주신다. 무엇이든지 우리에게 강요되는 것은 악령들의 공작이지 하나님으로부터 오는 것이 아니다. 우리가 성령께서 역사하실 수 있는 여건을 우리 안에 갖추어 놓기 전에는 성령께서 결코 일하시지 않는다.

따라서 우리는 성령의 인도하심을 기다리는 데 그쳐서는 안 된다. 성령께서 우리를 인도해 주실 것을 기대한다면, 우리의 영과 마음은 성령과 함께 적극적으로 기능을 발휘해야 한다. 우리의 속사람을 활용하여 성령과 협조한다면, 또한 겉사람으로 하여금 우리 영의 움직임이나 침묵을 따르게 한다면, 우리는 영을 따라 행하는 것이다.

열린 마음

하나님의 직접적인 계시를 경험하는 일 외에도, 우리는 종종 다른 주님의 자녀들이 전하는 말씀을 통해서 진리를 받아들일 때가 있다. 이러한 진리는 영에 미치기 전에 일단 지성에 접수된다. 우리는 마음을 통해서 다른 사람들의 말이나 글을 접하기 때문에, 이러한 진리가 마음이라는 통로를 거치지 않고 우리의 삶에 미칠 가

마음의 법칙

SPIRITUAL

능성은 거의 없는 것이다. 따라서 열린 마음은 영적인 생활에 굉장히 중요한 위치를 차지한다. 만일 우리의 두뇌가 진리나 설교자에 대한 편견으로 가득 차 있다면, 진리가 우리 마음속에 들어오지도 못하고, 우리의 삶에까지 미치지도 못한다. 어떤 신자들은 이미 자신이 읽거나 듣기 원하는 내용을 결정해 두는데, 거기서 아무런 도움을 얻지 못한다. 이것은 당연한 일이다.

   그리스도인이 진리가 삶으로 변화되는 과정을 잘 알고 있다면, 그는 마음이 방해받지 않는 것이 얼마나 중요한지를 알 것이다. 진리는 우선 마음에 이해되고, 다음에 영에 들어가 영을 자극하며, 마지막으로 실제적인 생활로 표현되는 것이다. 폐쇄된 마음은 진리가 영에 들어오는 것을 막는다. 폐쇄된 마음은 편파적이어서 자신의 생각과 다른 항목은 모조리 반대하고 비판한다. 자기 생각이 진리의 척도이며, 자기 생각에 어긋나는 것은 어느 것이고 진리가 될 수 없다. 이러한 정신 상태는 많은 하나님의 진리가 사람에게 들어갈 수 있는 기회를 앗아가 버린다. 따라서 이와 같은 마음 상태는 신자의 영적 생활을 해치는 결과를 낳는다.

   경험있는 많은 성도들은 진리가 계시되는 데 있어서 편견없는 마음이 얼마나 필수적인 것인가를 증언할 수 있을 것이다. 종종 우리는 진리가 우리에게 전달되었지만, 열린 마음의 결여로 인해 그 진리를 깨닫지 못한다. 우리가 진리를 받아들일 수 있기까지 하나님께서 모든 장애물을 제거하시는 데 얼마나 여러 해가 걸리는가! 자유로운 영과 더불어 우리의 마음에 장애물이 없을 때, 우리는 진리를 가장 쉽게 깨달을 수 있다.

   마음이 열려 있는 신자는, 처음에는 희미하게 나타났으나 이제 영의 빛에 의해 밝히 드러난 진리의 귀중함을 곧 인식하게 될 것이다. 이것이 바로 하나님의 자녀가 종종 진리를 받아들이는 과정이다. 처음에는 그 진리가 전혀 무의미하게 보인다. 그러나 얼마 후에는 영의 빛이 마음에 비치고, 급기야는 그 진리의 깊이를 깨닫게 된다. 비록 적절한 말로 표현할 능력은 없지만 내적으로는 그 진리를 완전히 이해하고 있다. 열린 마음이 진리를 들여 보내지만, 영의 빛이 비칠 때 그 진리는 신자에게 유익을 줄 수 있는 것이다.

통제받는 마음

그리스도인의 생활의 모든 분야가 통제를 받을 필요가 있다. 새로워진 마음도 마찬가지다. 악령들이 틈타도록 마음의 고삐를 풀어 주어서는 안 되겠다. **생각은 행동의 씨앗**이라는 사실을 잊지 말아야 한다. 이곳에서의 부주의함은 반드시 저곳에서 죄로 이어진다. 일단 뿌려놓은 생각은 시간이 아무리 오래 걸리더라도 결국은 자라난다. 우리의 모든 건방지고 주제넘은 죄와 무의식 중에 범한 죄는 따지고 보면 이전에 우리가 마음속에 품은 적이 있는 "생각의 씨앗"에서 연유하는 것이다. 죄된 생각이 우리 머리 속에 잠재해 있다면, 얼마 후에, 아마도 몇 년이 지난 후에 악한 행동으로 나타나게 될 것이다.

예를 들어 우리가 어떤 형제에 대해서 악한 생각을 품고 있다고 하자. 만일 이러한 생각이 즉시 제거되지 않는다면, 결국 좋지 않은 열매를 맺게 되는 것이다. 그리스도인은 최선을 다해서 자신의 생각을 다루어야 한다. 그의 정신 생활이 통제되지 않는다면, 그는 아무것도 통제할 수 없다. 그래서 베드로는 "너희 마음의 허리를 동이라"(벧전 1:13)고 권하고 있는 것이다. 마음의 허리를 동인다는 말은, 모든 생각을 규제함으로써 우리의 생각이 난잡해지지 않도록 하라는 뜻이다.

하나님의 목표는 우리의 "모든 생각을 사로잡아 그리스도에게 복종케 하는 것"이다. 그러므로 우리는 하나님의 빛에 비추어서 우리의 모든 생각을 철저히 검토해 보아야 하며, 단 한가지의 생각이라도 우리의 관찰이나 판단을 피하지 못하도록 해야 한다. 그것이 어떤 생각이든 간에, 검토되고 통제되어야 한다.

자신의 정신 생활에 대한 지배를 확고히 하는 데 있어서 그리스도인은 절대로 부당한 생각을 품고 있어서는 안 된다. 모든 부당한 항목이 제거되어야 한다. 마음을 쓰지 않고 내버려두어서도 안 된다. 모든 문제를 주의 깊게 관찰해 봄으로써 그리스도인은 분별력 있고 신령한 사람이 되어야 한다. 마음을 제멋대로 방황하게 내버려둠으로써 악령들에게 활동할 수 있는 기회를 주어서도 안 된다. 마음은 아무 일없이 나태한 상태에 머물 것이 아니라, 언제나 적극적으로 기능을 발휘해야 한다. 그리스도인이 영에 계시를 받은 후에도, 그는 자신의 지성을 사용하여 이것이 하나님께 속한 것인지 아니면 자신에게 속한 것인지를 검토하고 시험하고 확인할 필요가 있다. 그는 또한 어떤 행동을 취할 때 자기가 전적으로 하나님의 때에 하나님의 뜻을 따라 행하고 있는지, 혹은 그 일에 자기의 생각이 혼합되어 있는지를 검토할 필요가 있다.

이와 같은 정신적인 활동은 영이 직관 속에 받은 계시를 확인하고 모순점을 밝히는 데 큰 도움을 준다. 자아 중심적인 생각은 어떤 생각이든 하나님의 뜻을 아는 데 방해가 된다. 하나님께서는 결코 우리가 맹목적으로 하나님을 따르기를 원치 않으신다. 하나님께서는 우리가 명백히 하나님의 뜻을 깨달아야 한다고 주장하신다. 명확성이 결여된 것은 무엇이든 믿을 수 없는 것이다.

마음이 기능을 발휘하고 있을 때, 우리는 마음이 혼자서 영의 지배를 떠나 독자적으로 활동하지 않도록 주의해야 한다. 사심이 없는 마음은 그리스도인이 하나님의 뜻을 깨닫는 데 도움이 된다. 그러나 독자적인 마음은 단순히 육신의 부패를 드러낼 뿐이다. 예를 들어 많은 사람들은 자신의 지적인 능력을 의지해서 성경을 상고한다. 그러나 그들이 안다고 주장하는 진리는 단지 그들의 머리 속에 들어 있는 것이다. 이와 같이 독자적인 정신 활동은 극히 위험한 것이다. 왜냐하면 이것은 그리스도인에게 몇 가지 지식을 더해 주고 스스로 자랑할 수 있는 근거를 더해 줄 뿐, 아무런 유익을 주지 못하기 때문이다. 우리는 지식적인 데서 그치는 진리를 모두 배격해야겠다. 왜냐하면 이러한 지식은 사탄이 역사할 수 있는 기회를 마련해 주기 때문이다. 단순히 지적인 지식만을 추구하려는 욕망을 억제해야 한다.

두뇌는 기능을 발휘해야 한다. 그러나 두뇌는 또한 쉴 필요가 있다. 만일 신자가 두뇌로 하여금 쉴 새 없이 계속 일만 하게 한다면, 우리의 머리는 결국 (과로할 때 몸이 약해지는 것처럼) 약해질 것이다. 그리스도인은 두뇌가 지나치게 적극성을 띠어 통제할 수 없을 정도로 활동하는 일이 없도록 두뇌의 활동을 규제해야 한다. 로뎀나무 아래서 엘리야가 좌절감을 느꼈던 것은, 그의 마음을 지나치게 혹사한 데 원인이 있었던 것이다(왕상 19장).

그리스도인은 언제나 그의 마음을 하나님의 평안 가운데 보전해야 한다. 이사야는 "주께서 심지가 견고한 자를 평강에 평강으로 지키시리니 이는 그가 주를 의뢰함이니이다"(26:3)라고 썼다. 쉴 줄 모르는 두뇌는 평안이 없고 영적인 생활과 영적인 봉사에 똑같이 해로운 것이다. 불안한 마음은 많은 사람을 수많은 오류로 인도하였다. 평안이 없는 마음은 정상적으로 활동할 수 없다. 그래서 바울 사도는 "아무것도 염려하지 말라"(빌 4:6)고 가르치고 있는 것이다. 염려스러운 생각이 일어나는 즉시 그 모든 것을 하나님께 맡겨야 한다. 하나님의 평강이 우리의 "마음과 생각"을 지키도록 해야 한다(7절).

그러나 바울은 또한 우리의 머리를 놀리지 말고 일을 시키라고 권고하고 있다. "형제들아 무엇에든지 참되며 무엇에든지 경건하며 무엇에든지 옳으며 무엇에든지 정결하며 무엇에든지 사랑할 만하며 무엇에든지 칭찬할 만하며 무슨 덕이 있든지 무슨 기림이 있든지 이것들을 생각하라"(8절).

마음은 감정에 의해 지배되어서는 안 된다. 마음은 조용히 하나님 안에 거해야 하며, 믿음으로 일해야 한다. 이것이 곧 바울이 우리에게 갈고 닦으라고 권고하는 "근신하는 마음"(sound mind)이다(딤후 1:7, AV). 신자는 영의 직관을 따라야 한다. 그리스도인은 하나님의 판단 기준이 모든 경우에 적용되도록 해야 한다.

머리는 계속 겸손한 상태로 보전되어야 한다. 교만한 생각은 흔히 우리를 나쁜 길로 인도한다. 독선적이고 거만하고 자기 중심적인 생각은 모두 잘못을 저지를 수 있다. 어떤 사람들은 광대한 지적 배경을 가지고 있기 때문에 자기 자신을 과대 평가하고 지나치게 높이 생각하여 자기 기만에 빠진다. 진정으로 주님을 섬기기 원하는 사람은 "모든 겸손"으로 주를 섬겨야 한다(행 20:19). 그리스도인은 자기 기만적인 생각을 모두 떨쳐버리고, 그리스도의 몸 안에서 하나님이 정해 주신 자기 위치를 확인해야 한다.

하나님의 말씀으로 충만한 마음

하나님께서는 "내 법을 저희 생각에 두겠다"(히 8:10)고 선언하셨다. 하나님의 말씀이 절실히 필요할 때 적당한 구절을 찾아내지 못하는 일이 없도록, 우리는 말씀을 읽고 암기해야 한다. 만일 우리가 부지런히 성경을 읽는다면 하나님께서는 우리의 모든 생각을 하나님의 법으로 채워 주실 것이다. 우리는 삶 속에서 빛이 필요할 때마다 성경 말씀을 즉시 기억할 수 있도록 해야 한다. 많은 사람들이 말씀을 읽는 데 자신의 마음을 활용하기를 꺼린다. 이들은 기도하고 나서 아무데나 잡히는 대로 성경을 펼치고, 자기가 읽는 그 부분이 하나님으로부터 오는 것이라고 생각한다. 이것은 극히 믿을 수 없는 졸렬한 방법이다.

그러나 우리 마음이 주님의 말씀으로 충만해 있다면, 성령은 우리에게 적적한 구절을 생각나게 하심으로써 즉시 우리 영의 직관을 통해 마음의 눈을 밝히실 수 있을 것이다. 어떤 사람이 우리에게 도둑질 해서는 안 된다고 말해 줄 필요가 없다. 왜냐하면 우리는 하나님의 말씀이 그렇게 말하고 있는 것을 알고 있기 때문이다. 그러한 말씀이 이미 우리의 마음속에 있다. 이것은 다른 문제에서도 마찬가지다. 따라서 우리가 이런 식으로 성경과 연합되어 있다면, 우리는 모든 면에서 하나님의 뜻을 깨달을 수 있을 것이다.

깨끗한 마음을 구함

그리스도인은 계속적으로 자기의 정신 생활을 순화하고 생생하게 유지해 달라고 하나님께 구해야 한다. 우리는 하나님께 모든 악한 생각들과 지나친 생각들을 뿌리 뽑아 달라고 기도해야 한다. 그렇게 함으로써 우리가 믿는 것이 완전히 하나님께 속한 것이 될 수 있다. 주님을 생각할 뿐만 아니라 바로 생각할 수 있도록 기도해야 한다. 어떠한 생각도 자신의 악한 성품에서 나오지 않도록 기도해야 한다. 그리고 설령 악한 성품에서 어떤 생각이 솟아난다 하더라도 즉시 하나님의 빛에 의해 드러나고 처리되도록 기도해야 한다. 낡은 사고 방식으로 생각하여 하나님의 교회가 특별한 교리에 의해 분리되는 일이 없도록 하나님께 우리의 생각을 지켜달라고 기도해야 한다. 또 다른 형제들로부터 당신을 분리시킬 만한 특별한 가르침을 마음으로 받아들이는 일이 없도록 주님께 기도해야 한다. 다른 형제들과 한 마음이 되게 해달라고 주님께 간구해야 한다. 그리고 어떤 문제에든 이러한 한 마음이 결여되어 있다면 간절히 그리고 꾸준히 이를 위해 기도해야 한다.

   우리의 새로운 생활에 그릇된 생각이나 가르침이 침범하지 않도록 하나님께 간구해야 한다. 우리의 생각이 그리스도의 몸을 분리시키는 요인이 되지 않게 해달라고 간구해야 한다. 우리의 악한 성품에 대해서뿐만 아니라 악한 생각에 대해서도 죽게 해달라고 주님께 간구해야 한다. 다시는 속지 않게 해달라고 기도해야 한다. 다른 형제 자매들을 위해서도, 서로 해치거나 흩어지는 일이 없이 모두 한생명, 한마음을 가지고 주님을 힘입어 살게 해달라고 간구해야 한다.

SPIRITUAL

제**9**부
혼의 분석-의지

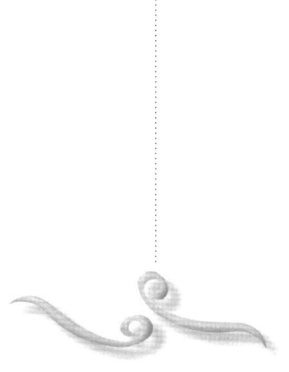

제 1 장
신자의 의지

　인간의 의지(will)는 결정을 내리는 기관이다. 원할까 원하지 않을까, 선택할까 선택하지 말까를 결정하는 것은 의지의 전형적인 활동이다. 의지는 인간이 그의 인생의 바다를 항해할 때 방향을 조정하는 "키"와도 같은 것이다.
　인간의 의지는 그의 참된 "자아"라고 할 수 있다. 의지는 참으로 그 사람을 대표하기 때문이다. 의지의 행동이 바로 그 사람의 행동이다. 우리가 "하겠다"(I will)고 선언할 때, 실제로 결정하는 기관은 우리의 의지이다. 우리가 "나는 원한다, 나는 결심한다"라고 말할 때도 역시 원하고 결심하는 것은 우리의 의지이다. 우리의 의지는 전인간을 대표해서 행동한다고 말할 수 있다. 우리의 감정은 우리가 느끼는 바를 표현할 뿐이다. 우리의 마음은 단순히 우리가 생각하는 바를 말해 줄 뿐이다. 그러나 우리의 의지는 우리가 **원하는** 바를 전달해 준다. 따라서 의지는 우리의 전인격 중에서 가장 영향력 있는 부분이다. 의지는 감정이나 마음보다 깊다. 그러므로 신자는 영적 성장을 추구하는 데 있어서 자신의 의지적인 요소를 소홀히 해서는 안 된다.

많은 사람들은 "종교"를 감정의 문제로 취급해 버리는 잘못을 범하고 있다. 이들은 "종교"가 단순히 인간의 감정을 위로하고 기쁘게 해주는 것이라고 생각한다. 어떤 사람들은 "종교"가 이성(理性)과 병행해야 하며 지나치게 감정적이어서는 안 된다고 주장한다. 이런 사람들에게는 일종의 합리적인 종교만이 받아들여지는 것이다. 이러한 두 부류의 사람들은 참된 종교란 **본래** 감정이나 이성을 목표로 하지 않으며, 인간의 영에 생명을 부여해 주고 인간의 의지를 완전히 하나님의 뜻에 복종하도록 이끄는 데 목표를 두고 있다는 사실을 알지 못하고 있다. 우리의 "종교적인" 체험이 하나님의 뜻을 **기꺼이** 받아들이려는 마음을 자아내지 못한다면, 우리의 믿음은 극히 피상적인 것이다. 만일 신자의 영적 행로에서 의지가 아무런 은혜의 징조를 나타내지 않거나, 또는 의지에 아무런 변화가 없다면, 그 신앙 생활이 그에게 무슨 유익을 가져다 주겠는가?

참되고 완전한 구원은 인간의 의지를 구원한다. 인간의 의지의 구원을 포함할 정도로 완전하지 못한 것은 무엇이나 헛된 것이다. 즐거운 감정이나 비상한 생각은 모두 외적 영역에 속한 것이다. 사람은 하나님을 믿는 가운데서 기쁨과 평안과 위로를 경험할 수도 있고, 하나님의 위대하심을 깨닫고 많은 놀라운 지식을 쌓을 수도 있다. 그러나 그의 뜻이 하나님의 뜻과 연합되지 않는다면, 참으로 순수한 "하나님과의 연합"을 소유할 수 없다. 의지, 곧 뜻이 연합될 때 참된 연합이 이루어지는 것이다. 따라서 신자는 생명을 받은 후에 자신의 직관에만 신경을 쓸 것이 아니라 자신의 의지에 대해서도 주의를 기울여야 한다.

자유 의지

인간과 그의 의지를 논함에 있어서, 우리는 특별히 인간이 "자유 의지"를 행사한다는 점을 염두에 두어야 한다. 이것은 인간이 주권적인 존재로서 주권적인 의지를 가지고 있다는 것을 뜻한다. 그가 거부하는 것을 억지로 강요해서는 안 되며, 반대하는 것을 억지로 부가해서도 안 된다. 자유 의지란 자신이 원하는 것을 선택할 수 있다는 것을 의미한다. 인간은 다른 사람에 의해서 조작되도록 만들어진 기계적인 장난감 같은 존재가 아니다. 인간은 자신의 행동에 대해서 책임을 져야 한다. 속에 있는 의지가 자신의 안팎에서 일어나는 모든 문제를 통제한다. 그는 어떤 외부 세력에 의한 기계적인 지배를 받지 않는다. 인간은 자신의 행동을 결정하는 원칙을 자기 안에 가지고 있다.

이것이 하나님이 인간을 창조하셨을 당시 인간의 상태였다. 창조주께서 지으신 인간은 기계적인 존재가 아니었다. 우리는 하나님께서 아담에게 했던 말을 기억한다. "여호와 하나님이 그 사람에게 명하여 가라사대 동산 각종 나무의 실과는 네가 임의로 먹되 선악을 알게 하는 나무의 실과는 먹지 말라 네가 먹는 날에는 정녕 죽으리라"(창 2:16, 17). 하나님께서 인간에게 어떻게 명하셨는가? 하나님은 설득하고 금하셨지만 강요하시지는 않았다. 만일 아담이 하나님 말씀에 순종해서 금지된 과실을 먹지 않았더라도, 그렇게 하기로 결정한 것은 **아담**이었을 것이다. 그러나 아담은 순종치 않고 먹었다. 하나님께서는 그가 먹는 것을 강제로 막지 않으셨다. 그것이 바로 자유 의지이다.

하나님께서는 인간이 자신의 자유로운 의지를 따라 선택할 수 있도록 먹고 안먹는 것에 대한 책임을 인간에게 주셨다. 하나님께서는 죄도 지을 수 없고 반발하거나 도둑질할 수도 없는 로봇 같은 아담을 창조하시지 않았다. 자유 의지가 없는 아담을 창조했더라면 그것은 인간을 하나의 기계의 부속품으로 만든 것이나 다름이 없었을 것이다. 하나님께서는 충고하고 금하고 명령하실 수 있었지만, 듣고 안 듣고의 책임은 인간에게 두셨다. 하나님께서는 그의 사랑 가운데 미리 명령을 주셨다. 공의로운 하나님께서는 인간이 원치 않는 것을 하도록 강요하지 않으셨다.

인간이 하나님께 순종하기 위해서는 인간 편에서 기꺼이 순종하겠다는 의지를 보여야 한다. 하나님께서는 결코 강요하시지 않기 때문이다. 하나님께서는 물론 여러 가지 방법을 써서 인간이 자진해서 순종하도록 만드실 수 있었을 것이다. 그러나 인간이 찬동하기 전에는 하나님께서 인간에게 자기 방법을 결코 강요하시지 않는다.

이것은 극히 중요한 영적 원리이다. 창조주 하나님께서는 절대로 이 원칙에 벗어나서는 역사하시는 적이 없으며, 악령들만이 계속 이 원칙을 어기고 역사한다는 사실을 알아야 한다. 우리는 이 원칙에 의해서, 하나님께 속한 것과 속하지 않는 것을 구별할 수 있다.

타락과 구원

불행히도 아담은 타락했다. 이와 같은 아담의 타락으로 사람의 자유롭던 의지는 막대한 피해를 입게 되었다. 전 우주에는 두 개의 서로 상반되는 거대한 의지가 있다고 말할 수 있다. 하나는 거룩하고 완전한 하나님의 의지이며, 다른 하나는 부패하고 타락한 사단의 의지이다. 이 두 의지 사이에 독립적이며 주권적인 인간의 자유의지가 존재한다. 사람이 하나님께 반항하고 마귀의 말을 들으면, 그는 하나님의 의지를 거부하고 사단의 의지를 받아들이는 것이 된다. 사람이 자기 의지로 마귀의 의지를 선택하기 때문에 그 사람의 의지는 마귀의 포로가 되는 것이다. 따라서 그의 행동은 모두 마귀의 의지에 의해서 규제된다. 이러한 그의 초기 상태를 전복시키지 않으면, 사람의 의지는 의심할 여지없이 적의 세력에 의해서 압제를 당하게 된다.

이와 같이 타락한 상태에 있는 인간은 육신적이다. 이 육신은-그의 다른 기관들은 물론 의지도 이것의 지배를 받는다-전적으로 타락한 상태다. 이처럼 어두워진 의지에서 하나님을 기쁘시게 할 만한 것이 나올 수 있겠는가? 하나님을 추구하는 마음조차도 육신의 영역에서 비롯되는 것으로, 아무런 영적인 가치가 없다. 이때 그는 하나님을 섬기는 수많은 방법들을 고안해 낼 수도 있다. 그러나 그 모든 것들은 그 자신의 생각이며, "자의적 숭배"(will-worship, 골 2:23)로서, 하나님께 전혀 용납될 수 없는 것이다.

그렇다면 우리가 알아야 할 것은, 사람이 하나님의 새 생명을 받아 그 생명 안에서 하나님을 섬기지 아니하면, 하나님을 위한 모든 봉사도 육신의 일에 지나지 않는다는 사실이다. 하나님을 섬기고

신자의 의지

하나님을 위해 고난받으려는 그의 의도도 다 헛된 것이다. 중생하기 전에 그의 의지는 아무리 선한 일과 하나님을 향해 기울어져 있다 해도 헛된 것이다. 왜냐하면 하나님의 관점에서 볼 때 중요한 것은, 타락한 인간이 하나님을 위해서 무엇을 하기 원하는가가 아니라, 하나님께서 인간이 하나님을 위해 어떻게 하기를 원하시는가 하는 것이기 때문이다. 사람은 하나님을 위해서 수많은 일들을 고안하고 전개해 갈 수 있다. 그러나 만일 이들이 하나님으로부터 시작된 것이 아니라면, "자의적 숭배"밖에 안 되는 것이다.

이것은 구원에 관해서도 적용된다. 사람이 육신의 지배하에 있을 때는 구원받고자 하는 그의 욕망까지도 하나님께 용납될 수 없다. 요한복음에서 우리는 "영접하는 자 곧 그 이름을 믿는 자들에게는 하나님의 자녀가 되는 권세를 주셨으니 이는 혈통으로나 육정으로나 **사람의 뜻**으로 나지 아니하고 오직 하나님께로서 난 자들이니라"(1:12,13)는 말씀을 볼 수 있다. 사람은 그가 중생하기를 원하기 때문에 중생하는 것이 아니다. 그는 하나님으로부터 나야 한다.

오늘날 그리스도인들이 가지고 있는 잘못된 개념의 하나는, 어떤 사람이 구원받기를 원하여 생명의 길을 찾으면, 그러한 욕망만큼 선한 것이 없으므로 틀림없이 그 사람은 훌륭한 그리스도의 제자가 될 것이라는 것이다. 그러나 하나님께서는 하나님과 관련된 다른 문제들과 마찬가지로 구원의 문제에 있어서도 사람의 뜻은 전혀 무가치하다는 것을 확언하신다.

많은 그리스도인들이, 왜 요한계시록에서는 "원하는 자는 값없이 생명수를 받으라"(계 22:17)고 말함으로써 구원에 대한 책임이 전적으로 사람 자신에게 있는 것처럼 말하고 있고, 앞에서 인용한

요한복음에서는 사람의 의지로는 거듭날 수 없다고 말하고 있는지 궁금해 한다. 또한 주 예수님 자신이 유대인들이 구원받지 못한 이유를 다음과 같이 설명해 주시지 않았는가? "너희가 영생을 얻기 위하여 내게 오기를 원하지 아니하는도다"(요 5:40). 여기에서도 지옥에 가는 책임은 분명히 사람의 의지에 있는 것처럼 말하고 있다. 성경이 스스로 모순을 만들고 있다는 결론인가? 아니면, 이 명백한 모순의 이면에 무슨 특별한 뜻이 있는가? 이 수수께끼를 이해하는 것은 하나님께서 우리 그리스도인의 삶에서 요구하시는 것이 무엇인가를 이해하는 데 도움을 준다.

하나님께서는 "모든 사람이 구원을 받으며 진리를 아는 데 이르기를 원하시기"(딤전 2:4) 때문에 아무도 "멸망치 않고 다 회개하기에 이르기를"(벧후 3:9) 원하신다. 따라서 하나님께서 누구를 구원하기 원하시는가, 또는 누구를 멸망하도록 내버려 두시는가에 관해서는 더 이상 문제가 제기되지 않는다. 그것보다는 하나님의 뜻에 대한 죄인의 태도가 문제시된다. 만일 어떤 사람이 날 때부터 "종교심"을 다분히 가지고 태어났다든가, 세상에 대한 환멸을 가지고 있었다든가, 또는 유전이나 환경이나 가족의 영향을 받아 말뿐인 그리스도인이 되었다면, 그는 다른 죄인들과 마찬가지로 하나님과 하나님의 생명으로부터 멀리 떨어져 있는 것이다. 그리고 만일 죄인이 흥분하거나 열광하는 순간에 그리스도인이 되기로 작정한다면, 그는 다른 죄인들보다 나을 게 전혀 없다.

모든 것은 다음과 같은 질문으로 요약될 수 있다. 하나님의 뜻에 대한 그의 태도는 어떠한가? 하나님께서는 그를 사랑하시지만, 그는 이 사랑을 받아들이기 원하는가? 그리스도께서는 그를 부르시지만, 그는 그리스도에게로 오려 하는가? 성령께서는 그에게 생명

신자의 의지

을 주기를 원하시지만 그는 정말 거듭나기를 고대하는가? 그의 의지는 하나님의 뜻을 선택한 때에만 효력이 있다. 남아 있는 유일한 문제는, 하나님의 뜻에 대해 죄인의 의지가 어떤 반응을 보이느냐 하는 것이다.

이제 앞에서 말한 모순에 관한 문제는 풀렸으리라 믿는다. 사람이 스스로 구원을 찾기 시작하면, 그는 멸망을 향해 가는 것이다. 각종 종교의 창시자들이 이러한 범주에 속한다. 그러나 사람이 복음을 듣고 하나님께서 그에게 **베푸시는** 은혜를 **자진해서** 받아들인다면, 그는 구원을 받을 것이다. 전자의 경우에는 사람이 원인을 만들어내는 것이다. 그러나 후자의 경우 사람은 단순히 받아들일 뿐이다. 전자는 사람이 자기 노력으로 구원을 만들어내는 경우이고, 후자는 하나님의 뜻을 받아들이는 것이다. 요한복음 1장은 사람 자신의 뜻을 가리키며, 요한복음 5장과 요한계시록 22장은 하나님의 의지를 **받아들이는** 사람의 의지를 가리킨다. 따라서 이 둘 사이에는 모순이 없다. 오히려 여기에는 우리가 배울 매우 중요한 교훈이 담겨져 있다.

하나님께서는 구원과 같이 중요한 문제에 있어서 무엇이든 자아에서 비롯된 것은 하나님께 받아들여질 수 없고 배척된다는 사실을 가르쳐 주신다. 우리가 영적 성장을 갈망한다면, 중생의 순간에 하나님께서 우리를 다루실 때 사용하신 모든 영적인 기본 원리를 이해하고 명심해야 한다. 이 기초적인 원리들은 우리가 어떻게 영적 생활을 영위해 나가야 하는가를 보여 준다. 앞에서 언급한 교훈은 이 기본적인 원리 중에서 가장 중요한 원리이다. 우리에게서 비롯되는 것, 즉 우리의 육신으로부터 비롯되는 것은 무엇이든지 하나님께 용납될 수 없다. 구원과 같이 가장 중요하고 고귀한 것을 추구한다 하더라도, 우리 자신의 추구는 하나님께 받아들여지지 않는다.

　항상 명심해야 할 것은, 선한 것이든 악한 것이든 큰 것이든 작은 것이든, 하나님께서는 사물의 외모를 보지 아니하시고, 그것의 출처를 보신다는 것이다. 곧 그것이 하나님에게서 비롯된 것인지 아닌지를 보시는 것이다. 구원에 있어서, 우리가 구원받는 것은 우리가 구원받기를 원해서가 아니라 하나님께서 구원해 주시기를 원하기 때문이다. 이와 같은 원리는 우리 생활 전반에 걸쳐 적용된다. 하나님께서 우리를 통해 하시는 일이 아니면 우리의 모든 활동은 아무리 칭찬받을 만한 것이라도 아무 소용없는 것임을 알아야 한다. 이와 같은 기본 원리를 구원받는 순간에 깨닫지 못하면, 그 후 신앙 생활에서 수많은 패배를 경험하게 될 것이다.

　더욱이 구원받기 이전의 사람의 의지는 본질적으로 하나님께 대적한다. 그러므로 하나님께서는 죄인에게 새로운 생명을 주실 뿐만 아니라 그를 자기에게로 이끄셔야만 한다. 사람의 의지가 그 사람을 대표하듯이―그것은 그의 존재의 정수이므로, 하나님의 의지는 하나님을 상징한다―마찬가지로 하나님의 의지는 하나님의 생명 자체이다. 하나님께서 사람을 자기에게로 이끄신다는 것은 곧 하나님께서 사람을 하나님의 뜻으로 이끄신다는 것을 말한다.

　물론 이와 같은 일을 이루는 데는 일생이 걸릴 수도 있다. 그러나 구원받는 순간부터 하나님께서는 이 목적을 향해서 일을 시작하신다. 성령께서 사람에게 죄를 깨닫게 하실 때는, 하나님께서 그를 지옥에 보낸다 해도 할 말이 없을 정도로 양심의 가책을 느끼게 하신다. 그 다음에 하나님께서 그리스도의 십자가 안에 있는 하나님의 구속 계획을 보여 주실 때, 그는 기꺼이 그 은혜를 받아들이고 하나님의 구원을 받고자 하는 마음을 나타내게 된다.

이와 같이 구원의 기초 단계는 근본적으로 의지의 구원이라는 것을 알 수 있다.

죄인의 믿음은 생명수를 받고 구원받고 싶은 **욕망**에 불과하다. 마찬가지로 죄인의 반대와 저항은 생명을 얻기 위해 주님께로 오기를 **꺼리는** 것이며, 그 결과 멸망하는 것이다. 구원을 받느냐 멸망하느냐의 싸움은 사람의 의지 안에서 행해진다. 첫사람 아담의 타락은 하나님의 의지에 대한 아담의 의지의 불순종 때문이었다. 따라서 현재의 구원 역시 자기 의지를 하나님께 굴복시킴으로써 실현되는 것이다.

거듭나는 순간 사람의 의지가 하나님의 의지와 완전히 결합되는 것은 아니지만, 그의 타락한 의지는 주 예수님을 영접하고 사탄과 자아와 세상을 부인함으로써 일단 승격된다. 하나님의 말씀을 믿고 성령을 받음으로써 그의 의지는 또한 새로워진다. 사람이 거듭나면 새로운 영과 새로운 마음과 새로운 생명을 얻게 된다. 그의 의지는 새로운 주인을 맞이하게 되며, 새로운 지배를 받게 된다. 만일 그의 의지가 순종하면 그 의지는 새 생명의 일부가 된다. 반대로 불순종하면 그 의지는 새 생명의 무서운 적이 된다.

새로워진 의지는 혼의 다른 부분, 곧 감정(emotion)과 마음(mind)보다 더욱 중요하다. 마음은 잘못 인도될 수 있고 감정도 지나칠 수 있지만, 의지가 그릇되면 무사할 수 없다. 왜냐하면 의지는 곧 사람의 자아이며 사람의 다른 기관들을 통제하므로, 그것이 잘못될 경우 심각한 결과를 초래하기 때문이다. 의지가 그릇되면 하나님의 뜻은 실현될 수 없다.

복종하는 의지

구원이란 무엇인가? 그것은 하나님이 사람을 그 사람의 자아로부터 구원하여 하나님께로 이끄시는 것이다. 구원은 절단과 연합이라는 두 측면을 가지고 있다. 절단되는 것은 자아이고, 연합되는 것은 하나님이다. 자아로부터의 해방과 하나님과의 연합을 목표로 하지 않는 것은 순수한 구원이 아니다. 무엇이든지 사람을 자아로부터 구원하여 하나님께 결합시키지 못하는 것은 헛된 것이다. 참된 영적 생활의 시작은 동물적인 생활에서 해방되어 거룩한 생활로 들어가는 것을 포함한다.

피조물이 창조주 "하나님" 안에서 모든 것을 누리기 위해서는 피조물에 속한 모든 것을 포기해야 한다. 참된 구원을 나타내기 위해서 피조된 자아는 사라져야 한다. 개인의 위대함의 척도는 그가 얼마나 많이 가지고 있느냐에 있지 않고, 얼마나 많이 잃었느냐에 달려있다. 진정한 삶은 자아의 상실에서만 찾아볼 수 있다. 만일 피조된 자아의 성품과 생명과 활동이 부인되지 않는다면, 하나님의 생명은 나타날 길이 없는 것이다. 우리의 "자아"는 종종 하나님의 생명의 적이 된다. 우리에게 자아를 잃고자 하는 의도나 실천이 없을 때, 우리의 영적 성장은 극심한 장애를 받게 된다.

"자아"란 무엇인가? 이것은 지극히 대답하기 어려운 질문이다. 또한 어떠한 답변도 완전한 답변이 될 수 없다. 그러나 "자아"란 "자아 의지"라고 말한다면 정답에서 그리 멀지 않은 답변이 될 것이다. 사람의 의지는 사람의 근본적인 인격과 욕망과 의도를 나타내므로, 사람의 본질은 그의 의지 안에 있다고 말할 수 있다. 하나님의 은혜가 사람 안에서 역사하기 전에 사람이 가지고 있는 모든

신자의 의지

것은, 그가 성도이든 죄인이든 간에, 일반적으로 하나님과 대립된다. 그것은 사람이 자연적인 존재로서, 하나님의 생명과 매우 상반되기 때문이다.

따라서 구원이란 사람이 가진 자연적 의지, 곧 동물적이고 육신적이며 자아에서 비롯되는 의지로부터 그 사람을 구해내는 것이다. 여기에서 한 가지 알 수 있는 사실은, 하나님께서는 구원하실 때에 우리에게 새 생명을 주실 뿐만 아니라, 우리의 "의지"를 하나님께로 전향시키는 일을 하신다는 것이다. 하나님께서 우리에게 새 생명을 주시는 목적은 우리의 의지를 하나님께 맡기도록 하기 위한 것이라고 할 수도 있다. 복음은 우리의 의지와 하나님과의 연합을 촉진시키는 역할을 한다. 이에 이르지 못하면 사명을 다하지 못하는 것이다.

하나님의 구원의 화살을 감정이나 마음으로 향하기 보다는 우리의 의지로 향한다. 왜냐하면 의지가 구원받으면 나머지는 함께 구원받게 되기 때문이다. 사람은 어느 정도까지 마음으로 하나님과 연합될 수 있다. 그는 또한 수많은 일들에 대해서 감정적으로 하나님과 일치할 수도 있다. 그러나 가장 중요하고 가장 완전한 연합은 하나님의 의지와 사람의 의지의 연합이다. 이 연합은 하나님과 사람간의 모든 다른 연합을 포괄한다. 무엇이든 의지의 연합에 이르지 못하면 불완전한 것이다.

우리의 전 존재가 의지를 따라 움직이므로, 의지는 틀림없이 사람 안에서 가장 영향력 있는 부분이다. 영과 같은 고귀한 기관도 의지의 지배하에 복종해야 한다(영이 의지의 지배를 받는 것에 관해서는 다음에 좀더 자세히 다룰 것이다). 사람의 영은 전체적인 인간을 상징해 주지 못한다. 왜냐하면 그것은 하나님과 교통하는 기관에 불과하기 때문이다. 육신도 사람을 대표할 수 없다. 왜냐하면 육신은 단지 사람이 세상과 교통하는 기관이기 때문이다. 그러나 의지는 사람의 참된 속마음과 의도와 상태를 나타내 준다. 의지는 사람 자신을 가장 잘 대표해 주는 기관이다. 이 의지가 하나님과 연합되지 아니하면, 모든 다른 연합은 피상적이고 무의미한 것이 된다. 사람의 지배적인 의지가 하나님과 완전히 연합되면, 그 사람은 자연히 그리고 완전히 하나님께 순종하게 된다.

우리와 주님과의 연합에는 두 단계가 있다. "생명"의 연합과 "의지"의 연합이 그것이다. 우리가 중생해서 하나님의 생명을 받을 때 하나님과 생명으로 연합된다. 하나님께서 성령으로 사시듯이 우리도 그 후로는 성령으로 살게 된다. 이것이 생명의 접합이다. 그것은 우리가 하나님과 하나의 생명을 공유하는 것을 나타낸다. 이 연합은 내적인 연합이다. 그러나 그 생명을 **나타내는** 것은 "의지"이다. 따라서 외적인 결합, 곧 의지의 결합이 필요하다. 주님과 의지로 결합한다는 것은 우리가 주님과 한뜻을 가지는 것을 의미한다.

이 두 연합은 상호 관련이 있으며, 따로 떨어져 있지 않다. 새 생명의 연합은 자연 발생적인 것이다. 왜냐하면 이 새 생명은 하나님의 생명이기 때문이다. 그러나 의지의 연합은 그리 간단하지도 않고 자연 발생적인 것도 아니다. 왜냐하면 우리의 의지는 의심할 여지 없이 우리의 "자아"이기 때문이다.

앞에서 언급했듯이 하나님께서는 "혼의 생명"을 파괴하기 원하시지, "혼의 기능"을 파괴하기 원하시는 것이 아니다. 따라서 주님과 생명으로 연합된 후에, 주님께서는 혼의 다양한 부분들과 함께 우리의 혼을 새롭게 하여, 우리의 혼이 우리의 새 생명과 하나가 되고, 결과적으로 주님의 뜻과 하나가 되도록 하신다. 하나님께서는 매일매일 우리의 의지가 하나님의 의지와 연합되기를 원하신다. 사람의 의지가 하나님의 의지와 완전히 연합되지 않으면 구원은 온전히 이루어질 수 없다. 그 완전한 연합이 없으면 **사람의 자아**는 아직도 하나님과 다투고 있는 것이다. 하나님께서는 우리가 하나님의 "생명"을 소유하기를 원하신다. 그러나 하나님은 또한 우리가 하나님과 연합되기를 원하신다. 우리의 의지가 우리를 가장 정확하게 나타내 주므로, 하나님과 온전히 연합되려면 우리의 의지가 연합되어야 한다.

성경을 자세히 읽어 보면 우리의 모든 죄들의 공통분모는 "불순종"이라는 것을 알 수 있다. 아담의 "불순종"으로 우리는 죽게 된다. 그리스도의 "순종"으로 우리는 구원받는다. 이전에 우리는 불순종의 아들들이었다. 하나님께서는 이제 우리가 순종의 아들들이 되기를 원하신다. "불순종"이란 우리 자신의 의지를 따르는 것을 의미한다. "순종"이란 하나님의 의지를 따르는 것을 의미한다. 하나님의 구원의 목적은 우리가 자신의 의지를 부인하고 하나님과 연합되도록 하는 것이다.

바로 여기에 오늘날 그리스도인들의 가장 큰 문제가 있다. 그들은 기쁜 감정이나 깊은 지식을 신령한 것으로 잘못 생각하고 있다. 그들은 이러한 감정이나 지식을 굉장히 훌륭한 것으로 생각하기 때문에, 다양한 감정을 구하거나 깊은 성경 지식을 탐구하는 데 많은 시간을 소비한다. 또한 이들은 그들의 감정이나 생각에 근거를 두고 행동하면서, 수많은 선행을 행하며 크고 훌륭한 업적들을 이루면서 틀림없이 하나님이 기뻐하시리라고 생각한다. 그러나 그들은 하나님께서 그들의 감정이나 지성을 요구하시지 않는다는 것을 알지 못한다. 하나님께서는 그들의 의지가 하나님의 의지와 연합되는 것을 원하실 뿐이다.

하나님이 기뻐하시는 것은, 하나님의 백성이 하나님이 원하시는 것을 원하고, 하나님이 말씀하시는 것을 행하는 것이다. 신자가 하나님의 뜻을 온전히 받아들일 의향을 가지고 하나님께 무조건적으로 순종하는 것 외에, 신령한 것이라고 부르는 것은 – 거룩하고 행복한 감정이나 칭찬받을 만한 생각 같은 것 – 모두 다 외적인 모습에 불과한 것이다. 환상, 꿈, 음성, 탄식, 열심, 일, 활동, 수고 등도 다 외적인 것이다. 신자가 하나님께서 제시하신 과정을 다 마치기로 자신의 의지로 결심하지 않는 한, 아무것도 전혀 가치가 없는 것이다.

만일 우리가 의지로 하나님과 연합되어 있다면, 우리 자신으로부터 비롯되는 모든 활동을 즉시 중단할 것이다. 이후로는 독자적인 행동이란 있을 수 없다. 우리는 "자아"에 대해서는 죽고 "하나님"에 대해서는 살아 있다. 더 이상 자신의 충동에 이끌려서, 또는 자신의 방법대로 하나님을 위해 일하지 않는다. 오로지 하나님의 인도하심을 따라 움직인다. 모든 자아의 활동으로부터 해방되었다. 다시 말해서, 이러한 연합은 중심의 변화를 뜻하며 새로운 출발을 뜻한다.

과거에는 모든 활동이 자기 중심이었으며, 자아와 함께 시작되었다. 이제는 모든 것이 하나님께 속해 있다. 하나님께서는 우리가 시작한 일의 성격을 묻지 않으신다. 다만 그 일의 출처에 관해서만 물으신다. 하나님께서는 아무리 선하게 보일지라도 아직 "자아"로부터 해방되지 않은 것은 모두 인정하지 않으신다.

신자의 의지

하나님의 손길

많은 그리스도인들이 구원은 받았지만 하나님의 뜻에 절대적으로 순종하지 않기 때문에, 하나님께서는 신자로 하여금 순종하게 하시려고 여러 가지 방법을 사용하신다. 하나님께서는 자신의 영으로 신자들을 인도하고, 자신의 사랑으로 그들을 감동시켜, 그들이 하나님만을 따르고 하나님의 뜻 외에는 아무것도 바라지 않도록 만드신다. 그러나 이러한 방법들은 종종 하나님의 자녀들로 하여금 바람직한 태도를 갖게 하지 못한다. 따라서 하나님께서는 그의 손으로 그들을 하나님이 바라시는 상태로 인도하신다. 하나님의 손길은 주로 환경을 통해서 나타난다. 하나님께서는 자기 백성에게 무거운 손길을 가하여 부수고, 깨고, 얽맴으로써 그들의 의지가 더 이상 하나님을 향해 강퍅해지지 않도록 하신다.

주님께서는 우리가 의지로 하나님과 완전히 연합되기 전에는 만족하지 않으신다. 이러한 목적을 달성하기 위해서 하나님께서는 많은 불쾌한 일들이 우리에게 일어나는 것을 허용하신다. 우리를 슬픔에 잠기게 하고, 번민하게 하고, 고통당하게 하신다. 하나님께서는 우리의 행로에서 많은 실제적인 고난의 십자가를 통과하게 하시고, 이를 통해 우리가 머리를 숙이고 완전히 항복하도록 하신다. 우리의 의지는 원래 지극히 완고하여, 심한 훈련을 받기 전에는 하나님께 순종하기를 거부한다. 하나님의 강력한 손에 우리 자신을 의탁하고 기꺼이 그의 징계를 받아들임으로써, 우리의 의지는 한번 더 상처를 입게 되고 한번 더 죽음에 넘겨진다. 만일 우리가 계속해서 하나님께 항거하면, 우리를 복종시키기 위한 더 큰 고난이 우리를 기다리고 있다.

하나님께서는 우리의 것은 모두 벗겨 버리려 하신다. 모든 신자들은 그들이 참으로 중생을 경험한 후, 하나님의 뜻을 따르겠다는 생각을 한다. 어떤 이들은 공공연히 맹세한다. 또 어떤 이들은 마음속으로만 굳게 다짐한다. 이와 같은 맹세나 각오가 참인지 아닌지를 증명하기 위해서 하나님께서는 자녀들로 하여금 각종 시련을 통과하게 하신다. 하나님께서는 그들이 물질적인 것, 곧 건강, 명예, 지위, 유용성 등을 잃게 하신다. 심지어는 기쁨, 불타는 욕망, 하나님의 임재와 평안마저도 잃게 하신다. 하나님께서는 자기의 뜻 외에는 무엇이든지 부인되어야 한다는 것을 그들에게 보여 주기 원하신다.

만일 하나님의 뜻이라면, 그들은 신체적인 고통이나 고난을 기꺼이 감수해야 한다. 하나님께서 그들을 그렇게 다루기 원하신다면, 그들은 무미건조함이나 암흑 상태, 또는 냉랭한 상태를 받아들일 준비를 해야 한다. 심지어 하나님께서 그들이 가진 모든 것, 소위 영적인 영향력이라고 하는 것마저 빼앗아가신다 해도, 그들은 그것을 감수해야 한다. 하나님께서는 그들을 구원하신 목적이 그들의 향락을 위해서가 아니라 하나님의 뜻을 위해서라는 사실을 자녀들에게 알리기 원하신다. 무엇을 얻거나 잃거나, 기쁘거나 슬프거나, 하나님의 임재를 의식하거나 하나님께 버림받았다고 느끼거나, 그리스도인은 하나님의 뜻만을 상고해야 한다. 설령 우리를 버리는 것이 하나님의 뜻이라 해도(결코 그럴 수 없지만), 우리는 이를 기꺼이 받아들일 수 있는가?

죄인이 처음 주님을 믿을 때, 그의 목적은 천국이다. 이와 같은 태도는 특별한 기간 동안만 허용된다. 하나님 안에서 가르침을 받은 이후에는, 자기가 하나님을 믿게 된 것은 오로지 하나님의 뜻을

SPIRITUAL

위해서라는 것을 알게 된다. 그는 하나님을 믿다가 결국 지옥에 간다 하더라도 여전히 하나님을 믿으려 한다. 그는 더 이상 자기 자신의 손익을 생각하지 않는다. 자기가 지옥에 가는 것이 하나님께 영광을 돌리는 길이라면 기꺼이 그렇게 할 준비가 되어있는 것이다. 물론 이런 것은 가설에 불과하다. 그렇지만 그리스도인들이 지상에 사는 목적은 자기 자신을 위해서가 아니라 하나님의 뜻을 위한 것임을 알아야 한다.

그리스도인들의 최대의 축복과 최고의 영예와 최상의 영광은, 그들의 부패한 혈육의 의지를 거부하고 하나님의 의지와 연합하여 하나님이 원하시는 바를 성취하는 것이다. 피조물인 나에게 오는 이득이나 손실, 영광이나 수치, 기쁨이나 고통은 전혀 고려되지 않는다. 지존자께서 만족하신다면, 우리가 아무리 낮아진다 하더라도 문제가 되지 않는다. 이것이 하나님 안에서 자신을 잃는 유일한 길이다.

두 가지 조치

하나님과 의지로 연합되기 위해서는 두 가지 조치가 필요하다. 첫째는 하나님께서 우리의 의지의 활동을 억제하시는 것이다. 둘째는 우리의 의지의 생활을 정복하는 것이다. 종종 우리의 의지는 몇몇 특별한 문제에 있어서만 주님께 조력하는 경향이 있다. 그리고는 이러한 불완전한 순종을 온전한 순종으로 착각한다. 그러나 우리의 내부 깊숙한 곳에는 기회가 주어질 때만 표면화되는 숨은 성향이 있다. 하나님께서는 우리의 의지의 활동을 줄이고자 하실 뿐만 아니라, 그러한 내적인 성향을 파헤치고 분쇄하여 그의 본질

자체가 변화되기를 원하신다.

  엄격하게 말하면, "순종하는 의지"와 "조화를 이루는 의지"는 매우 다른 것이다. 순종은 활동에 관련이 있고, 조화는 생명과 천성과 성향에 관련이 있다. 종이 가지고 있는 순종의 의지는 주인의 모든 명령을 무조건 이행하는 데서 나타난다. 그러나 아버지의 마음을 알고 아버지의 뜻과 같은 뜻을 가진 아들은, 자신의 의무를 행할 뿐 아니라 **기쁨으로** 행한다. 순종하는 의지는 자신의 활동에 종지부를 찍는다. 그러나 조화를 이루는 의지는 하나님과 같은 마음을 가진다. 하나님과 조화를 이루고 있는 사람들만이 실제로 하나님의 마음을 이해할 수 있다. 자기 의지와 하나님의 의지 사이에서 완전한 조화를 이루지 못한 신자는 아직 영적인 생활의 극치를 경험하지 못한 것이다. 주님께 "순종"하는 것은 실르 선한 것이다. 그러나 은혜가 타고난 생명을 완전히 정복할 때, 그리스도인은 하나님과 완전한 조화를 이룰 것이다. 사실 의지의 연합은 그리스도인의 신앙 생활의 극치라고 할 수 있다.

  수많은 성도들이 자신은 이미 자신의 의지를 완전히 상실했다고 결론짓는다. 사실 이러한 속단은 무엇보다도 현실과 동떨어진 것이다. 유혹과 시험의 순간이 오면, 이들은 순종하는 의지와 조화를 이루는 의지가 같지 않다는 것을 발견하고, 무저항이 반드시 자신의 의지의 상실을 의미하지는 않는다는 것을 알게 된다. 자기의 이익을 전혀 생각지 아니하고, 자신의 행복을 위해 어떠한 것도 남겨두지 않을 사람이 어디 있는가? 부귀, 명예, 자유, 기쁨, 이익, 직위 등을 전혀 원하지 않는 사람이 어디 있는가? 사람에 따라서는 "나는 이런 것들을 전혀 좋아하지 않는다"고 생각할 수도 있다. 그 사람은 그것들을 가지고는 있지만, 그것들이 자기를 주장하고 있다는 것은 의식하지 못한다. 그러나 정작 그것들을 상실하기 직전에 이르면, 그 때에야 비로소 자기가 그것들을 얼마나 꼭 붙들고 싶어하는가를 알게 될 것이다.

순종하는 의지는 많은 경우에 하나님의 의지와 일치할 것이다. 그러나 간혹 가다가 신자의 의지와 하나님의 의지 사이에 굉장한 투쟁이 일어나게 마련이다. 하나님의 은혜가 온전히 역사하지 않는 한, 신자는 좀처럼 이것을 극복하기 어렵다.

이것으로 비추어 볼 때, 순종하는 의지만으로는 완전한 연합이라고 할 수 없다. 의지가 하나님께 저항할 힘을 잃고 부서진다 하더라도, 여전히 하나님과 일치하는 것을 배워야 한다. 물론 하나님께 저항할 힘을 상실한 것만으로도 하나님의 크신 은혜의 열매임을 우리는 인정한다. 보통 우리는 순종하는 의지를 가리켜 그 자체가 이미 죽었다고 말한다. 그렇지만 엄격히 말하면, 그것은 아직도 부서지지 않은 강한 생명줄을 가지고 있다. 거기에는 숨은 성향, 옛 생활 방식을 흠모하는 숨은 품성이 잠재해 있다. 어떤 때는 다른 때보다 주님께 순종하는 것이 덜 즐겁고, 덜 기쁘고, 열심이 줄어드는 이유가 바로 여기에 있다. 사실상 하나님의 뜻을 따르지만, 아직도 개인의 기호가 남아 있는 것이다. 만일 자아의 생명이 진정으로 완전히 죽음에 넘겨졌다면, 신자의 의지와 하나님의 의지는 모든 면에서 **정확히 일치할** 것이다. 속도나 느낌이나 노력의 차이가 있다는 것은 신자의 의지와 하나님의 의지가 완전히 일치하지 않음을 보여 주는 것이다.

이와 같은 두 의지의 상태를, 롯의 아내와 이스라엘 민족과 선지자 발람을 예로 들어 설명할 수 있다. 롯의 아내가 소돔성을 떠나는 것이나, 이스라엘 민족이 애굽을 떠나는 것이나, 발람이 이스라엘을 축복하는 것은 모두 하나님의 뜻에 순종하는 것으로 간주될 수 있다. 이 사람들은 모두 주님의 인도하심을 받은 남녀들이었다. 그들은 자신들의 견해를 따르지 않았다. 그렇지만 그들의 내적 성향은 주님과 조화를 이루지 못했다. 따라서 이들은 한결같이 실패로 끝을 맺었다. 우리의 발걸음이 올바른 방향을 향해 있으면서도, 우리의 숨은 마음은 하나님과 다른 경우가 얼마나 많은가! 그 결과 우리는 궁극적으로 패배의 잔을 마시는 것이다.

극복하는 길

하나님께서 우리에게 복종하시는 일은 없다. 하나님께서는 우리가 하나님께 순종하는 것, 즉 하나님의 뜻에 순종하는 것 외에는 아무것도 기뻐하지 않으신다. 제 아무리 고상하고 거창하고 필요 불가결한 것이라도 하나님의 뜻을 대신할 수는 없다. 하나님께서 우리에게 원하시는 것은 그의 뜻을 행하는 것이다. 하나님 자신이 그것을 행하시고, 우리도 똑같이 행할 것을 요구하신다. 하나님의 관점으로 볼 때, 사람의 자아가 있는 곳은 모두 부패했다. 어떤 행위가 성령의 인도하심을 따라 이루어지면 그것은 유익하고 선한 것이다. 그러나 동일한 행위가 사람의 의지만으로 수행되면 그 가치는 크게 감소된다. 결과적으로 중요한 것은 인간의 의도나 그 일의 성격이 아니고, 하나님의 뜻이다. 이것이 명심해야 할 첫번째 요점이다.

다음으로 사람의 의지가 어떻게 하면 하나님의 의지와 조화를 이룰 수 있는가를 살펴보기로 하자. 사람이 어떻게 하면 자기 의지가 중심이 되어 있는 상태에서 전환하여 하나님의 의지를 중심으로 삼을 수 있는가? 그것은 모두 타고난 생명에 달려 있다. 혼의 생명으로부터 해방되는 정도는 하나님과 연합되는 정도를 결정한다. 왜냐하면 혼의 세력보다 더 그 연합을 방해하는 것은 없기 때문이다. 혼의 생명력이 부서질수록 우리의 의지는 하나님 중심이 된다. 우리 안에 있는 새 생명은 하나님을 향해 나아가려고 한다. 그러나 그것은 옛 혼의 생명으로 말미암아 억제된다. 혼의 생명을 죽음에 넘김으로써 영적 생활의 정점에 이를 수 있다.

하나님 밖에 있는 사람은 잃어버린 자이다. 그리고 하나님 밖의 일은 헛된 것이다. 무엇이든지 하나님 밖에 있는 것은 육신으로부터 비롯된 것이다. 하나님으로부터 비롯되지 않은 생각이나 능력은 저주를 받는다. 신자는 자신의 쾌락은 물론 자신의 능력도 부인해야 한다. 그는 모든 면에서 자신을 완전히 무시해야 한다. 모든 일에 있어서 그는 스스로 노력하지 않고 하나님을 신뢰해야 한다. 하나님의 방법대로, 하나님의 때를 기다리며, 하나님의 조건들을 이행하면서 그는 한걸음씩 나아가야 한다. 그는 기쁜 마음으로 하나님으로부터 능력과 지혜와 정의와 일을 받아야 한다. 그는 모든 것의 원천으로서 하나님을 인정해야 한다. 그렇게 하면 조화를 이룰 수 있을 것이다.

이것은 참으로 힘든 일이며 실로 "좁은 문"이다! 하나님의 뜻이 매걸음마다 표준이 되어야 하기 때문에 힘들고 좁은 길인 것이다. 거기에는 오직 하나의 방법이 있을 뿐이다. 그것은 자아에게 어떠한 기회도 허용하지 않는 것이다. 여기서 조금만 탈선해도 그는 길 밖으로 나오게 된다. 그러나 전혀 불가능한 것은 아니다. 왜냐하면 혼의 생명이 점차로 부서지는 욕망이나, 열망, 습관, 기호 등에 의해 상실됨에 따라, 주님에 대한 저항이 더 이상 존재하지 않게 되기 때문이다.

  수많은 그리스도인들이 이 문을 통과하지 않은 채 이 길을 걸어온 것은 얼마나 슬픈 일인가! 반면에 이 문을 통고하기는 했지만 그 후 참을성 있게 계속해 나가지 못하는 성도들도 있다. 이 어려운 기간이 길든 짧든 간에 이것만이 생명의 길이다. 이것이 하나님의 문이며 하나님의 길이다. 그것은 참되고 안전한 길이다. 풍성한 생활을 원하는 성도라면 누구든지 이 길의 순례자가 되어야 한다.

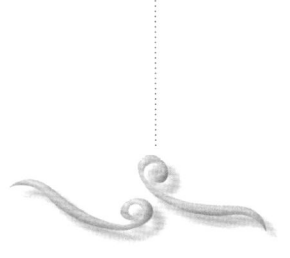

제2장
수동성과 이에 따르는 위험들

"내 백성이 지식이 없으므로 망하는도다"(호 4:6). 이 말씀은 우리 시대에도 적용되는 말씀이다. 오늘날의 그리스도인들은 일반적으로 두 가지 종류의 지식이 부족하다. 그것은 (1) 악령들이 일할 수 있는 조건에 관한 지식과 (2) 영적 생활의 원칙에 관한 지식이다. 이 지식의 결여는 사탄과 악령들에게 엄청난 이점을 제공하는 것이며, 하나님의 교회에 엄청난 해를 끼치는 것이다.

우리의 마음을 슬프게 하는 것은, 그리스도인들이 실제로 어리석음에도 불구하고 자신의 성경 지식과 경험의 풍부함을 계속해서 자랑하는 것이다. 이들이 가진 성경 지식이란 단순한 인간의 이론에 불과하며 효용이 전혀 없는 것임을 이들은 모르고 있다. 주님 앞에서의 겸손과 하나님의 진리의 계시를 추구하는 열심은 거의 알려져 있지 않다. 자기 지식의 풍부함을 자랑하는 동안 그들은 자신도 헤어나올 수 없고 다른 사람도 구하지 못하는 수렁으로 빠지고 마는 것이다. 이것은 실로 가장 무서운 광경이다.

인과법칙

하나님께서 창조한 모든 것에는 법칙이 있다. 모든 활동은 일정한 법칙의 규제를 받는다. 따라서 악령들도 일정한 법칙을 따라 활동한다. 그 중의 하나가 인과법칙이다. 누구든지 자기 안에 악령들이 활동할 수 있는 조건을 형성하면 (마녀나 무당이나 마술사처럼 자진해서 형성하든 그리스도인처럼 무의식적으로 형성하든) 악령들에게 일할 수 있는 기지를 제공하는 것이 된다. 여기에 인과법칙이 적용된다. 불은 태우고, 물은 잠기게 한다. 이런 것이 법칙이다. 불 속으로 뛰어드는 사람은 누구든지 그 불에 탈 수밖에 없다. 물 속으로 뛰어드는 사람은 누구든지 그 물에 잠긴다. 마찬가지로 악령들의 활동 조건을 충족시켜 주는 사람은 그 악령들에 의해 해를 입는다. 즉 하나의 인과법칙이 작용하는 것이다.

그 대상이 그리스도인이든 아니든 상관하지 않는다. 일단 활동 조건이 충족되면 악령들은 주저하지 않고 행동을 개시한다. 그리스도인이 불 속이나 물 속에 뛰어들 때 타거나 빠지는 것을 피할 수 없는 것처럼, 무식한 탓에 악령들의 활동을 위한 전제 조건을 마련해 주는 그리스도인은 해를 당할 수밖에 없다. 불 속에 던져지는 것은 무엇이든 탄다. 물 속에 던져지는 것은 무엇이든 잠긴다. 마찬가지로 악령들에게 기지를 제공하는 자는 누구든 악령들에게 공격을 당한다. 하나님의 자녀라고 해서 제외되지 않는다. 원수에게 기회를 제공하면 원수는 주저하지 않고 그를 습격한다.

그렇다면 원수의 활동 조건은 무엇인가? 이 사악한 활동을 촉진

하는 것은 과연 무엇인가? 이것은 매우 중요한 질문이다. 성경은 그러한 조건들을 가리켜 "틈" 또는 "기회"라고 말하고 있다(엡 4:27). 이것은 또한 "기지"라고 표현할 수도 있다. 이것은 사람 안에 악령들을 위해서 따로 마련해 놓은 빈 틈이다. 이 "틈" 또는 "기지"는 악령들의 거점을 이룬다. 침입의 정도는 거점의 크기에 따라 결정된다. 악령들은 사람의 마음 안에 거점을 장악하는 순간부터 "이방인"이든 "그리스도인"이든 상관없이 침투하기 시작한다. 악령들에게 공격할 기회나 거점을 제공하는 것은 무엇이든 "기지"라고 할 수 있다. 일단 기지가 주어지면, 침입은 불가피하다. 특정한 원인은 특정한 결과를 낳는다. 악령들에게 기지를 양도하고서도 악령들의 공격을 받지 않으리라고 기대하는 그리스도인은 벌써 악령들의 거짓말에 속은 것이다.

간단히 말해서 신자가 악령들에게 제공하는 "기지" 혹은 "영토"는 죄다. 죄는 가능한 모든 기지를 포함한다. 죄를 보유하고 있는 것은 그 죄 뒤에 숨어 있는 악령들을 보유하고 있는 것이다. 각종 죄는 악령들에게 영토를 제공한다. 그러나 크게 분류하여 죄에는 두 가지 종류가 있다. 하나는 적극적인 죄이고, 다른 하나는 소극적인 죄이다. 적극적인 죄란 사람이 범하는 죄를 가리킨다. 즉 그의 손은 악한 일을 행하고, 그의 눈은 악한 장면을 보고, 그의 귀는 악한 음성을 들으며, 그의 입은 더러운 말을 내뱉는다. 그의 어떤 부분이 죄를 짓든지, 그것은 악령들이 들어와 그 부분을 장악하도록 초청하는 것이다.

악령의 침입이 **죄 짓는 것**에서 비롯된다면, 하나님의 자녀는 잃어버린 영토를 탈취하기 위해서 가차없이 죄를 처리해야 한다. 그렇지 않으면 악령들은 그들의 거점을 점점 늘여 끝내는 그 사람 전

수동성과 이에 따르는 위험들

체를 완전히 점령할 것이다. 지금까지 십자가에서 그리스도와 함께 죽은 사실을 받아들인 성도가 계속해서 자기를 괴롭히는 죄를 버리지 못하는 이유 중 하나는, "육신"의 문제 외에도 초자연적인 악의 세력들에게 공격을 받는 문제가 남아 있기 때문이다.

악령들에게 일할 기회를 제공하는 이 적극적인 죄에 대해서는 대부분의 그리스도인들이 잘 알고 있기 때문에 여기에 관해서는 자세히 언급하지 않겠다. 이제 우리는 두번째 유형의 죄, 곧 소극적인 죄에 관심을 집중해야 한다. 사람들은 일반적으로 이것을 잘못 이해하고 있다. 이것은 의지의 범주에 속하는 것이므로, 우리는 이에 관해 자세히 살펴보겠다.

일반적으로는 적극적인 죄만이 죄로 간주된다. 소극적인 죄는 죄로 여기지 않는다. 그렇지만 성경은 사람이 능동적으로 **범하는** 모든 종류의 부정을 죄로 여길 뿐만 아니라, "사람이 선을 행할 줄 알고도 행치 아니하면 죄니라"(약 4:17)고 말한다. 하나님의 말씀에서는 사람이 능동적으로 **범하는** 죄나 행해야 할 것을 **행하지 않**는 죄나 모두 명백한 죄로 간주되고 있다. 죄는 악령들의 활동을 위한 "거점" 내지 "기지"를 제공한다. 적극적인 죄뿐만 아니라 소극적인 죄 – 태만죄 – 도 악령들에게 활동할 기지를 제공한다.

악령들에게 기지를 제공하는 독특한 태만죄는 신자의 수동성이다. 하나님의 관점에서 볼 때, 사람의 각 부분을 오용하는 것은 물론 사용하지 않는 것도 죄다. 주님께서는 우리에게 온갖 종류의 재능을 부여하셨다. 이 재능들을 오용하거나 사용하지 않는 상태로 방치해서는 안 된다. 사람이 자기 재능의 어떤 부분을 사용하지 않고 무기력 상태에 빠지게 하면, 이것은 마귀와 원수에게 활동할 기회를 제공하는 것이다. 수동성은 곧 악령들의 사악한 활동의 근거지가 된다. 모든 그리스도인들은 죄가 원수의 공격 조건이라는 것을 알고 있다. 그러나 헤아릴 수 없이 많은 그리스도인들이 수동성 역시 죄이고 원수의 공격 조건이 된다는 사실을 모르고 있다. 한번 기지가 제공되면 침투는 불가피한 것이며, 그에 따르는 고통은 필연적인 것이다.

수동성

"불신자"와 육신에 속한 그리스도인의 경우에 주로 원수의 침입을 촉진하는 것은 그들이 고의적으로 범하는 죄이다. 그러나 "헌신된 그리스도인의 경우, 그들이 기만을 당하는 주요 원인은 한 마디로 말해서 수동성이다. 그것은 **영과 혼과 육을 통제하는 의지의 능동적인 활동이 중단되는 것이다.**" 즉 의지의 기관이 자기에게 맡겨진 문제를 선택하고 결정하는 일을 중단하는 것이다.

"수동성이란 말은 단순히 능동성에 반대되는 상쾌를 의미한다. 신자의 경험을 통해 보면, 수동성이란 첫째, 자아 통제의 결핍이다. 이때 자아 통제란 사람이 자신의 모든 부분 또는 그 일부를 스스로 주관한다는 의미이다. 둘째, 수동성은 자유 의지의 상실이다. 이때 자유 의지란 사람이 하나님의 뜻과 조화를 이루어 가면서 자기 의지로 자신을 통제하는 것을 말한다."

성도의 수동성은 각종 기능을 사용하지 않는 데서 비롯된다. 입을 가지고 있으나 성령께서 자기 입을 통해 말씀해 주실 것을 기대하고 있기 때문에 말하기를 거절한다. 손을 가지고 있으나 하나님께서 일해 주실 것을 바라고 있기 때문에 그것을 사용하려 하지 않는다. 그는 자신의 어느 부분도 사용하지 않고 다만 하나님께서 그를 움직여 주시기만을 고대한다. 그는 자신을 완전히 하나님께 맡겼다고 생각한다. 따라서 더 이상 자신의 어느 부분도 **사용하려** 하지 않는다. 이와 같이 그는 무기력 상태에 빠지고, 이것은 악령들의 기만과 침략의 길을 열어 주는 것이 된다.

그리스도인들은 종종 하나님의 의지와의 연합에 대한 가르침을 받은 후에, 이 연합에 대한 잘못된 개념을 확장시켜 간다. 그들은 그 연합이 수동적으로 하나님께 맹종하는 것이라고 잘못 해석한다. 그들은 자기들의 의지가 취소되고 꼭두각시가 되어야 하는 것으로 믿는다. 그들은 이제 더 이상 자기들의 의지를 사용해서는 안 되는 것처럼 생각하고, 자기들의 의지가 신체의 다른 부분을 통제해서는 안 된다고 주장한다. 그들은 더 이상 선택하거나 결정하거나 의지의 활동을 전개하지 않는다.

처음에는 큰 승리를 거두는 것처럼 보인다. 왜냐하면 굉장히 "의지가 강하던 사람이 갑자기 순순히 복종하기 때문이다(Penn-Lewis, *WOTS*, 73). 그는 물처럼 연약하다. 그는 어떤 일에도 의견을 제시하지 않고, 다만 명령에 절대적으로 순종한다. 그는 선악을 구분하는 일에, 마음도 의지도 심지어는 양심도 사용하지 않는다. 그는 완전히 맹종하는 사람이 된다. 타인이 그를 자극하여 움직일 때만 움직인다. 이것은 원수가 들어올 수 있는 완벽한 조건이며 원수를 초대하는 것이다.

이와 같은 무기력 상태에 빠짐으로써 그리스도인은 모든 활동을 중단한다. 사실상 그는 항상 어떤 외부 세력이 자기를 움직여 주기만을 조용히 기다리고 있다. 이러한 외부의 힘이 그를 자극하여 움직이기 전에는 단연코 무기력한 상태에 빠져 있을 것이다. 이와 같은 상태가 계속되면, 그는 때때로 자기가 행동해야 한다는 것을 알면서도 외적인 세력이 그에게 임하지 않았기 때문에 움직이지 못하는 것을 발견하게 된다. 더욱이 자기가 자기 의지로 움직이고 싶어도 그렇게 할 수 없는 것을 발견하게 된다. 외부의 자극이 없이는 한 걸음도 움직일 수 없는 것이다. 그의 의지는 억압을 당하여 속박된 상태에 있다. 따라서 그는 외적인 세력이 임하여 자기를 움직여 줄 때에만 움직일 수 있는 것이다.

신자의 어리석음

악령들은 자기들의 책략을 성취하기 위해서 신자의 무기력한 상태를 이용한다. 신자는 자신의 무기력 상태를 하나님에 대한 참된 순종, 또는 하나님의 의지에 대한 완전한 연합으로 생각하고, 그러한 상태를 지속해 나간다. 그는 하나님께서 이와 같은 수동성을 결코 원하시지 않는다는 것을 깨닫지 못한다. 그를 수동적인 상태로 이끌어 들인 것은 어둠의 세력이다. 하나님께서는 자기 백성들이 의지를 활용하여 하나님과 능동적으로 협조하기를 원하신다. "사람이 하나님의 뜻을 **행하려 하면**……알리라"(요 7:17), 또한 "무엇이든지 **원하는** 대로 구하라 그리하면 이루리라"(요 15:7) 등은 이것을 암시하는 구절들이다. 하나님께서는 결코 우리의 의지를 무시하지 않으신다.

우리 인간은 자유 의지를 가지고 있다. 하나님께서는 사람의 자유 의지를 침범하지 않으신다. 하나님께서는 우리가 하나님께 순종하기를 원하시지만, 우리의 인격(personality)을 존중하신다(이 책에서 사용한 "인격"이란 말은 언제나 성격을 의미하는 것이 아니라 그 사람 자신을 가리킨다-역자 주). 하나님께서는 하나님이 원하시는 것을 우리도 원하기를 바라신다. 하나님께서는 우리의 욕망을 빼앗거나 우리가 가진 의지의 기능을 무기력한 상태로 만들지 않으신다. 하나님은 우리의 가장 적극적인 협조를 요구하신다. 하나님은 피조물이 완전한 자유 의지를 향유하는 것을 기뻐하신다.

하나님께서 인간을 창조하실 때, 그는 인간에게 구속받지 않는 자유 의지를 부여하셨다. 또 하나님께서 우리를 구속하실 때는 이 자유로운 의지를 회복시켜 주셨다. 하나님께서 인간을 기계처럼 순종하도록 **창조**하시지 않았는데, 어떻게 **구속받은** 성도가 하나님의 원격 조정하에 움직이는 로봇처럼 되기를 기대하실 수 있겠는가? 하나님께서 우리를 순종적으로 만들기 위해 우리가 나무나 돌처럼 변할 것을 요구하시지 않는다는 사실에서 하나님의 위대하심이 분명히 나타난다. 하나님의 방법은 우리 영 안에 있는 성령의 역사를 통해 우리가 자발적으로 하나님께 복종하도록 만드는 것이다. 하나님께서는 우리 대신에 의지의 기능을 사용하기를 원하지 않으신다.

요컨대, 사람 안에서 하나님의 활동과 사탄의 활동을 규제하는 **법칙**은 동일하다. 하나님께서는 사람이 자유 의지를 행사하는 것을 기뻐하신다. 그래서 하나님은 인간을 그러한 능력을 가진 존재로 창조하셨다. 이것은 곧 인간이 모든 문제에 관해서 선택하고 결정할 수 있는 능력을 가지고 있음을 의미한다. 하나님은 전우주의 주인이시지만, 인간의 자유 의지만은 침범하지 않음으로써 스스로를 제한하신다. 그분은 절대로 사람을 강요하여 자기에게 순종하도록 하지 않으신다. 마찬가지로 사탄 역시 인간이 의식적으로든 무의식적으로든 **승낙**하지 않으면, 인간의 어느 부분에도 침입하지 못한다. 하나님과 사탄 둘 다 사람 안에서 역사하기 전에 그 사람의 승낙을 필요로 한다. 사람이 선을 "원하면" 하나님께서 이를 성취하신다. 그러나 악을 "원하면" 악령이 이를 이룬다. 우리는 이와 같은 실례를 에덴 동산에서 볼 수 있다.

중생하기 전에 사람의 의지는 사탄에게 사로잡혀 있었기 때문에 자유롭지 못했다. 그러나 중생을 경험하고 승리의 생활을 하는 그리스도인의 의지는 자유롭기 때문에 하나님께 속한 것을 선택할 수 있다. 물론 사탄은 놓아 주기를 원치 않으므로, 그를 다시 사로잡기 위해서 잡다한 방법들을 강구한다. 사탄은 공공연하게 승낙을 받을 수 없다는 것을 잘 알고 있다. 따라서 그는 신자의 승낙을 얻기 위해서 책략을 쓴다. 이 사실에 유의하자. 사탄은 신자의 승낙을 얻어야 하지만 신자가 사탄에게 굴복하지 않기 때문에 마귀는 그의 승낙을 얻어내기 위해서 기만을 사용할 수밖에 없다. 악령들은 사람의 의지의 동의가 없이는 들어갈 수 없으며, 그의 의지가 승낙하는 만큼만 침입할 수 있다.

악령들이 역사할 수 있는 조건뿐만 아니라 영적 생활의 원칙을 알고 있으면, 신자는 이러한 위험에 빠지지 않을 수 있다. 신자가 자기 의지를 수동적인 상태로 만드는 이유는 그의 무지 때문이다. 즉 그는 무기력 상태를 통해서 원수가 얻게 되는 유익과, (영적 생활에서) 하나님과 협조하는 능동적인 의지의 필요성에 대해서 무지하다. 우리가 항상 기억해 두어야 할 것은, 하나님께서는 자신의 의지로 사람의 의지를 대신하지 않으신다는 것이다. 사람은 자기의 행동에 대해서 자기가 책임을 져야 한다. 하나님께서는 그를 위해서 결정해 주지 않으신다.

수동적인 사람 안에 악령이 역사하고 있지 않다 하더라도, 이 사

수동성과 이에 따르는 위험들

람의 수동성은 나태함과 무기력함에 이르게 된다. 이 사람들의 경우에는 악령들이 활동하지 않고 있으므로 언제라도 능동적이 될 수 있다. 그러나 그들의 수동성이 악령들이 침입할 정도로 심한 상태에 이르면, 이 사람들은 자기 의지가 원하더라도 능동적으로 될 수 없을 것이다.

여기에서 우리는 하나님의 역사와 사탄의 역사는 정반대의 양상을 띤다는 것을 알 수 있다. 하나님께서는 사람이 완전히 하나님께 굴복하기를 원하시지만 그 사람이 자신의 모든 기능을 능동적으로 발휘하여 성령과 협조해 주기를 바라신다. 그러나 사탄은 사람의 의지와 활동을 완전히 중단시켜, 악령들이 그 사람 대신 활동할 수 있기를 바란다. 이것은 서로 대조를 이룬다. 하나님께서는 사람이 능동적으로 선택하고 의식적이고 자발적으로 하나님의 뜻을 행하여, 그의 영과 혼과 몸이 자유롭기를 원하신다. 반면에 사탄은 사람이 자기의 수동적인 종, 또는 포로가 될 것을 강요한다. 하나님께서는 사람이 스스로 행하며 자신이 자기의 주인이 될 것을 요구하신다. 사탄은 신자가 완전히 자기의 지배를 받는 꼭두각시, 또는 로봇이 될 것을 강요한다. 하나님께서는 하나님의 일을 시작하기 전에 그 사람의 모든 활동을 중단할 것을 요구하지 않으신다. 사탄은 신자가 완전히 수동적이고 비활동적이기를 원한다. 하나님께서는 신자가 의식적으로 하나님과 함께 협력하여 일해 줄 것을 요구하시는 반면에, 사탄은 그 사람이 수동적으로 자기를 따르기를 원한다.

물론 하나님께서도 신자의 모든 악한 활동은 중단할 것을 요구하신다. 그렇게 하지 않으면 그는 성령과 협력할 수 없기 때문이다. 그러나 사탄은 신자가 혼의 작용을 포함한 **모든** 활동을 중단할

영에 속한 사람

것을 강요한다. 이는 사람 대신 사탄의 악령들이 활동할 수 있도록 하려는 것이다. 따라서 사람이 사탄의 요구에 응할 때, 그는 책임 의식이 없는 하나의 기계로 전락하고 만다.

그리스도인들이 하나님께서 자기 안에 계시다는 사실과 또 하나님이 자기 안에서 일하시는 원리를 알지 못하는 것은 슬픈 현실이다. 그들은 하나님께서 원하시는 대로 자기들을 움직일 수 있도록 그들이 장기판 위의 "졸(卒)"과 같이 되기를 바라신다고 생각한다. 이 사람들은 자기들이 완전히 수동적이어야 하며, 선택하거나 결정할 능력도 없어야 하며, 오로지 하나님이 일방적으로 자기들을 인도해 주어야 한다고 생각한다.

이들은 하나님께서 사람을 창조하실 때 자유 의지를 가진 존재로 창조하셨다는 사실을 망각하고 있다. 하나님께서는 사람이 하나님 자신 외에 다른 것을 바라는 것을 기뻐하지 않으신다. 그러나 하나님께서는 또한 사람이 기계적이고 맹목적으로 하나님을 따르는 것도 기뻐하지 않으신다. 하나님께서는 사람이 하나님께서 원하시는 것을 원할 때 기뻐하시며, 그가 의지 없는 사람이 되는 것을 결코 원하지 않으신다.

신자들은 **스스로** 많은 일들을 처리해야 한다. 하나님께서 그 일들을 대신 해주지 않으신다. 우리는 모든 것을 하나님께 맡기고 하나님께서 우리 대신 그 일을 하시도록 해야 하며—즉 우리의 손을 들 필요가 없고 발을 움직일 필요가 없으며—내재하시는 성령께 의탁하여 그 분이 우리 대신 모든 것을 행하시도록—하나님이 우리를 움직이시도록—해야 한다고 가르침을 받는다. 우리는 이러한 가르침 속에 어느 정도의 진리가 담겨 있다는 것을 인정한다. 그러나 진리보다는 그 속에 섞여 있는 오류가 훨씬 더 강하다(이 문제

수동성과 이에 따르는 위험들

에 관해서는 다음 장에서 좀더 깊이 다루기로 하겠다).

수동성에 따르는 위험들

그리스도인은 무지로 인해 흑암의 권세들에게 기만을 당하거나, 의도치 않게 사탄의 덫에 걸려 마귀가 일할 수 있는 조건을 형성하는 수가 있다. 우리는 이 과정을 순서대로 살펴보겠다. 이것은 매우 중요하다.

(1)무지
(2)기만
(3)수동성
(4)침략

무지는 이 과정의 첫번째 원인이다. 사탄이 성도를 속일 수 있는 것은, 성도가 성령의 요구와 사탄의 활동 원칙에 대해서 무지하기 때문이다. 만일 그리스도인들이 하나님과 협력하는 방법을 알고 있고, 또 하나님의 일의 절차를 숙지하고 있다면, 그들은 결코 마귀의 속임에 넘어가지 않을 것이다. 그러나 일단 마귀의 속임에 넘어간 성도들은, 하나님께서 그들을 통해 사시고 일하시기 위해서는 무엇보다도 자기가 수동적이어야 한다고 생각한다. 그래서 그들은 악령들로부터 비롯된 수많은 초자연적인 현상들을 하나님으로부터 오는 것으로 생각한다. 이러한 기만은 점점 깊어져, 마침내 심각한 마귀의 침입을 초래하고 만다.

이런 식으로 악순환은 거듭된다. 신자가 기지를 제공할 때마다 악령들은 용기를 얻어 잠식한다. 일단 침입한 악령들은 잡다한 활동들을 통해서 자신을 나타낸다. 그리고 신자가 그것들이 마귀에게서 비롯된 것임을 알지 못하고 그 활동들을 잘못 이해하면, 그는 악령들에게 더 많은 영토를 내어줄 것이다. 그는 이미 악령들의 거짓말을 믿었기 때문이다. 이 악순환은 계속되며, 매일 그 침투의 정도가 증가된다. 일단 신자가 악령들에게 근거지를 제공하여 수동적인 상태에 빠지면, 그렇게 될 위험은 배로 증가한다.

사람이 일단 무기력 상태에 빠져 스스로 선택하는 일을 중단하면, 그는 주변에서 일어나는 일에 수동적으로 대처한다. 그는 지금 모든 결정이 하나님에 의해 이루어진다고 생각한다. 따라서 그가 해야 할 일은 단지 수동적으로 복종하는 것뿐이다. 그는 자기에게 일어나는 모든 일이 하나님으로부터 비롯되었다고 믿는다. 그는 하나님의 뜻이므로 그 모든 것들을 조용히 받아들인다. 일상 생활에서 모든 선택 능력을 상실한 후, 신자는 결정할 수도 없고 그의 의무에 속하는 어떤 일을 시작할 수도 없다. 뿐만 아니라 그는 자기 의견을 제시하기를 두려워하며, 자기가 좋아하는 것도 발표하기를 꺼려한다. 따라서 그는 타인의 선택과 결정을 필요로 한다.

원수의 손아귀에 있는 이러한 성도는 파도에 밀려다니는 해초와도 같다. 그는 누군가 타인이 자기를 위해 결정을 내려 주기를 원하며, 아니면 그가 따를 수 있는 대안이 꼭 하나만 주어져서 결정을 내려야 할 책임이 자기에게 떨어지지 않기를 바란다. 그는 어떤 일이 강제로 주어질 때 기뻐한다. 왜냐하면 이와 같은 일은 자기가 결정을 내리지 못하는 데서 오는 근심을 덜어 주기 때문이다. 그에게 선택한다는 것은 가장 힘든 일이므로, 그는 환경을 자유롭게 선택하는 것보다 차라리 환경에 의해 지배를 받는 것을 더 좋아한다.

수동성과 이에 따르는 위험들

이와 같은 무기력 상태에 있는 신자에게는 사소한 결정도 지극히 힘들게 여겨진다. 그는 어디에서든지 도움을 청한다. 그는 매일 매일의 일들을 처리해 나가지 못해서 심히 당황한다. 그는 사람들이 자기에게 하는 말의 의미를 잘 이해하지 못한다. 그에게는 무엇을 생각해낸다는 것이 고통스러운 일이다. 결정을 내리는 것도 괴로운 일이다. 어떤 일을 숙고한다는 것은 생각지도 못할 일이다. 그의 무기력한 의지는 그런 무거운 책임을 떠맡을 수 없다. 그의 의지는 매우 약하기 때문에 그는 타인이나 환경의 도움을 기대할 수밖에 없다. 어떤 사람이 그에게 도움을 주면 그는 대단히 기뻐한다. 그러나 자신의 의지가 장악당하는 것은 싫어한다. 이 사람이 외부의 도움을 기다리며 소비한 시간은 헤아릴 수 없다.

그렇다면 수동적인 상태에 빠진 사람은 일하기를 싫어하는가? 결코 그렇지 않다. 이 사람은 외부 세력의 강요를 받을 때에만 일할 수 있다. 그러나 그러한 강제 세력이 없어지면, 그는 일을 하다가 즉시 중단해 버린다. 그는 자신이 그 일을 계속 해나갈 능력이 없다고 생각한다. 수동적인 의지를 가진 사람들이 하다가 중단해 버린 일들은 헤아릴 수 없이 많다.

이러한 무기력 상태는 얼마나 불편한가! 신자는 무엇을 기억하기 위해서 끊임없이 메모를 해야 한다. 집중하기 위해서는 큰 소리로 말해야 한다. 그가 삶을 영위해 가는 것을 도와줄 수많은 "버팀목"들을 고안해 내야 한다. 그의 감각은 점차 무디어져, 마침내는 무의식적으로 이상한 습관들을 갖게 된다. 이를테면, 얘기할 때 상대방을 똑바로 바라보지 않는다거나, 걸을 때 머리를 숙인다거나, 어떤 일에도 거의 또는 전혀 관심을 갖지 않는다거나, 육신의 필요에 지나치게 신경을 쓰거나, 육체적인 필요를 지나치게 억누르는

영에 속한 사람

것 등이다.

    이 어리석은 그리스도인은 이 모든 증상이 수동성과 원수의 침략에서 기인한 것임을 깨닫지 못하고, 단순히 자신의 타고난 약점이라고 생각한다. 그는 자기가 남보다 타고난 재능이 부족하기 때문에 이것은 그리 놀라운 일이 아니라고 생각함으로써 스스로 위로한다. 그는 악령들의 거짓말을 분별하지 못하여, 계속 기만을 당한다. 그는 두렵고, 불안하고, 말을 잘 못하고, 머리가 둔하고, 몸이 연약하기 때문에 어떤 일도 시도하려 하지 않는다. 그는 왜 다른 그리스도인들은 자기와 그렇게 다르게 사는지 분석해 보지 않는다. 그보다 재능이 없는 사람들도 훨씬 더 많은 일을 할 수 있다. 그 자신도 이전에는 지금보다 훨씬 더 상태가 좋았다. 그렇다면 어떻게 이와 같은 징후들을 유전이나 타고난 기질 탓으로만 돌릴 수 있는가? 사람이 그것을 인식하든 못하든 간에 이와 같은 징후의 원인은 악령들에게 있는 것이다.

    신자의 현재 상태를 잘 알고 있는 흑암의 세력은 신자를 괴롭히기 위해서 그의 환경 속에 많은 문제를 일으킨다. 신자의 의지가 수동적인 상태에 빠져 일할 능력을 상실했기 때문에, 악령들은 항상 의지의 활동이 필요한 상황으로 그를 몰아넣어, 그를 난처하게 만들거나 타인의 조소거리가 되게 한다. 이러한 때에 악령들은 마치 새장 안에 있는 새를 놀리는 장난꾸러기 소년들처럼 원하는 대로 신자를 괴롭힌다. 악령들은 많은 어려운 문제들을 제기하여 그 사람을 지쳐 쓰러지게 한다. 그러나 애처롭게도 그는 이를 거부하고 저항할 힘이 없다. 그의 환경은 더욱 악화된다. 그는 악령들을 처리할 수 있는 권한을 가지고 있지만, 한마디도 하지 못한다.

    악령들의 희생물이 된 그는 무지로 인해 기만에 빠졌고, 기만은

SPIRITUAL

수동성을 낳았으며, 수동성은 마귀의 침투로 인한 고통을 초래했기 때문에, 어둠의 세력이 우위를 차지한 것이다. 그럼에도 불구하고 이 신자는 아직도 그러한 상황을 하나님께서 조성하신 것으로 믿고, 계속해서 수동적인 상태에 머물러 있다.

그리스도인이 이와 같은 상태에 빠지면, 그는 의식하지 못하는 상태에서 **악령들의 조종에 빠지게 된다**. 그는 아무 것도 자신의 의지로 이끌어 나갈 수 없으므로, 외부로부터 도움을 구하게 되며 따라서 그는 자주 악령들에게 시달리게 된다. 악령들이 그를 수동적으로 만들기 원하는 이유가 여기에 있다. 악령들이 신자의 모든 재능을 손아귀에 넣으면, 이 재능들이 발휘될 때마다 그들은 자신을 나타낼 수 있다. 악령들은 사람 대신 의지의 활동을 하는 것을 좋아한다. 또한 악령들은 틀림없이 그들이 환영받는 곳마다 자신을 나타내기를 주저하지 않을 것이다. 악령들은 사람들이 자기의 생각이나 의지를 사용하지 않고 맹목적으로 외부의 계시를 따르도록 유인하는 것을 좋아한다. 그래서 종종 악령들은 초자연적이고 신비한 경험들을 그에게 나타낸다.

하나님이 일하시는 원칙을 알지 못하는 그리스도인은 사실상 기만을 당하고 있으면서도 자기가 하나님께 순종하고 있다고 생각한다. 우리는 로마서 6:16 말씀에서 조언을 얻을 수 있다. "너희 자신을 종으로 드려 누구에게 순종하든지 그 순종함을 받는 자의 종이 되는 줄을 너희가 알지 못하느냐?" 우리가 명목상으로는 하나님께 자신을 드렸으나 실제로는 악령들에게 복종하고 있다면, 마귀의 종이 될 수밖에 없다. 우리가 속은 것이다. 그러나 공공연하게 잘못된 것을 따랐으므로 책임은 우리에게 있다. 그리스도인은 하나님과 교제하기에 적합한 조건에 따라 하나님과 교제하지 않고, 그 대신 악령들이 일할 수 있는 조건을 형성할 때 악령들의 종이 된다는 것을 깨달아야 한다.

끝으로 악령이 침입하게 되는 과정을 다시 한번 요약해 보겠다. 그리스도인이 하나님의 임재를 감각적으로 경험하기 원하거나 그와 비슷한 경험을 갈망하면 (제3부와 7부에서 언급했듯이), 그는 악령들에게 속아 많은 거짓 경험들을 하게 된다. 그는 이러한 경험들을 하나님께서 주신 것으로 받아들이고, 수동적인 상태에 빠진다. 그는 자기가 더 이상 움직일 필요가 없다고 생각한다. 왜냐하면 하나님께서 그를 움직여 주실 것이기 때문이다. 그는 하나님께서 자기 대신 활동해 주실 것을 믿고 모든 자기 활동을 중단한다. 그러나 하나님은 사람이 하나님과 적극적으로 협력하기를 바라시기 때문에 결코 그렇게 하지 않으신다.

그는 자기도 모르는 사이에 악령들의 활동 조건을 형성해 주었기 때문에 악령들은 주저하지 않고 들어와서 활동한다. 사람 자신도 활동하지 않고, 하나님도 활동하지 않으시니, 악령들이 그를 대신해서 활동하게 된다. 따라서 모든 그리스도인들은 이 한 가지 사실을 명심해야 한다. 즉 그리스도인은 하나님의 뜻을 직관을 통해 알게 되면, 자신의 모든 부분을 적극적으로 활용하여 하나님의 뜻을 수행해야 한다. 결코 수동적이 되어서는 안 된다.

수동성과 이에 따르는 위험들

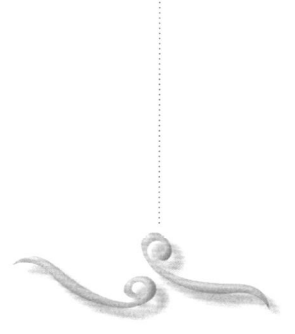

제3장
신자의 실수

　악령들의 꼬임에 넘어가는 사람은 반드시 타락하고 신령하지 못한 그리스도인일 것이라는 그릇된 생각을 하지 않도록 주의해야 한다. 오히려 그들은 온전히 헌신된 그리스도인으로서 보통 신자들보다 영적으로 더 앞서 있는 경우가 많다. 그들은 모든 희생을 무릅쓰고 하나님께 순종하려고 애쓴다. 그들은 자신을 온전히 헌신했지만 하나님과 협력하는 방법을 알지 못하기 때문에 무의식 중에 수동성에 빠진다. 영적인 문제에 대해 진지하지 않은 사람들은 수동성에 빠질 위험이 없다. 입으로는 자신을 온전히 헌신했다고 말하지만 계속해서 자신의 생각을 따라 살기를 고집하는 자들이 어떻게 무활동 상태에 빠져 원수의 손아귀에 들어갈 수 있겠는가? 그는 다른 면에서는 악령들에게 기지를 내어줄 수 있어도, 하나님의 뜻에 복종하기 위해 원수에게 수동적인 기지를 내어주는 것만큼은 하지 않는다. 자신의 이익을 생각하지 않는 헌신된 그리

SPIRITUAL

스도인들만이 수동성에 빠질 수 있다. 이들은 하나님의 모든 명령에 순종하기를 무엇보다도 갈망하기 때문에 쉽게 이러한 상태에 빠지는 것이다.

왜 하나님께서 그들을 보호하시지 않는지 궁금해 하는 사람들이 많을 것이다. 그들의 동기는 순수하지 않은가? 어떻게 그와 같이 충성스러운 하나님의 자녀들이 악령들에게 속는 것을 하나님께서 방관하실 수 있는가? 많은 사람들이 하나님께서는 자기 백성을 어떤 환경에서도 안전하게 보호해야 한다고 주장할 것이다. 이와 같이 말하는 사람들은 하나님의 보호를 받으려면 하나님께서 일하실 수 있는 조건을 충족시켜야 한다는 것을 모르고 있다. 그리스도인이 의식적으로든 무의식적으로든 자신을 악령들에게 넘겨줄 때, 하나님께서는 강제로 그 신자에 대한 악령의 지배권을 박탈하지는 않으신다.

그러나 많은 그리스도인들은 순수한 동기가 자기들을 마귀의 기만으로부터 보호해 줄 것이라고 생각한다. 세상에서도 선한 의도를 가진 사람들이 가장 많이 사기를 당한다. 정직하다고 해서 그가 마귀에게 속지 않는다는 법은 없다. 속지 않는 유일한 길은 **지식**이다. 신자가 성경의 가르침을 경시하고 깨어 기도하지 않으면, 아무리 순수한 동기를 가지고 있다 해도 그는 속임을 당할 것이다. 악령들에게 일할 수 있는 조건을 마련해 주고서, 어떻게 하나님께서 그를 보호해 주시리라고 기대할 수 있는가?

수많은 성도들이 자신은 영적인 체험을 자주 했기 때문에 기만을 당하지 않는다고 생각한다. 이와 같은 자기 신뢰 자체가 이미 속고 있다는 증거이다. 겸손한 태도로 자기도 마귀의 속임에 빠질 수 있다는 가능성을 인정하지 않으면, 그는 끊임없이 속임을 당할 것이다. 속임을 당하는 것은 생명이나 동기의 문제가 아니고, 지식의 문제이다. 그리스도인 생활의 초기 단계에 이상적인 가르침을 너무 많이 받은 사람에게는 성령께서 진리를 가르쳐 주시기가 매우 어렵다. 마찬가지로 어떤 사람이 성경에 대한 편견을 가지고 있을 경우, 다른 사람들이 그에게 필요한 지식을 공급해 주기는 매우 어렵다. 이와 같이 자기 나름대로 가지고 있는 거짓된 방심은 악령들에게 일할 수 있는 기회를 제공해 준다.

앞에서 우리는 무지가 수동성의 원인이 되며, 수동성은 곧 마귀가 침입하는 원인이 된다는 것을 살펴보았다. 마귀의 침입은 그리스도인이 올바른 지식을 가지고 있을 때 결코 일어날 수 없다. 사실 수동성은 **잘못된** 순종과 헌신이다. 수동성은 또한 **과도한** 순종 또는 헌신이라고 할 수 있다. 마귀가 일하기 위해서 사람의 무기력 상태를 필요로 한다는 사실을 알고 있었다면, 그는 자신이 수동적인 상태에 빠지도록 내버려두지는 않았을 것이다. 하나님이 일하시기 위해 사람을 단순한 기계로 전락시키지 않으신다는 사실을 알았더라면, 그는 수동적으로 하나님이 자신을 움직여 주시기만을 기다리지는 않았을 것이다. 무지는 오늘날 성도들의 비극적인 상태를 초래한 원인이다.

그리스도인은 하나님의 일과 사탄의 일을 구별하기 위해서 지식을 필요로 한다. 그는 하나님이 일하시는 원리 뿐만 아니라 사탄의 행동 원리에 대해서도 숙지하고 있어야 한다. 이와 같은 지식을 소유한 성도는 흑암의 세력으로부터 자신을 보호할 수 있다. 사탄은 거짓말을 도구로 신자를 공격하므로, 신자는 진실을 알 필요가 있다. 사탄은 신자들을 어둠 속에 가두어 놓으려고 하기 때문에 그리스도인은 빛으로 맞서야 한다.

신자의 실수

하나님께서 일하시는 원리와 악령들의 행동 원리는 정반대라는 사실을 다시 한번 상기하도록 하자. 또한 하나님과 사탄은 **각자의 원칙에 따라** 행동한다는 것도 명심하도록 하자. 악령들의 위장술이 제 아무리 변화무쌍하더라도, 그들의 행동 원칙은 항상 변함이 없다. 하나님과 사탄은 항상 각자의 원칙을 따라 행동하기 때문에, 우리는 내적인 원칙을 점검해 봄으로써 성령으로부터 비롯된 것과 악령들로부터 비롯된 것을 구별할 수 있다.

이제 그리스도인들이 일반적으로 가지고 있는 잘못된 개념들을 좀더 자세히 살펴보도록 하자.

그리스도와 함께 죽는 것에 대한 그릇된 이해

신자들은 "그리스도와 함께 죽는 것"에 관한 그릇된 이해로 말미암아 수동적인 상태에 빠질 수 있다. 갈라디아서 2장 20절을 보면 "내가 그리스도와 함께 십자가에 못박혔나니 그런즉 이제는 내가 산 것이 아니요 오직 내 안에 그리스도께서 사신 것이라"고 기록되어 있다. 어떤 사람들은 이것을 자기 말살의 의미로 잘못 해석한다. 그들이 영적인 생활의 절정이라고 생각하는 것은, "개성의 상실, 의지와 자제심의 결여, '나 자신'을 기계적이고 자동적인 '복종'의 상태로 전락시키는 수동적인 태도"(Penn-Lewis, *WOTS*, 86)이다.

그들은 어떤 감정도 품어서는 안 된다. 모든 개인적 욕망이나 이익이나 기호에 대한 의식을 버려야 한다. 그들은 자기 전멸을 목표로 하며, 자신을 시체로 여겨야 한다. 개성은 완전히 가리워져야 한다. 그들은 하나님의 명령을 자기 말살, 자기 포기, 자기 전멸에 대한 요구로 오해한다. 그래서 그들은 더 이상 자신 또는 자신의 필요를 의식하지 않고 그들 안에 계신 하나님의 활동만을 의식하기를 바란다.

"자아가 죽는 것"에 대한 이들의 잘못된 이해는 곧 자의식이 없는 것을 의미한다. 이들은 하나님의 임재만을 의식할 때까지 끊임없이 자의식을 제로 상태로 만들려고 한다. 이와 같은 잘못된 생각을 가지고 그들은 자신이 죽음을 실천해야 한다고 생각한다. 따라서 그들은 "자아"를 의식할 때마다, 또는 개인의 욕구, 결핍, 필요, 기호, 이해 관계 등을 의식할 때마다, 이 모든 것들을 죽음에 넘긴다.

그들은 "나는 그리스도와 함께 십자가에 못박혔기" 때문에 나는 더 이상 존재하지 않는다고 주장한다. "내 안에 그리스도께서 사시기" 때문에 나는 더 이상 살아 있지 않다. 나는 죽었다. 나는 죽음을 실천해야 한다. 즉 나는 어떤 생각이나 감정도 품어서는 안 된다. 그리스도께서 내 안에 살아계시므로 그분이 나 대신 생각하고 느끼실 것이다. 나의 개성은 멸절되었으므로, 나는 수동적으로 그리스도를 따르고 그분으로 하여금 나 대신 생각하고 느끼도록 할 것이다. 불행하게도 이들은 그 다음에 바울이 한 말을 간과하고 있다. 사도 바울은 "내가 육체 가운데 사는 것"에 대해 말하고 있다. 바울은 죽었다. 그러나 그는 아직 죽지 않았다! "나"는 십자가에 못박혔다. 그러나 "나"는 육체 가운데 살고 있다. 바울은 그리스도의 십자가를 통과한 후에도 "내가 육체 가운데 산다"고 말하고 있다.

바울의 말을 통해서 알 수 있듯이, 십자가는 "나"를 멸절시키지 않는다. "나"는 영원히 존재한다. 어느날 천국으로 갈 사람은 "나"

신자의 실수

이다. "나" 아닌 다른 사람이 나 대신 천국에 간다면 구원이 **나에게** 무슨 유익이 있겠는가? 우리가 그리스도와 함께 죽은 사실을 받아들이는 것은, 우리가 죄에 대하여 죽고 우리의 혼의 생명을 죽음에 넘기는 것을 의미한다. 아무리 훌륭하고 의롭고 덕을 세우는 혼의 생활이라도 죽음에 넘겨야 한다.

하나님께서는 우리에게 타고난 능력으로 살고자 하는 욕망을 부인하고, 그 대신 매순간 모든 필요를 공급받기 위해 하나님의 생명력을 의지하며 살라고 하신다. 이 말은 우리가 가진 다양한 기능을 마비시켜 버리고 수동적인 상태로 들어가야 한다는 것을 의미하지 않는다. 오히려 그와 반대다. 하나님과 동행하는 생활은 우리가 매일 적극적으로 확신을 가지고 의지를 발휘하여, 우리의 타고난 힘을 부인하고 하나님의 힘을 사용할 것을 요구한다. 육신의 사망이나 지옥의 형벌이 개인의 멸절을 의미하지 않듯이, 영적으로 그리스도와 함께 죽는 것도 소멸을 의미하지 않는다. 사람은 계속 존재한다. 그의 의지 역시 죽지 않는다. 오직 그의 타고난 생명만이 죽어야 한다. 이것이 성경의 가르침이다.

이와 같은 사실을 잘못 이해함으로써 초래되는 결과는 다음과 같다.

(1) 자신의 능동적인 활동을 중단한다.
(2) 그가 하나님이 일하시는 원칙을 준수하지 않았기 때문에 하나님께서는 그를 사용하실 수 없다.
(3) 자기도 모르게 악령들이 일할 수 있는 조건을 충족시켜, 악령들에게 침범할 기회를 제공한다.

진리를 올바로 깨닫지 못하고 그리스도와 함께 십자가에서 죽은 사실을 그릇되게 실천에 옮김으로써 그리스도인은 종종 하나님으로 가장한 마귀에게 속는다. 많은 경우에 갈라디아서 2장과 관련된 이 가르침을 잘못 이해하여 마귀에게 속임을 당하게 되는 것은 슬픈 일이 아닐 수 없다.

이와 같은 "죽음" 이후에 사람은 감정을 상실한다. 그는 자신에 대해서도, 타인에 대해서도 느끼지 못한다. 그는 주변 사람들에게 감정을 완전히 상실한 돌이나 쇳덩이 같은 인상을 준다. 그는 타인의 고통을 공감할 줄 모르고, 자기가 사람들에게 얼마나 많은 고통을 주었는지도 느끼지 못한다.

그는 자기 안팎에서 일어나고 있는 일들을 감각하거나 분별하거나 식별할 수 있는 능력이 없다. 이 사람은 자신의 태도나 행동에 대해 전혀 의식하지 못한다. 그는 의지를 행사하지 않은 채 말하고 행동하며, 자기의 말과 생각과 감정이 어디로부터 비롯되는지 알지 못한다. 자신의 의지를 통해 결정을 내리지 않는데도, 이러한 말과 생각들은 강물처럼 흘러 나온다. 그의 모든 행동은 기계적이며, 이러한 행동들의 원천을 알지 못한다. 그는 단지 외적인 세력의 자극을 받는 것이다.

그러나 이상한 것은, 자신의 상태를 알지 못하면서도 다른 사람이 그를 대하는 태도에 대해서는 대단히 민감하다. 그는 오해로 인해 곧잘 상처를 입는다. 어쨌든 이 "무의식" 상태는 마귀가 침입할 수 있는 조건이자 결과가 된다. 악령들은 무의식 상태를 이용하여 신자로부터 아무런 저항을 받지 않으며, 일하고, 공격하고, 제안하고, 생각하고, 압박하고, 강요할 수 있다.

그러므로 끝으로 명심할 것은, 우리가 흔히 말하는 "자아의 죽

신자의 실수

음"이란 근본적으로 자아의 생명이나 힘, 활동의 죽음을 뜻하는 것이며, 결코 우리의 인격이 소멸되는 것을 뜻하지 않는다는 사실이다. 우리는 결코 자기 자신을 멸절시키거나 인격이 존재하지 않도록 만들어서는 안 된다. 이것은 매우 중요한 원칙이다. 자아가 없다는 것은, 자아의 활동이 없음을 뜻하는 것이지, 자아의 존재가 없다는 뜻이 아니다. 그리스도인이 인격의 상실을 믿고, 생각하거나 느끼거나 움직이기를 거부하면, 그는 꿈 속에 있는 인물처럼 살게 된다. 자신은 참으로 죽었다고 생각하고 완전히 자아가 없는 영적인 사람이라고 생각할지 모르지만, 사실 그의 헌신은 하나님을 향한 것이 아니라 악령들에 대한 것이다.

하나님의 일

우리가 쉽게 오해되는 또 하나의 성경 구절은 빌립보서 2:13이다. "너희 안에서 행하시는 이는 하나님이시니 자기의 기쁘신 뜻을 위하여 너희로 소원을 두고 행하게 하시나니." 어떤 사람들은 이 구절이, 하나님께서 소원과 행함을 모두 다 행하신다고 가르치고 있다고 생각한다. 즉 하나님께서 그의 소원과 행함을 자녀들 안에 주입시키는 것으로 생각한다. 하나님께서 그 대신 소원을 품고 행하시므로 그 자신은 힘쓸 필요가 없다. 신자는 하나님께서 모든 것을 대신 해주시므로, 뜻을 정하거나 일할 필요가 없는 일종의 고등동물로 전락했다. 그는 장난감과 같은 존재로서, 스스로 뜻을 세우거나 일할 책임이 없다. 그러나 이 구절에서 말하고자 하는 참뜻은, 우리가 자발적으로 소원을 품고 행하도록 하나님께서 우리 안에서 일하신다는 것이다. 하나님께서는 그 지점까지만 일하시고 그 이상은 침범하지 않으신다. 하나님은 결코 우리 대신 뜻을 세우거나 행동하지 않으신다. 하나님께서는 다만 사람이 하나님의 훌륭한 뜻을 자기의 뜻으로 정하고 행해 나가도록, 그 지점까지만 인도하신다.

사람 자신이 의지의 주체가 되어 일을 수행해 나가야 한다. 사도 바울은 분명히 "너희로 소원을 두고 행하게 하시나니"라고 말하고 있다. 즉 소원을 가지고 행하는 것은 하나님이 아니라 너희라고 말한다. 신자의 인격은 계속 존재하므로, 신자 자신이 소원을 가지고 행해야 한다. 이것은 신자의 책임이다. 하나님이 일하시는 것도 사실이지만, 하나님이 우리를 대신하실 수는 없다. 선택하고 행하는 일은 사람에게 속한 것이다. 하나님께서는 우리를 감동시키고 누그러뜨리고 격려하여 우리 마음이 하나님의 뜻을 향해 움직이기를 원하신다. 그렇지만 하나님은 우리 대신 그의 뜻을 행하기를 원치 않으신다. 그는 우리의 마음이 하나님의 소원을 향하게 하시고, 그 다음에 우리 스스로 뜻을 정하게 하신다.

빌립보서 2:13은 우리의 의지가 하나님의 지원을 필요로 한다는 것을 가르쳐 주고 있다. 하나님과 상관없이 자기의 뜻을 따라 행해진 행위는 실로 무익하고 헛된 것이다. 하나님은 사람을 대신하여 뜻을 세우시지 않지만, 또한 사람이 독립적으로 뜻을 세우는 것도 원치 않으신다. 하나님은 그의 자녀가 하나님의 능력을 힘입어 뜻을 세우기를 바라신다. 다시 말해서, 신자 안에서 행하시는 하나님의 역사를 따라 뜻을 세우기를 바라시는 것이다.

빌립보서 2:13의 올바른 뜻을 이해하지 못한 신자는 자기가 뜻을 둘 필요가 없다고 결론을 내린다. 이렇게 함으로써 그는 다른 의지가 자신을 지배하도록 허용한다. 그는 감히 어떤 문제를 결정

신자의 실수

하거나, 어떤 행동을 선택하거나, 심지어 어떤 힘에 저항하지도 못하고, 다만 수동적으로 하나님의 뜻이 자기에게 임하기만을 기다린다. 어떤 외적인 의지가 자기 대신 결정을 내려 주면, 그는 그것을 수동적으로 받아들인다. 그는 자신의 의지에서 비롯되는 것은 무엇이든 억눌러 버린다. 그 결과 그는 스스로 자신의 의지를 사용하지도 않고, 그렇다고 하나님께서 그의 의지를 사용하여 그 대신 선택하고 결정해 주시지도 않는다. 하나님은 신자의 능동적인 협력을 원하시기 때문이다. 그러나 악령들은 그의 수동적인 의지를 장악하여 그 사람 대신 행동하려 한다.

우리는 하나님께서 우리 대신 의지를 발휘하시는 것과 우리의 의지로 하나님과 협력하는 것의 차이를 알아야 한다. 만일 하나님께서 우리를 **대신하여** 선택하고 결정하신다면, 우리는 그것에 대해 마음을 쓰지 않았으므로, 사실 그 행동과 우리는 아무런 관계도 없는 것이다. 그리고 훗날 올바른 정신 상태로 이 행동을 회고해 보면, 그것은 **우리의** 행동이 아니었음을 알 수 있다. 그렇지만 우리의 의지를 활용하여 능동적으로 하나님과 협력하면, **우리가** 하나님의 능력을 힘입어 스스로 그 일을 행하는 것이 된다. 사탄에게 기만을 당하는 사람은 자기 자신이 행동하고 말하고 생각하는 주체라고 생각한다. 그러나 하나님의 가르침을 받으면, 그는 자기가 그렇게 행하기를 원하고 말하고 생각한 것이 아니었음을 깨닫게 된다. 이 행동들은 결국 마귀의 소행이었으므로 자기와는 아무런 관련이 없는 것이다.

우리의 의지를 소멸시키는 것은 하나님의 뜻이 아니다. 만일 우리가 이제부터 우리 자신의 의지를 갖지 않고 다만 하나님의 뜻이 우리 몸 안에 나타나기를 기다리겠다고 말한다면, 우리 자신을 하나님께 드린 것이 아니라, 악령과 계약을 맺은 것이다. 하나님은 결코 그의 의지로 우리의 의지를 대신하지 않으시기 때문이다. 우리가 취해야 할 올바른 태도는 다음과 같다. "나는 나의 의지를 가지고 있다. 나는 나의 의지를 사용하여 하나님의 뜻을 행한다."

자신의 의지를 하나님 편에 두어야 한다. 그리고 자신의 의지를 하나님 편에 두는 것도 우리 자신의 힘으로 하지 아니하고, 하나님의 생명을 힘입어 해야 한다. 한마디로 요약해서 말한다면, 이전에 우리의 의지를 주관하던 생명은 십자가에서 처리되었으니 이제는 우리의 의지를 하나님의 생명을 나타내는 데 사용하야 한다. 우리의 의지를 제거해 버리는 것이 아니다. 의지는 아직도 존재한다. 다만 그 생명이 변화한 것이다. 십자가에서 죽은 것은 우리 자신의 생명이다. 의지의 기능은 하나님에 의해 새로워진 후에도 계속 활동한다. 이후로는 새 생명을 힘입어 활동하는 것이다.

성령의 역사

성령의 역사를 이해하지 못하여 수동성 및 노예 상태에 빠진 신자들이 수없이 많다. 가장 일반적인 오해 중 몇 가지를 열거해 보면 다음과 같다.

1. 성령께 순종하는 것

신자들은 사도행전 5:32이 성령께 순종해야 함을 암시한다고 생각한다. "하나님이 자기를 순종하는 사람들에게 주신 성령"(행 5:32). 그러나 이들은 진리의 영과 미혹의 영을 구별하기 위해 영들을 시험하라는 성경의 명령을 따르지 못하고 있다(요일 4:1,6). 이들은 자기에게 오는 모든 영을 성령으로 생각하고 무조건 받아들인다. 그들은 이러한 순종의 태도가 틀림없이 하나님을 기쁘시게 할 것이라고 생각한다. 그러나 사실 이들은 오해하고 있다. 즉 성경은 성령께 순종하라고 가르치지 않고, 성령을 통해서 하나님께 순종하라고 가르치고 있다. 사도행전 5:29에 보면 공회 앞에서 질문을 받은 사도들은 "**하나님을 순종하는 것이 마땅하니라**"고 담대히 대답하고 있다.

만일 우리가 성령 하나님을 순종의 대상으로 생각하고 성부 하나님을 잊으면, 우리는 성령을 통해서 하늘에 계신 아버지께 순종하는 대신, 우리 안에 있거나 우리 주변에 있는 영에게 순종하기가 쉽다. 이것은 수동적인 상태로 인도하는 과정이며, 악령들에게 활동 기회를 제공하는 것이 된다. 하나님의 말씀을 그릇되게 해석하는 것은 헤아릴 수 없는 위험들을 초래한다.

2. 성령의 지배

앞에서 우리는 하나님께서 어떻게 성령을 통하여 사람의 영을 지배하시는지와 사람의 영이 어떻게 혼(또는 의지)을 통하여 몸과 모든 인격을 지배하게 되는가를 살펴보았다. 이 말은 간단한 것처럼 보인다. 그러나 이 속에 포함되어 있는 영적인 의미는 참으로 심오하다. 성령은 자신의 뜻을 알리기 위해 우리의 직관만을 자극하신다. 성령께서는 자신의 뜻을 전달하시기 위하여 우리의 영을 사용하신다.

우리는 이 원리를 조심스럽게 검토하고, 주의깊게 관찰해 볼 필요가 있다. 하나님의 영이 우리의 마음을 통해서 생각하거나, 우리의 감정을 통해서 느끼거나, 우리의 의지를 통해서 결정하기를 기대해서는 안 된다. 성령은 우리 영의 직관에 자신의 뜻을 전달하여, 우리 자신이 성령의 뜻을 따라 생각하고 느끼고 행동하도록 하신다. 우리의 마음을 성령께 의탁하면 성령께서 친히 그 마음을 통해 생각해 주시리라고 기대하는 것은 커다란 오류이다. 사실 성령은 사람 대신 직접 사람의 마음을 사용하지 않으신다. 성령은 사람에게 그 자신을 수동적으로 성령께 바치라고 요구하지 않으신다. 하나님께서 원하시는 것은 사람과의 협력이다. 하나님은 사람을 대신하여 일하지 않으신다. 왜냐하면 사람 안에서의 하나님의 활동도 신자에 의해 제지될 수 있기 때문이다. 하나님은 결코 아무것도 강요하지 않으신다.

성령은 또한 사람의 몸을 직접적으로 지배하지 않으신다. 사람이 말하고자 할 때는 **자신의** 입을, 걷고자 할 때는 **자신의** 발을, 일하고자 할 때는 **자신의** 손을 사용해야 한다. 하나님의 영은 결코 사람의 자유의지를 박탈하지 않으신다. 성령은 하나님의 새로운 피조물인 사람의 영 안에서 일하시는 것을 제외하고는, 신체의 어느 부분도 사람의 의지의 승락없이는 사용하지 않으신다. 설령 사람이 원한다 해도, 하나님의 영은 그 몸의 어느 부분도 임으로 사용하지 않으신다. 어디까지나 사람이 자신의 주인이 되어야 한다. 사람이 자신의 몸을 움직여야 한다. 하나님은 이 법칙을 준수하신다.

우리는 종종 "성령이 사람을 지배한다"고 말한다. 이 말은 성령께서 우리로 하나님께 순종하도록 하기 위해 우리 안에서 일하신다는 뜻이다. 그렇지만 성령이 우리의 전존재를 직접 통제하기를

신자의 실수

기대한다면, 이것은 완전히 오해이다. 성령의 역사와 악령의 역사를 분별하는 기준이 바로 여기에 있다. 성령은 **우리가 하나님께 속해 있다는** 것을 입증해 주기 위해서 우리 안에 거하신다. 반면 악령들은 우리를 로봇으로 만들려고 노력한다. 하나님의 영은 우리의 협력을 구한다. 악령들은 직접적인 지배를 구한다. 우리와 하나님과의 연합은 우리의 몸이나 혼에서 이루어지는 것이 아니라 영에서 이루어지는 것이다.

우리가 이것을 잘못 이해하여, 하나님이 친히 우리의 마음과 감정과 의지와 몸을 직접적으로 움직여 주시기를 바라게 되면, 우리는 악령들의 속임을 받아들이는 것이다. 그리스도인은 자기의 생각이나 느낌이나 기호만을 좇아서는 안 된다. 그러나 영을 통해 계시를 받은 후에는, 자신의 마음과 감정과 의지를 **사용하여** 하나님의 뜻을 실천에 옮기도록 해야 한다.

신령한 생활

신령한 생활에 관한 각종 잘못된 개념 중에 다음과 같은 것들이 두드러지게 나타난다.

1. 말하는 것에 대한 오해

마태복음 10:20에 "말하는 이는 너희가 아니라 너희 속에서 말씀하시는 자 곧 너희 아버지의 성령이시니라"고 기록되어 있다. 그리스도인들은 종종 하나님께서 그들 대신 말을 해주신다고 생각한다. 또 어떤 이들은 집회에서 말씀을 전할 때, 마음과 의지를 사용하지 말고 단순히 그들의 입을 수동적으로 하나님께 드려 하나님께서 그 입을 통해 말씀하시도록 해야 한다고 생각한다. 그러나 예수님께서 하신 이 말씀은 핍박을 받거나 재판을 받을 때만 적용되는 말씀이다. 이 말씀은 성령이 사람 대신 말해 주실 것을 뜻하는 것이 아니다. 이 말씀은 공회 앞에 나와 재판을 받던 사도 베드로와 요한의 경우에 적용된 것이다.

2. 하나님의 인도하심에 대한 오해

"네 뒤에서 말 소리가 네 귀에 들려 이르기를 이것이 정로니 너희는 이리로 행하라"(사 30:21). 이 구절은 특별히 사탄의 거짓 속임이 없는 천년왕국 때 하나님의 지상 백성인 유대인에게 적용되는 말씀이다. 사람들은 이 사실을 깨닫지 못하고, 어떤 초자연적인 음성으로 인도를 받는 것이 가장 좋은 하나님의 인도라고 착각하는 경향이 있다. 이들은 자기가 다른 사람들보다 신령하므로 이러한 종류의 초자연적인 인도를 받는다고 생각한다. 그들은 자기들의 양심에 귀 기울이지 않고 직관도 따르지 않으며, 단지 수동적인 태도로 초자연적인 음성만을 기다린다. 이들은 자기가 생각하고, 숙고하고, 선택하고, 결정을 내릴 필요가 없다고 주장한다. 단순히 순종하기만 하면 된다고 생각하는 것이다. 이들은 직관이나 양심 대신 음성을 따른다.

그 결과 "(1) 그는 자기 양심을 사용하지 않는다. (2) 하나님은 그에게 기계적인 순종을 요구하지 않으신다. (3) 악령들은 이 기회를 포착하여, 초자연적인 음성이 양심의 행동을 대신하게 한다"(Penn-Lewis, *WOTS*, 121). 한마디로 악령들은 신자들 안에서 더 많은 근거지를 점령하게 된다.

"이 시간 후로 그 사람은 자기가 보고 느끼는 것이나 다른 사람이 말하는 것에 영향을 받지 않고, 자신을 모든 의문에서 차단시키며 논리적으로 사고하려 하지 않는다. 사람들이 양심 대신 초자연적인 인도를 따르면, 초자연적인 경험과 함께 도덕적 기준이 퇴보하는데, 이는 실제로 그들이 양심 대신 악령들의 인도를 따랐기 때문이다. 그들은 자기의 도덕적 기준이 낮아졌다는 것을 전혀 의식하지 못한다. 그러나 그들이 고의로 양심의 음성을 듣지 않고 초자연적인 영의 음성에만 귀 기울임으로써 그들의 양심은 무디어졌다. 선악의 문제라든가 옳고 그름의 문제에 관해 양심을 사용해서 결정해야 할 경우에도 그들은 악령들의 음성만을 따른 것이다"(Penn-Lewis, *WOTS*, 121).

3. 기억력에 대한 오해

"보혜사 곧 아버지께서 내 이름으로 보내실 성령 그가 너희에게 모든 것을 가르치시고 내가 너희에게 말한 모든 것을 생각나게 하시리라"(요 14:26). 이 구절은 보혜사가 사람의 마음을 밝혀, 주님께서 말씀하신 것을 기억하게 한다는 것을 의미한다. 그러나 어떤 그리스도인들은 이 구절을 보고, 하나님께서 모든 것을 기억나게 해주실 것이기 때문에 자기들의 기억력을 사용할 필요가 없다고 생각한다. 따라서 이들은 자신의 기억력을 수동적인 상태에 빠뜨린다. 즉 자신의 의지를 발휘하여 기억하려 하지 않는다.

그 결과는 무엇인가? (1) 그는 자신의 기억력을 사용하지 않는다. (2) 하나님께서도 그의 기억력을 사용하시지 않는다. 하나님은 신자의 협력이 없이는 그렇게 하지 않으시기 때문이다. (3) 악령들은 이 기억력을 사용한다. 악령들은 신자가 의지적으로 자신의 기억력을 사용하지 못하게 하고, 그 대신 자기가 일한다(Penn-Lewis, *WOTS*, 121).

4. 사랑에 대한 오해

"소망이 부끄럽게 아니함은 우리에게 주신 성령으로 말미암아 하나님의 사랑이 우리 마음에 부은 바 됨이니"(롬 5:5). 신자들은 이 구절을 잘못 해석하여, 그들 자신은 스스로 사랑할 필요가 없고 다만 성령께서 그들에게 하나님의 사랑을 주셔야 한다고 믿는다. 이런 사람들은 하나님이 자신을 통하여 하나님의 사랑을 풍성하게 나타내 주시기를 간구한다. 그리하여 하나님의 사랑이 그들에게 넘치기를 소원한다. 이제부터는 하나님께서 그들로 하여금 사랑하도록 해주실 것이므로, 자신은 더 이상 사랑하려고 하지 않는다. 그들은 자기가 가진 애정의 기능을 발휘하지 않고, 완전한 마비 상태에 빠지게 한다.

그 결과로 생기는 것은, (1) 신자 자신은 사랑하지 않는다. (2) 하나님은 사람이나 그의 타고난 애정의 기능을 무시한 채 그에게 초자연적인 사랑을 부여하지 않으신다. (3) 악령들은 자신이 사람을 대신하여, 그 사람을 통해 자신의 사랑이나 증오를 나타낸다. 그리고 신자가 일단 자기의 의지를 사용하여 애정을 관장하기를 포기하면, 악령들은 그 사람 안에 그들의 거짓된 사랑을 만들어낸다. 그후로 신자는 나무나 돌과 같이 행동하게 되며, 모든 애정에 대해 차갑고 무감각한 태도를 보인다. 많은 성도들이 거룩하긴 하지만 접근하기 어려운 이유가 바로 여기에 있다.

"네 마음을 다하고 목숨을 다하고 뜻을 다하고 힘을 다하여 주 너희 하나님을 사랑하라"고 주 예수님이 말씀하셨다(막 12:30). 여기서 말하는 "사랑"은 **누구**의 사랑인가? 누구의 마음과 누구의 목숨과 누구의 뜻과 누구의 힘으로 사랑하라는 말인가? 물론 그 답은 "우리"이다. 우리의 타고난 생명은 죽어야 한다. 그러나 타고난 재능이나 기능은 남아 있어야 한다.

5. 겸손에 대한 오해

"우리가 어떤 자기를 칭찬하는 자로 더불어 감히 짝하며 비교할 수 없노라"(고후 10:12). 성도들은 흔히 이 구절을 잘못 해석한다. 그들은 12-18절의 말씀을 읽고, 자기 자신에 대한 적절한 존중심마저 없앨 정도로 자신을 숨겨야 한다고 생각한다. 그러나 사실 하나님께서는 의심할 나위 없이 자신에 대해 적절한 존중심을 가지는 것을 허락하신다. 자기 비하가 본질적으로 수동성을 위장하고 나타나는 경우가 많이 있다. 그 결과 (1) 신자는 눈에 띄지 않게 행동한다. (2) 하나님께서는 그 사람을 채워 주지 않으신다. (3) 악령들은 그의 수동성을 이용하여 그를 쓸모 없는 사람으로 만든다.

그리스도인이 원수의 침투를 통해 자기 비하에 빠지게 되면, 주변의 모든 것이 그에게 어둡고 절망적이고 황량하게만 보인다. 그는 자기와 접촉하는 모든 사람에게 무서울 정도로 차갑고 우울한 인상을 준다. 그는 쉽게 실망하고 자신을 잃는다. 위기의 순간이 닥치면 싸움을 그만두고 뒤로 물러선다. 이는 다른 사람들을 당황하게 한다. 하나님의 일은 그에게 그다지 중요하지 않다. 말할 때나 일할 때나 그는 자기 자신을 나타내지 않으려고 므척 노력한다. 그러나 이렇게 자기를 숨기는 것은 오히려 자신을 더 많이 드러내는 것밖에 안 된다. 이것이야 말로 참으로 신령한 성도들의 가장 큰 슬픔이다.

그는 자기 자신을 지나치게 경시하기 때문에 하나님의 나라에 큰 필요가 있는데도 곁에 서서 지켜보고만 있다. 그는 계속해서 무력함과 절망과 상한 마음을 나타낸다. 이것을 겸손으로 착각하는 한, 그는 이것이 악령들의 역사에 지나지 않는다는 사실을 깨닫지 못한다. 참된 겸손은 하나님을 바라보고 앞으로 전진할 수 있다.

하나님의 명령에 대한 오해

사람의 의지 외에도 이 세상에는 두 가지 상반되는 의지가 존재한다는 것을 앞에서 다룬 적이 있다. 하나님께서는 사탄을 대적하고 하나님께 순종하라고 명령하신다. 성경에서 이 둘을 함께 언급한 부분이 두 곳이나 있다. (1) 야고보는 "그런즉 너희는 하나님께 순복할지어다"라고 권고한 다음, 곧바로 "마귀를 대적하라"고 말한다(약 4:7). (2) 베드로는 "그러므로 하나님의 능하신 손 아래서 겸손하라"고 명령한 다음, 계속해서 "너희는 믿음을 굳게 하여 저를 대적하라"고 말한다(벧전 5:6,9).

이 구절들은 진리의 균형을 보여 주고 있다. 신자는 모름지기 하나님께서 명하시는 것이 가장 좋은 것임을 인정하고, 모든 일에 자신을 하나님께 복종시키는 법을 배워야 한다. 비록 고난이 뒤따른다 하더라도 그는 하나님의 뜻에 진심으로 복종한다. 그러나 이것은 진리의 **절반**만을 말한 것이다. 사도들은 한쪽으로 치우칠 위험이 있음을 잘 알고 있었다. 따라서 우리는 그들이 하나님께 순복하라고 명한 후에 곧바로 마귀를 대적하라고 경고하고 있는 것을 볼 수 있다.

이것은 하나님의 뜻 외에 또 하나의 뜻, 즉 사탄의 뜻이 존재하기 때문이다. 사탄은 종종 하나님의 뜻을 위조한다. 특히 우리에게 일어나는 일들 가운데 그런 경우가 많다. 만일 우리가 하나님의 뜻 외에 다른 뜻이 존재한다는 것을 인식하지 못하면, 사탄의 뜻을 하나님의 뜻으로 오인하여 마귀의 함정에 빠지기 쉽다. 따라서 하나님께서는 우리가 하나님께 순복할 때 마귀를 대적하기를 원하시는 것이다.

마귀를 대적하는 것은 사람의 의지의 작용이다. 대적이란 우리의 의지가 반대하고, 승인하지 않고, 저항하는 것을 의미한다. 하나님은 우리의 의지를 사용하기를 원하신다. 그래서 우리에게 "마귀를 대적하라"고 권고하시는 것이다. 하나님께서 우리 대신 대적하지 않으신다. 우리 자신이 대적해야 한다. 우리는 의지를 가진 동물이므로, 의지를 사용하여 하나님의 말씀에 주의를 기울여야 한다. 성경은 이것을 분명하게 가르치고 있다. 하나님의 뜻이 하나님의 섭리에 나타난다고 생각하여, 자기에게 오는 모든 것을 하나님의 뜻으로 받아들이는 것은 잘못이다. 그렇게 하다가는 자연히 자신의 의지를 사용하여 선택하고 결정하고 대적하는 일을 그만두게 된다. 그는 다만 모든 것을 조용히 받아들인다. 이것은 좋고 옳은 것처럼 보이지만, 크게 잘못된 것이다.

우리는 이제 모든 사건 배후에 계시는 하나님의 손길을 인정하고, 그분의 손 아래 완전히 복종해야 한다는 것을 알고 있다. 그러나 여기서 문제되는 점은 행위의 면이 아니고 태도의 면이다. 만일 우리에게 일어나는 어떤 일이 바로 하나님의 뜻이라면, 우리는 그것을 거절하겠는가? 이것은 우리 마음의 의도의 문제이다. 그러나 우리가 하나님께 순종하고 있음을 확신한 후에는 더 나아가 이렇게 질문해 보아야 한다. 즉 이것은 악령으로부터 비롯된 것인가, 아니면 단순히 하나님의 뜻인가? 만일 이것이 하나님이 명령하신 뜻이라면, 우리는 거절하지 않는다. 그러나 그 반대라면 하나님과 더불어 이를 대적할 것이다. 그러므로 이것은 우리가 매일매일 주어진 환경을 검토하거나 조사하지도 않고, 무조건 환경에 순복하라는 의미가 아니다. 우리의 **태도**는 항상 동일하지만, 우리의 **행동**은 오직 하나님의 뜻임을 확인한 후에 행해져야 한다. 사탄의 뜻에 순종할 위험이 항상 존재하기 때문이다.

그리스도인은 두뇌가 없는 사람처럼 주변 환경에 수동적으로 끌려다녀서는 안 된다. 능동적이고 의식적으로 모든 것의 출처를 조사하고, 그 본질을 점검하며, 그 의미를 파악하여, 취할 행동을 결정해야 마땅하다. 하나님께 순종하는 것은 중요하다. 그러나 맹종하는 것은 금물이다. 능동적으로 모든 것의 출처를 따져보는 것은 하나님의 섭리에 대한 반항의 표시가 아니다. 마음속으로는 항상 하나님께 순종하는 자세를 갖추고 있기 때문에 시험해 보는 것 자체는 불순종이 되지 않는다. 다만 우리는 진실로 **하나님께** 순종하고 있는지를 확인해 보고자 할 뿐이다.

오늘날 그리스도인들에게는 순종하는 태도가 명쾌히 부족하다. 그들은 하나님의 뜻을 알면서도, 이에 순종하지 않는다. 그러나 이와는 반대로 하나님에 의해 자아가 부서진 성도가 자기에게 일어나는 일들을 아무 의심 없이 무조건 받아들임으로써 또 다른 극단에 이르는 경우도 자주 있다. 우리는 이들 양 극단을 피하고 중용을 택해야 한다. 즉 마음으로 **순종하고**, 그 출처를 확인한 후에 받아들이는 것이다.

　온전히 헌신한 많은 그리스도인들이 이 차이를 알지 못하는 것은 슬픈 일이다. 그러한 그리스도인은 자기에게 일어나는 **모든 일**을 하나님의 섭리에 의한 것으로 생각하고, 주변 환경에 수동적으로 순복한다. 그는 결국 악령에게 기지를 제공하고, 그 결과 악령은 그를 괴롭히고 해를 끼친다. 악령들은 성도를 속여 사탄의 뜻을 행하게 하기 위한 환경(함정)을 제공하며, 성도를 괴롭힐 수 있는 상황을 일으킨다. 성도들은 이것을 마태복음 5:39의 명령으로 오해할 수 있다. "악한 자를 대적지 말라"(마 5:39). 그러나 이들은 하나님께서 죄와 싸우라고 명하신 것은 기억하지 못한다(히 12:4). 성도들은 환경을 정복함으로써 이 세상의 신을 정복하는 것임을 명심해야 한다.

　이상과 같은 오해를 낳는 요인은, (1) 성도가 자기의 의지를 활용하여 선택하고 결정하지 않기 때문이다. (2) 하나님께서 분명히 환경으로 그들을 압박하지 않으시기 때문이다. (3) 악령들이 환경적인 여건을 신자들의 수동적인 의지 대신 이용하기 때문이다. 이런 신자들은 실제로 하나님께 순종하기보다는 악령들에게 순종하고 있는 것이다.

고난과 연약함

　온전히 하나님께 헌신한 그리스도인은 당연히 자기가 십자가의 길을 걸어야 하며 그리스도를 위해 고난을 당해야 한다고 믿는다. 그는 또한 자신의 육적인 생활의 무익함을 인정하며, 하나님의 능력으로 강건해지기 위해 기꺼이 연약해지려고 한다. 이러한 태도는 칭찬할 만한 태도이다. 그러나 이것도 정확하게 알지 못하면 원수가 이용할 수 있는 도구로 변해 버린다.

고난에는 무엇인가 큰 유익이 있다고 생각하는 그리스도인은 헌신한 후에 자기에게 일어나는 모든 일을 아무 의심없이 받아들이고 수동적으로 따를 것이다. 그는 다만 자기가 하나님을 위해 고난을 받고 있다고 믿고, 따라서 그 고난은 유익하고 보람된 것이라고 믿는다. 그러나 성도가 의도적으로 자신의 의지를 활휘하여 하나님이 부여하시는 고난을 받아들이고 또 마귀로부터 오는 고난을 철저히 거절하지 않으면, 수동적으로 모든 고난을 받아들이는 것이 틀림없이 악령들에게 그를 괴롭힐 수 있는 좋은 기회를 제공한다는 사실을 거의 모르고 있다.

악령들의 손에서 고난을 당하고 있으면서도 사탄의 거짓말에 속아 자신이 하나님으로부터 오는 고난을 감수하고 있다고 믿는 것은 마귀에게 공격할 기회를 확장해 주는 것이다. 그는 자기가 당하는 고난이 하나님으로부터 온 것이 아니고, 악령들이 활동할 수 있는 조건을 충족시킨 결과로 인한 것임을 알지 못하고 있다. 그는 마음속으로 자기가 그리스도의 몸을 위한 그의 남은 고난을 채우기 위해, 교회를 위해 고난당하고 있다고 생각한다. 사실은 마귀의 희생물이 되고 있으면서 자신을 순교자라고 생각한다. 그는 이러한 고난을 당하는 것을 영광스럽게 생각한다. 그러나 이것은 원수가 침입한 징후에 지나지 않는다.

악령들의 역사에서 비롯되는 이러한 고난들은 모두 무의미하고 헛되며 무익하다는 것을 알아야 한다. 그가 고난을 받고 있다는 사실 외에는 거기에 어떤 의미도 없다. 성령께서는 우리의 직관 속에

신자의 실수

서 이것이 하나님께로부터 오는 것임을 증거해 주지 않으신다.

그 성도가 조금만 주의해서 검토해 본다면, 자기가 주님께 헌신하고 **고난받기를 선택하기** 전에는 그러한 경험을 하지 않았음을 알 수 있을 것이다. 한번 고난을 선택하면, 자동적으로 모든 고난을 하나님께서 주신 것으로 받아들이게 된다. 대부분은 흑암의 권세에서 비롯된 것인데도 말이다. 그는 악령들에게 기지를 내어준 것이다. 즉 그는 악령들의 거짓말을 믿었다. 그 결과 그의 삶은 불필요하고 터무니없는 고난을 당하는 것이다. 악령의 깊은 역사에 관한 진실을 알고 있다면, 그는 죄를 이길 뿐만 아니라 불필요한 고통을 제거할 수도 있을 것이다.

하나님의 자녀는 "연약함"에 관한 그릇된 관념을 가지고 있을 수 있다. 그는 하나님의 능력을 소유하려면, 연약한 상태를 유지해야 한다고 생각한다. 그는 사도 바울의 말을 근거로 삼는다. "이는 내가 약할 그 때에 곧 강함이니라"(고후 12:10). 이 구절을 문자 그대로 믿고, 그 또한 강해지기 위해 약해지기를 원하는 것이다. 그러나 자세히 읽어 보면, 사도 바울은 약해지기를 원하지 않았고, 단지 자기가 육체적으로 약할 때에 하나님의 목적을 성취할 수 있도록 하나님께서 어떻게 은혜로 강건하게 해주셨는가를 우리에게 말해주고 있는 것이다. 바울은 이 연약함을 갈망하지 않았다. 그러나 그는 연약할 때에 하나님의 능력으로 강건해졌다. 바울은 건강한 성도에게 앞으로 하나님께서 그를 강건하게 해주시도록 **일부러 약해지라고** 권하지 않는다. 바울은 다만 **연약한** 그리스도인에게 강해질 수 있는 길을 보여 주고 있을 뿐이다.

일부러 고난을 자청하거나 연약함을 자청하는 것은 악령들의 활동 조건을 형성하는 것이다. 왜냐하면 이렇게 함으로써 사람의 의지가 원수 편에 가담하기 때문이다. 참으로 건강한 신체를 가지고 있던 성도들이 연약함을 자청한 이후 실제로 매일 쇠약해지는 것은 바로 이러한 이유 때문이다. 그들이 기대하는 "힘"은 오지 않고, 그들은 곧 다른 사람들의 짐이 된다. 이들은 하나님의 일에 쓸모없는 자가 되어 버린다. 이와 같은 노력은 하나님의 힘을 이끌어 내지 못한다. 오히려 악령들에게 공격할 근거만 제공한다. 이러한 성도들이 계속해서 이 연약함을 거부하지 않으면, 그들의 연약함은 영속화될 것이다.

결론

지금까지 이야기한 내용은 주로 극단의 경우에 적용되는 것들이었다. 많은 사람들이 이와 같이 극단의 경우까지 가지는 않았을 것이다. 그렇지만 원리는 항상 동일하다. 악령은 **사람의 의지가 수동적이 되거나 자기가 일할 수 있는 조건들이 형성될** 때마다 어김없이 행동을 개시한다. 어떤 그리스도인들은 특별히 고난이나 연약함을 자청하지 않더라도 **무의식적으로** 수동적인 상태에 빠져, 끝내는 원수에게 기지를 제공하고 위험한 상황에 처하게 되는 수가 있다. 지금까지 앞에서 이야기한 경험들을 몸소 경험한 사람이라면 조용히 자문하여 보기를 바란다. "나는 악령들이 일할 수 있는 요구 조건을 충족시키지 않았는가?" 이와 같은 태도는 앞으로 많은 위조된 사건들이나 불필요한 고난을 피할 수 있도록 해줄 것이다.

우리는 원수도 진리를 사용한다는 것을 잘 알고 있다. 그러나 원수는 이 진리를 지나치게 확장하려 든다. 다음 중 어느 것이 진리가 아니라고 말할 수 있겠는가?-자기 부인, 순종, 하나님의 명령을 기다림, 고난 등. 그러나 악령들은 영적 생활의 원리에 대한 성도의 무지함을 이용하여, 성도가 악령들의 일할 조건을 충족시키도록 이끈다. 따라서 우리가 어떤 가르침을 받아들일 때 그 기본 원칙을 모르면, 즉 그것이 성령의 조건을 형성하는 것인지 아니면 악령의 조건을 형성하는 것인지를 판별하지 못하면, 대부분 속게 되어 있다. 진리를 지나치게 확대하는 것은 아주 위험하다. 우리는 이 방면에 특히 유의해야 할 것이다.

이제 우리는 사탄의 역사와 하나님의 역사의 근본적인 차이점을 충분히 숙지하고 있어야겠다.

(1) 하나님은 신자가 성령으로 충만해지기 위해 자기 의지를 발휘하고 자기의 모든 능력을 사용하여 하나님과 협력하기를 원하신다.

(2) 악령은 그의 일을 추진하기 위해, 신자의 의지가 수동적이 되어 자기 능력을 일체 사용하지 않게 되기를 원한다.

전자의 경우, 성령은 사람의 영을 충만케 하며, 생명과 능력과 해방과 발전과 갱신과 힘을 주어, 그로 하여금 자유롭고 속박을 받지 않도록 한다. 후자의 경우, 사탄은 사람의 수동적인 기관을 장악하고, 발각되지 않으면 그를 꼭두각시로 만들고, 그의 혼과 몸을 정복하고, 그를 구속하고 억누르고 약탈하고 감금함으로써 그의 인격과 의지를 파괴하려고 한다. 성령은 신자로 하여금 직관으로 하나님의 뜻을 알게 하여, 신자가 후에 이것을 마음으로 깨닫고, 의지를 자유롭게 발휘하여 실천에 옮기도록 한다. 그러나 사탄의 영은 그를 외적인 힘으로 억압하는데, 그것은 겉으로 보기에는 하나님의 뜻을 나타내는 듯하나 사실은 그로 하여금 생각이나 결정

능력이 없는 기계처럼 행동하도록 강요한다.

  오늘날 많은 하나님의 자녀들이 부지불식간에 수동적인 상태에 빠져 있다. 그들의 의지와 마음은 활동을 그치고, 그 결과 그들은 말로 형언할 수 없는 고난을 겪는다. 이 모든 것은 법대로 일어난다. 자연계에 만물에 대한 법칙이 있듯이, 영적인 세계에도 법칙이 있다. 일정한 행동은 반드시 일정한 결과를 낳는다. 이와 같은 법칙들을 제정하신 하나님께서는 자기가 만든 법칙을 어기지 않으신다. 의도적이든 비의도적이든 이 법칙을 어기는 자는 누구를 막론하고 그에 따르는 결과를 감수해야 한다. 그러나 만일 사람이 자신의 의지와 마음과 힘을 다하여 하나님과 협력하면 성령은 그와 함께 일할 것이다. 이것 또한 하나의 법칙이다.

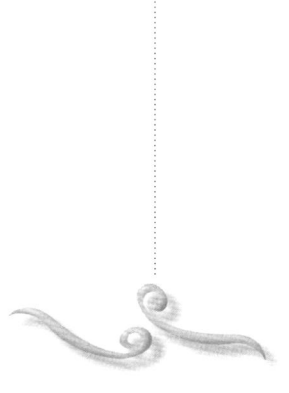

제4장
자유로 가는 길

헌신한 그리스도인이 자신의 위험한 상태를 깨닫지 못한 채 몇 년 동안 속아서 수동적인 상태에 빠져 있을 수 있다. 그의 무력함의 정도는 점차 심화되어, 끝내는 마음과 감정과 신체와 환경에 있어서 말할 수 없는 고통을 겪게 된다. 따라서 이러한 고통을 당하고 있는 성도들에게 헌신의 참된 의미를 알려 주는 것은 실로 중요한 일이다. 수동적인 상태에서 해방되기 위해 반드시 필요한 것은 진리에 대한 지식이다. 지식이 없이는 자유를 얻는 것이 **불가능하다**. 신자는 마귀의 기만을 통해 수동적인 상태에 빠진다. 그러나 마귀의 기만은 또한 지식의 부족에 기인한다.

진리에 대한 지식

자유로 가는 최초의 단계는 모든 것에 대한 진리를 아는 것이다.

즉 하나님과 협력하는 것, 악령의 활동, 헌신, 초자연적인 현상에 대한 진리를 아는 것이다. 하나님의 자녀가 구원받기를 원한다면, 지금까지 가져온 경험들의 성격과 출처에 관해서 알아야 한다. 신자의 타락은 (1) 기만, (2) 수동성, (3) 침략, (4) 더 심한 기만과 수동성의 순서로 이루어지므로, 해방의 길도 맨먼저 마귀의 기만을 폭로하는 것이다. 맨 먼저 기만에서 벗어나면 차례로 수동성, 침략 그리고 더 깊은 기만으로부터 해방될 것이다.

기만은 악령이 처음 발을 내디딜 수 있도록 문을 열어 준다. 수동성은 악령들이 머물 수 있는 근거지를 마련해 준다. 그리고 이 둘의 결과가 침략이다. 따라서 그들을 퇴거시키기 위해서는 수동성에서 벗어나야 하는데, 수동성을 탈피하기 위해서는 기만을 폭로해야 하며, 이것은 오직 진리에 대한 지식을 통해서만 가능한 것이다. 따라서 진리에 대한 지식을 가지는 것은 자유로 가는 첫 단계이다. 진리만이 사람을 자유케 할 수 있다.

이 책에서는 초자연적인 경험의 위험성에 대해 독자들에게 여러 번 경고한 바 있다. 그러나 모든 신비로운 경험들을 무조건 거부하고 반대해야 한다는 의미는 아니다. 이것은 성경의 가르침에 위배되는 것이다. 왜냐하면 성경은 여러 곳에서 초자연적인 하나님의 역사에 대해서 기록하고 있기 때문이다. 여기서 강조하고자 하는 것은 다만 이러한 초자연적인 경험의 출처가 하나님 외에도 많이 있을 수 있다는 것이다. 하나님께서는 이적을 행하실 수 있다. 그러나 악령들도 그것을 흉내낼 수 있다!

그러므로 하나님으로부터 비롯한 이적과 마귀로부터 비롯한 이적을 구별하는 것은 지극히 중요하다. 어떤 사람이 아직 자기의 감정 생활에 대해 죽지 않았는데, 감각적인 경험을 진지하게 추구한다면 그는 쉽게 속임을 당할 것이다.

모든 종류의 초자연적인 경험을 배격하라는 것은 아니다. 다만 사탄으로부터 비롯하는 모든 초자연적인 경험들을 배격하라고 권면하는 것이다. 이 책의 9부를 통해서 독자에게 가르쳐 주고자 한 것은, 성령의 역사와 악령의 역사의 근본적인 차이점이었다. 이것은 하나님의 자녀들로 하여금 어떤 것이 하나님의 역사이고 어떤 것이 사탄의 역사인지를 확실히 구별할 수 있도록 도와주려는 것이었다.

오늘날 그리스도인들은 초자연적인 문제에 있어서 특히 속임을 당하기 쉽다. 간곡히 바라는 것은, 그들이 초자연적인 경험을 접할 때 맨먼저 그 출처를 분별하여 마귀에게 속임을 당하지 않는 것이다. 그들은 그 신비로운 경험이 성령으로부터 비롯한 것일 경우 여전히 그들의 마음을 사용할 수 있다는 사실을 간과하지 말아야 한다. 즉 신비스러운 경험을 하기 전에 그들의 의지가 전적으로든 부분적으로든 수동적이 될 필요가 없다는 것이다. 그리고 이후에도 그들은 여전히 자신의 양심을 자유롭게 행사하여 선악을 분별할 수 있다. 그러나 이 경험이 악령으로부터 비롯한 것일 때, 그는 틀림없이 수동적인 상태에 빠지며, 그들의 마음이 텅 비고, 모든 행동이 외적인 강요에 의해 행해진다. 이것이 근본적인 차이이다.

사도 바울은 고린도전서 14장에서 각종 은사에 대해 언급하고 있는데, 그 중에는 예언과 방언과 그밖의 초자연적인 경험들이 있다. 사도 바울은 이런 은사들이 성령으로부터 비롯한 것임을 인정하지만, 동시에 다음과 같은 말로 하나님이 주신 이 은사들의 성격을 규정짓고 있다. "예언하는 자들의 영이 예언하는 자들에게 제재를 받나니"(32절). 예언자들(신자들)이 받은 것이 성령으로부터 온

자유로 가는 길

것이라면, 그들이 받은 영은 그들에게 제재를 받는다. 즉 성령께서는 인간에게 각종 신령한 경험들을 부여하시지만, 인간의 의지에 반하여 그들의 신체 일부분을 조종함으로써 그들의 권리를 침해하지는 않으신다는 뜻이다. 사람은 계속해서 **자제력**을 가지고 있다. 예언자 혹은 성도들의 제재를 받는 영만이 하나님으로부터 온 것이다. 예언자가 어떤 영의 제재를 받는다면, 그 영은 하나님의 영이 아니다.

우리는 모든 초자연적인 요소들을 다 배척해서도 안 되지만, 동시에 이런 초자연적인 영들이 사람의 수동적인 복종을 요구하는지 그렇지 않는지를 판단해 보아야 한다. 성령의 역사와 악령의 역사는 근본적으로 서로 대조된다. 성령은 사람이 주권적으로 자유 의지를 행사하기를 바라시는 반면에, 악령은 사람이 전적으로 수동적이 되기를 원한다. 성도들은 이 기준을 가지고 자신의 경험을 항상 판단해 보아야 한다. 자기가 수동적인지 아닌지를 알게 되면 모든 문제를 해결할 수 있다.

하나님의 자녀가 자유를 얻기 원한다면, 그의 어리석음을 제거해야 한다. 다시 말해서 그는 진리를 알아야 한다. 그는 사물의 진상을 파악할 필요가 있다. 사탄의 거짓말은 사람을 속박하고, 하나님의 진리는 속박을 풀어 준다. 진리에 대한 지식을 얻는 데는 그만한 대가가 요구된다. 왜냐하면 이 지식은 과거의 경험으로 인해 품었던 자만심을 산산이 부수기 때문이다. 그는 자신이 타인들보다 훨씬 많이 진보했고, 신령하며 오류가 없다고 생각한다. 이처럼 신령한 그가 마귀의 침입을 받을 가능성을 시인한다든가, 이미 침입을 받고 있었음을 알게 된다면, 얼마나 큰 타격을 받겠는가!

하나님의 모든 진리를 진심으로 고수하지 않는 그리스도인에게는 이렇게 고통스럽고 굴욕적인 진리를 받아들이기가 매우 어렵다. 자기에게 듣기 좋은 진리를 받아들이는 데는 아무 어려움이 없다. 그러나 자신의 "자아(ego)"를 상하게 하는 진리를 받아들이는 것은 결코 쉬운 일이 아니다. 자신이 사탄에게 속을 수 있다는 것을 시인하기는 비교적 쉽다. 그러나 자기가 이미 마귀의 침입을 받았음을 고백하는 것은 매우 힘든 일이다. 진리를 알고도 그것을 거절하는 자에게 하나님이 자비를 베푸시기 바란다. 이렇게 진리를 받아들이는 것이 구원의 첫번째 단계이다. 하나님의 자녀라면 모름지기 자기 자신에 관한 모든 진리를 기꺼이 받아들일 준비를 하고 있어야 한다. 그러기 위해서는 겸손과 정직이 필요하다. 그러므로 이와 같은 진리를 강경하게 반대하는 사람은 자기도 모르게 악령의 종이 되지 않도록 주의하여야 한다.

 진리로 가는 길은 많고 여러 가지이다. 어떤 성도들은 자기가 오랜 시간에 걸친 사탄의 속박으로 인해 모든 면에서 자유를 상실했음을 알게 되는 즉시, 자신의 참된 상태를 자각한다. 또 어떤 사람들은, 그들의 경험이 90%는 하나님께 속한 것이고 10%는 불순물인데, 자기들의 경험을 의심하기 시작할 때 진리를 깨닫게 된다. 또 어떤 사람들은 다른 신자들의 가르침을 받아 자신의 상태를 알게 된다. 어떤 경우든, 그리스도인은 자신에게 주어진 첫 번째 빛을 거절해서는 안 된다.

 의심은 진리로 가는 전조이다. 이때 의심은 성령을 의심한다거나, 하나님을 의심한다거나, 하나님의 말씀을 의심하는 것이 아니라, 다만 자신의 과거의 경험을 의심하는 것을 말한다. 그러한 의심은 반드시 필요할 뿐 아니라 영적이다. 왜냐하면 하나님께서 우리에게 "영들을 시험하라"고 명하셨기 때문이다(요일 4:1). 신자들

자유로 가는 길

은 흔히 그릇된 생각을 가지고 있다. 즉 그들은 혹시 성령을 거스려 죄를 지을까 두려워하여 영들을 시험하려 하지 않는다. 그러나 우리가 시험하기를 바라시는 분은 하나님 자신이다. 시험해 본 결과 그것이 성령으로 판명되면 성령은 이 시험을 견디실 수 있을 것이며, 그 시험의 결과가 악령으로 판명되면 악령의 본래 성품이 드러나게 될 것이다. 실제로 당신을 오늘날의 위치에 처하게 한 것이 하나님 자신인가? 성령이 성령의 법칙에 반해서 일하실 수 있는가? 우리의 모든 면에서 참으로 오류가 없는가?

진리에 관해 조명을 받은 신자는, 자기도 사탄의 속임에 넘어갈 수 있다는 것을 쉽게 받아들일 수 있다. 이러한 태도는 진리가 활동할 수 있는 기회를 제공하는 것이다. 사람이 저지를 수 있는 가장 큰 실수는, 자신은 오점이 없다고 생각하는 것이다. 다른 사람은 잘못할 수 있지만 자신은 그렇지 않다고 생각하는 사람은 끝까지 속는다. 스스로 자신을 낮출 때에만 자기도 속고 있다는 것을 깨달을 수 있다.

하나님이 일하시는 원리와 사탄이 일하는 조건을 상호 비교해 봄으로써, 그는 자기의 과거의 경험들이 수동성으로 인한 것이었음을 알게 된다. 그는 악령들이 일할 수 있는 조건들을 충족시켰기 때문에 그런 이상한 현상들을 경험한 것이다. 그는 처음에는 행복을 맛보았지만 결국에는 고통을 느꼈다. 그는 하나님과 적극적으로 협력하지 않고, 마귀의 뜻을 하나님의 뜻으로 확신하고 수동적으로 따른 것이다. 행복한 경험이나 고통스러운 경험이나 결국 악령들에게서 비롯된 것이었다. 마침내 그는 자기가 마귀에게 속은 사실을 인정한다.

하나님의 자녀는 진리를 받아들일 뿐만 아니라 진리에 비추어

본 자신의 상태를 인정해야 한다. 이와 같은 방법으로 적의 거짓말로부터 헤어날 수 있다. 여기서 신자의 경험을 요약해 보면 다음과 같다. (1) **신자도** 사탄의 기만에 넘어갈 수 있다는 사실을 인정한다. (2) 나 또한 사탄의 간교에 넘어갈 수 있음을 시인한다. (3) 내가 속았음을 시인한다. (4) 자신이 왜 속았는지를 자문해 본다.

기지의 발견

이제 우리는 악령들에게 기지를 제공했다는 결론에 이른다. 그러나 신자가 제공한 기지는 무엇인가? 어떤 종류의 기지를 제공했는지를 알아보기 전에, 먼저 기지가 정확하게 무엇을 의미하는지를 검토해 보아야겠다.

그리스도인은 죄 외에도 악령들에게 기지를 제공하는 다른 요소들이 있다는 것을 알아야 한다. 악령들의 거짓말을 받아들인다든지, 의지를 수동적인 상태에 둔다든지, 마귀가 제공한 갑자기 떠오르는 생각을 받아들이는 것 등이 그것이다. 먼저 수동성을 중점적으로 생각해 보겠다. 수동성이란 우리의 마음이나 몸을 무력한 상태에 빠지게 하고, 마음을 의식적으로 제어하는 것을 중단하며, 의지와 양심과 기억의 기능을 저하시키는 것이다. 수동성에는 여러 단계가 있지만, 근본적으로 기지를 제공하는 요인이 된다.

사탄의 침입 정도는 수동성의 정도에 따라 결정된다. 그 정도 여하를 막론하고, 신자는 수동적인 상태를 자각하는 즉시 그 잃은 기지를 회복해야 한다. 견고하고 강인한 의지로 끈질기게 사탄과 싸워, 신자 안에 발판을 확보하려는 사탄의 시도에 대항해야 한다. 특히 그가 속은 영역에서는 더욱 그러해야 한다. 신자는 반드시 기지를 발견하고 그것을 되찾아야 한다.

 자기가 속은 사실을 깨닫는 즉시, 신자는 그 다음 단계로 잃어버린 기지에 대한 지식을 구해야 하며, 그것을 되찾기 위해 노력해야 한다. 악령들은 한번 차지한 영토를 끝까지 지키려고 노력하지만, 일단 그 기지가 없어지면 떠나야 한다.

 그리스도인이 자기를 통제하기 위해서 의지를 사용하지 않았기 때문에 수동적인 상태에 빠지고 기만을 당하였으므로, 이제 그는 모든 시험과 고난을 맞이하여 어둠의 세력과 싸울 때 하나님의 능력을 힘입어 자기 의지를 적극적으로 행사하여 싸워야 한다. 그리고 악령들과 맺었던 이전의 약속들을 모두 철회해야 한다. 수동성은 점진적으로 형성되었기 때문에 제거되는 것도 점진적으로 이루어진다. 자기의 무기력 상태를 파악하는 만큼 자유를 얻게 된다. 그의 무기력 상태가 오랫동안 지속되었다면, 해방되는 기간도 길게 걸릴 것이다. 언제나 산을 내려가는 것이 올라가는 것보다 쉽듯이, 수동적인 상태로 빠지기는 쉬우나 자유를 되찾는 것은 매우 힘들다. 잃어버린 영토를 모두 회복하기 위해서는, 그 사람 전체가 동원되어 전력을 다해야 한다.

 하나님의 자녀는 자기가 어디에서 속았는지를 하나님께 여쭈어 보아야 한다. 그는 자기 자신에 환한 **모든** 진리를 보여달라고 진심으로 간구해야 한다. 일반적으로 말해서, 무엇이든지 그리스도인들이 듣기 꺼려하는 것은 사탄에게 내어준 기지와 관련이 있을 것이다. 그가 다루기를 두려워하는 부분이 바로 그가 처리해야 하는 부분이다. 십중팔구 마귀는 바로 그 곳에 발판을 확립했을 것이다. 그리스도인은 상실한 영토를 회복하기 위해, 자신의 징후들과 그것들의 원인을 하나님께서 밝혀 주시도록 간구해야 한다. 하나님의 가르침을 통한 깨달음은 필수적이다. 이러한 깨달음이 없으면, 신자는 초자연적인 것을 자연적인 것으로 해석하고, 또 (악령들에게 속한) 영적인 것을 자연적인 것으로 여기게 된다. 이렇게 함으로써 그는 악령들에게 더 많은 기지를 제공하는 것이다.

기지의 회복

모든 기지가 악령들에게 양도되는 데는 하나의 공통적인 원리가 있다. 그것은 곧 수동성, 즉 의지의 무활동을 통해서 이루어진다는 것이다. 잃어버린 기지를 다시 회복하려면, 반드시 의지가 다시 활동을 개시해야 한다. 그리스도인이 앞으로 배워야 할 것은 (1) 하나님의 뜻에 순종하는 것, (2) 마귀의 뜻에 대적하는 것, (3) 자신의 의지를 발휘하여 다른 성도들의 의지와 협력하는 것이다. 잃어버린 땅을 되찾는 책임은 주로 의지에 있다. 수동적인 상태로 빠진 것이 인간의 의지이므로, 수동적인 상태를 벗어나야 할 것도 인간의 의지이다.

의지가 취하는 최초 단계는 **결심하는** 것이다. 다시 말해서, 의지를 일정한 방향으로 고정시키는 것이다. 악령들의 간교에 오랫동안 시달림을 받다가 이제 진리를 깨닫고 성령의 권고를 받은 성도는 자연히 그런 사악한 악령들을 증오하게 된다. 따라서 그는 악령들의 일에 항거하기로 굳게 결심한다. 그는 자유를 되찾고, 자기 자신이 주체가 되며, 원수를 몰아낼 결심을 하는 것이다. 하나님의 영이 그 안에서 역사하시므로 악령들에 대한 그의 격분은 한층 더 강해진다. 고통을 당할수록 더욱더 마귀를 증오하게 된다. 그가 처한 상태를 깊이 생각할수록 그의 분노는 더욱 극심해진다. 그는 어

자유로 가는 길

둠의 세력에서 완전히 벗어나기로 결심한다. 이와 같은 결심이 잃어버린 기지를 회복하는 첫걸음이다. 그의 결심이 참되다면, 원수와의 싸움이 제아무리 치열하다 하더라도 그는 목표를 향해서 전진해 나갈 것이다. 완전한 사람은 앞으로 원수를 대적하기로 한 그의 결심을 계속 유지해 나갈 것이다.

잃어버린 기지를 탈환하기 위해서는 또한 선택하는 의지를 행사해야 한다. 다시 말해서 자기가 희망하는 미래를 결정하는 것이다. 영적 싸움에서는 선택하는 일이 매우 중요하다. 이따금씩 우리는 다음과 같이 선언해야 한다. "나는 자유를 선택한다. 나는 해방을 원한다. 나는 수동적인 상태를 거부한다. 나는 나의 재능을 사용하겠다. 나는 악령들의 간교를 알아야겠다. 나는 그들이 패배하기를 원한다. 나는 흑암의 권세들과의 모든 관계를 끊을 것이다. 나는 그들의 온갖 거짓말과 변명들을 거절한다." 이와 같은 의지의 선언은 악령과의 싸움에서 매우 효과적이다.

이 선언은 특정한 문제들에 대한 그의 결심뿐 아니라 그의 **선택**을 나타내는 것이다. 흑암의 권세들은 단순한 결심에는 주의를 기울이지 않는다. 그러나 그가 자신의 의지로 하나님의 능력을 힘입어 그들을 대적하기로 선택하면, 악령들은 거의 틀림없이 달아날 것이다. 이 모든 것은 인간의 자유로운 의지와 관련이 있다. 처음에 신자들이 악령들이 들어오는 것을 허용한 것처럼, 이제는 그와 반대로 원수의 모든 발판을 제거하기로 선택한다.

이와 같은 싸움이 전개되는 동안 신자의 의지는 어느 때보다 활발하게 움직여야 한다. 결심하고 선택하는 것 외에도, 의지는 또한 **대항해야** 한다. 다시 말해서 악령들과 싸우기 위해서 의지의 힘을 발휘해야 한다는 것이다. 그는 또한 **거절해야** 한다. 즉 원수가 들어오는 것을 거절하고 문을 닫아야 한다. 그는 대항함으로써 악령들이 더 이상 일하지 못하도록 막고, 거절함으로써 예전에 악령들에게 허락했던 것을 취소해야 한다. 대항하고 거절함으로써 사실상 마귀의 모든 활동은 중단된다.

대항한다는 것은 우리 앞에 놓여 있는 것에 대한 우리의 태도를 가리키며, 거절한다는 것은 뒤에 놓여있는 것에 대한 우리의 자세를 가리킨다. 예를 들면, "나는 나의 자유를 가지겠다"고 선언함으로써 우리는 악령들을 거절한다. 그러나 우리는 또한 대항해야 한다. 즉 거절을 통해서 얻은 자유를 유지하기 위해 적과 싸울 때 힘을 발휘해야 한다. 거절과 대항은 완전한 자유가 획득될 때까지 계속되어야 한다.

대항한다는 것은 참된 의미의 싸움이다. 이 싸움은 영과 혼과 몸의 힘을 모두 필요로 한다. 그러나 제일 중요한 것은 의지이다. 결심하고 선택하고 거절하는 것은 주로 태도의 문제다. 그러나 대항하는 것은 공공연한 행동의 문제이다. 대항은 태도를 겉으로 나타내는 행동이다. 그것은 영적인 싸움이다. 다시 말해서, 의지가 영의 힘을 통하여 악령들을 몰아내고, 그들이 점령하고 있는 영토를 탈환하는 것이다. 이것은 적의 전선에 대한 돌격이다. 대항할 때 사람은 자신의 의지의 힘을 총동원하여 적을 공격하고 몰아내고 쫓아낸다.

악령들은 신자의 적대적인 태도를 보고서도 그들이 점령하고 있는 기지에서 한 치도 물러나지 않으려고 한다. 따라서 악령들은 강제로 힘을 가해서 쫓아내야 한다. 하나님의 자녀는 원수를 물리치기 위해서 영적 힘을 총동원해야 한다. 그는 악령들을 내쫓기 위해 자신의 의지를 **행사해야** 한다. 단순한 의지의 선언만으로는 불충분하다. 실제적인 조치가 취해져야 한다. 거절하지 않고 대항만 하는 것도 마찬가지로 비효과적이다. 왜냐하면 일단 마귀에게 양도된 땅을 되찾아야 하기 때문이다.

잃어버린 땅을 탈환하기 위해, 신자는 자신의 의지를 사용하여 한편으로는 결심하고 선택하고 거절해야 하며, 다른 한편으로는 대항해야 한다. 즉 그는 싸우기로 결심하고, 자유를 선택하고, 기지를 거절하고, 원수를 대항해야 한다. 그는 자신의 주권을 위해 싸워야 한다. 이러한 자유의지는 결코 상실해서는 안 된다. 하나님께서는 우리에게 방해받지 않는 의지를 주셔서, 우리가 우리 자신의 주인이 되도록 하셨다. 그러나 오늘날에는 악령들이 우리의 각종 기능과 재능을 빼앗았다. 악령들은 사람의 주인이 되어버렸다. 즉 사람은 자신의 주권을 상실한 것이다. 이 주권을 회복하기 위해서 사람은 싸움을 시작한다.

그는 계속해서 다음과 같이 선언한다. "나는 악령들이 나의 주권을 유린하지 못하게 하겠다. 악령들이 나의 인격을 침해하도록 허용하지 않겠다. 악령들이 나를 장악하지 못하도록 하겠다. 나는 악령들을 맹목적으로 따르지 않겠다. 나는 그들이 나를 마음대로 조작하지 못하게 하겠다. 내가 진실로 원하지 않는 일은 하지 않겠다. 나는 나의 주인이 되기를 원한다. 나는 내가 하는 일이 무엇인지 알고 있다. 나는 나 자신을 통제하기로 결심한다. 나는 나의 모든 지체가 나 자신의 지배를 받기를 원한다. 나는 악령들이 나를 자극하는 것은 물론 그들의 모든 역사에 대항한다." 우리의 의지로 결심하고, 선택하고, 거절함으로써 원수가 더 이상 일하지 못하도록 막는 것이다. 그 후에 우리는 또한 우리의 강한 의지로 대항해야 한다.

그리스도인은 잃어버린 땅을 회복함과 동시에 새로운 삶을 살아가기 시작한다. 과거는 지나갔고, 이제부터 새로운 시작이다. 악령에게 양보했던 영토는 모두 되찾았다. 신자의 영과 혼과 육이 모두 사탄의 손아귀에서 벗어나, 하나님께 다시 드려졌다. 무지로 인해 사탄에게 넘어갔던 영토들이 하나씩 하나씩 탈환되어 마침내는 모두 회복되었다. 사람의 주권적인 힘이 다시 그에게 돌아왔다.

이와 같은 승리는 어떤 과정을 거쳐 이루어지는가? 예전에는 받아들였던 것을 거절함으로, 예전에 믿었던 것을 믿지 않음으로, 예전에 가까이하던 것을 멀리함으로, 예전에 세웠던 것을 파괴함으로, 예전에 계약했던 것을 파기함으로, 예전에 주기로 했던 것을 되찾음으로, 예전에 합했던 것을 해체시킴으로, 예전에 순종하던 것을 대항함으로, 예전에 언급하지 않던 것을 언급함으로, 예전에 협력하던 것을 반대함으로, 예전에 받은 것을 거절함으로써 이루어진다. 모든 과거의 생각이나 계획이나 허락을 폐지해야 하며, 심지어 과거의 기도와 응답들도 부인해야 한다.

여기 열거한 것들은 모두 의심할 여지없이 악령들과 역행하는 것들이다. 예전에는 악령들을 성령으로 착각함으로써 악령들과 긴밀한 관계를 맺고 지냈다. 그러나 이제는 새로운 지식을 가지고, 무지로 인해 그들에게 내어주었던 것들을 모두 되찾아야 한다. 영토를 내어줄 때 **하나씩** 양도했던 것처럼, 되찾을 때도 하나씩 **구체적으로** 회복해야 한다. 완전한 자유를 회복하는 데 가장 큰 방해가 되는 것은, 그리스도인이 주의 깊게 하나하나 차례대로 모든 영토를 되찾으려 하지 않는 것이다. 그는 자신의 의지를 발휘하여 일반적이고 모호하고 포괄적인 방법으로 모든 기지를 되찾으려 한다. 그러한 일반적인 대항은 단순히 신자의 태도가 올바르다는 것을

자유로 가는 길

나타내 줄 뿐이다.

자유를 얻기 위해서는 모든 것을 구체적으로 회복해야 한다. 이것은 매우 힘든 일처럼 보일 것이다. 그러나 순전한 마음으로 해방되기를 원하고 하나님의 빛을 간구한다면, 성령께서 점차 그의 과거를 보여 주실 것이다. 이 과거의 일들을 하나씩 하나씩 대항해 나가면 결국은 모든 문제가 해결된다. 참을성 있게 전진해 나가면, 한 분야씩 차례대로 해방을 경험하게 될 것이다. 이러한 단계에 있는 신자는 자유로 가는 여정에 있다. 일반적인 방법으로 대항하는 것은 우리가 실제로 악령들을 반대한다는 것을 보여준다. 그러나 구체적인 방식으로 대항하는 것만이 악령들로 하여금 그들이 차지한 땅을 포기하도록 할 수 있다.

그리스도인의 의지는 한걸음씩 밑으로 내려와, 결국 완전히 수동적인 상태가 되었다. 이제 그는 반대로 한걸음씩 자유를 향해 올라가야 한다. 그는 자기가 내려온 길을 그대로 거슬러 올려가야 한다. 이전에 그는 점차적으로 기만을 당하여 수동적인 상태가 되었다. 이제 그는 동일한 방식으로 그의 의지를 재가동시켜야 한다. 과거에 수동적인 상태에 빠졌던 모든 것들은 하나씩 회복되어야 한다. 위를 향해 올라가는 각 걸음은 기지의 회복을 나타낸다. 가장 최근에 악령에게 빼앗긴 땅이 일반적으로 맨처음 탈환하게 되는 기지이다. 그것은 마치 계단을 올라갈 때 맨처음 디디는 계단이 내려올 때 마지막 밟은 계단인 것과 같다.

하나님의 자녀는 마귀에게 땅을 빼앗기기 전에 누렸던 자유를 다시 누릴 수 있을 때까지 모든 기지를 탈환해야 한다. 그리스도인은 자기가 **어디서부터** 하락하기 시작했는지를 알아야 한다. 그곳이 바로 그가 회복되어야 하는 지점이기 때문이다. 그는 자신의 현재 상태뿐 아니라 침범당하기 전의 정상적인 상태－처음에 그의 의지가 얼마나 활발했으며 그의 마음이 얼마나 명료했는지－를 알아야 한다. 이 두 상태를 비교해 보면, 자기가 어느 정도 수동적인 상태로 하락했는지를 확인할 수 있을 것이다. 그의 정상적인 상태－이전의 상태－가 무엇이든 간에, 그것이 지금의 그에게 최소한의 상승 목표 또는 기준이 되어야 한다. 그의 의지가 원래 상태로 환원되기 전에는, 다시 말해서 의지가 그의 모든 지체를 능동적으로 지배할 수 있을 때까지는 결코 만족해서는 안 된다. 그는 자신의 정상적인 상태를 회복하기 전에, 자신이 자유를 얻었다고 생각해서는 안 된다.

따라서 하나님의 자녀는 정상적인 상태에서 수동적인 상태에 빠진 자신의 모든 기능을 완전히 회복해야 한다. 그러한 기능은 이를테면, 생각하거나, 회고하거나, 상상하거나, 선악을 판별하거나, 결정하거나, 선택하거나, 거절하거나, 대항하거나, 사랑하는 등의 기능이다. 신자는 자기가 통제하기를 포기한 모든 것을 다시 지배할 수 있도록 해야 한다. 그는 인간의 모든 기능을 사용할 뿐만 아니라, 자신의 의지를 발휘하여 무기력 상태에 저항해야 한다. 그가 수동적인 상태에 빠졌을 때, 악령들은 그의 수동적인 기관을 장악하고 그 사람 대신 그 기관들을 사용했다.

잃어버린 영토를 회복하고 자신의 기관들을 다시 사용하려고 시도하는 것은 신자에게 지극히 힘든 일일 것이다. 그 이유는 다음과 같다. (1) 그의 의지는 아직 연약하므로 자신의 모든 부분을 지배할 힘이 없다. (2) 악령들은 전력을 다하여 그와 싸운다. 예를 들어, 신자가 결심의 면에서 수동적이 되었다면, 그는 이제 양보했던 땅을 되찾고 악령들이 더 이상 일하지 못하도록 막을 것이다. 그는

자유로 가는 길

악령들의 간섭 없이 스스로 굳게 결심한다. 그러나 그는 (1) 결정을 내릴 수 없고 (2) 그가 스스로 결정하고 행동하도록 악령들이 내버려 두지 않는 것을 발견한다. 신자가 악령들에게 지배권을 허용하지 않는다 해도, 악령들은 자기들의 포로가 자기들의 허락 없이 임의로 행동하도록 방치해 두지 않을 것이다.

바로 여기서 신자는 선택해야 한다. 즉 앞으로도 계속 수동적인 상태로 남아 있을 것인가? 악령들이 계속해서 자기 대신 행동하도록 방치해 둘 것인가? 물론 신자는 더 이상 악령들이 자기를 주장하지 못하게 하기를 원한다. 신자는 얼마 동안은 자기 의지로 어떤 것을 결정할 수 없을지라도, 이제부터는 악령들이 자기의 결정권을 좌우하도록 **허용하지 않을** 것이다. 이제 자유를 위한 싸움이 이제 시작되었다. 이 싸움은 **의지**의 대결이다. 왜냐하면 의지의 수동성을 통해서 사람의 모든 부분이 악령의 손에 넘어갔기 때문이다. 앞으로 의지는 (1) 악령들의 지배에 항거하고 (2) 잃어버린 땅을 회복하며 (3) 사람의 각 기능을 사용하기 위해 하나님과 함께 능동적으로 일해야 한다. 모든 것은 의지에 달려 있다. 신자의 의지가 강경하게 저항하여 악령들이 신자의 기관들을 더 이상 장악하지 못하도록 막으면, 악령들은 물러서기 마련이다.

상실했던 영토는 한치도 빠짐없이 탈환되어야 하며, 사탄의 모든 기만은 샅샅이 드러나야 한다. 신자는 모든 문제 하나 하나에 대해서 원수와 끈기있게 싸워야 한다. 그는 "끝까지 싸워야" 한다. 거절하는 순간에 반드시 모든 기지가 탈환되는 것은 아니다. 악령들은 최후의 일각까지 발버둥이친다. 따라서 하나님의 자녀는 많은 싸움을 통해 강건해져야 한다.

"거절하는 작업은 반복되어야 한다. 신자는 모든 기지가 발견되고 거부될 때까지 계속해서 거절해야 한다. 그러면 그의 기능들은 점차로 해방되어, 결국은 의지의 통제하에 자유로이 움직일 수 있게 된다. 수동적인 상태에 빠진 기능들은 정상적인 활동 상태를 회복하여야 한다. 예를 들면, 마음의 기능은 본래의 참되고 순수한 사고능력을 발휘하는 상태로 환원되어야 한다. 그래서 그는 무엇을 생각하든 간에, 그 생각의 대상을 완전히 통제할 수 있어야 하며, 그것이 지성을 지배하지 않도록 해야 한다. 그밖에 기억이나, 의지, 상상, 노래하고 기도하고 말하고 독서하는 것과 같은 육체의 활동에 있어서도 마찬가지다"(Penn-Lewis, *WOTS*, 193).

의지는 사람 전체를 다스리는 주인 역할을 해야 한다. 모든 재능은 정상적인 상태하에서 적절하게 기능을 발휘할 수 있어야 한다.

어둠의 세력들에게 어떤 기지도 내어주기를 거절하는 것 외에도, 하나님의 자녀는 악령들의 모든 활동을 거절해야 한다. 신자의 의지가 적대시하는 태도를 계속 유지하면, 악령들의 수고는 수포로 돌아갈 것이다. 그는 악령들의 활동을 탐지하여 그것들 하나하나를 거절할 수 있도록 하나님께 도움을 청해야 한다. 악령이 신자 안에서 행하는 일은, (1) 신자 대신 행동하고 (2) 신자로 하여금 악령의 뜻을 따라 행하도록 자극하는 것이다. 따라서 신자는 (1) 악령들이 자기 대신 행동하지 못하도록 거절해야 하며 (2) 그들의 자극에 대항해야 한다.

신자는 악령들이 활동할 수 있는 근거지를 거절할 뿐만 아니라, 악령들이 자기 안에 들어오지 못하도록 거절할 필요가 있다. 그가 거절하면, 원수는 갖가지 방법으로 싸우려 들 것이다. 그러므로 그리스도인은 자신의 정상적인 상태와 완전한 자유를 되찾을 때까지 **전력을 다해서** 싸워야 한다. 처음 싸움에 임할 때 그는 당분간 힘

자유로 가는 길

이 부족한 것을 의식할 것이다. 그러나 온 힘을 다하여 계속 싸워 나가면, 그의 의지는 수동적인 상태에서 능동적인 상태로 변할 것이며, 그의 전인격을 통제할 수 있을 것이다. 따라서 수동성과 적의 침입은 싸움을 통해서 제거할 수 있는 것이다.

"끝까지 싸우는 기간은 매우 고통스러운 시간이다. 신자가 되찾고자 하는 것을 위해 싸울 때, 흑암의 권세들이 대항해 오는 것을 의식함으로써 신랄한 고통과 치열한 투쟁을 경험하는 힘든 순간들이 있다"(Penn-Lewis, *WOTS*, 194). 그리스도인이 의지를 행사하여 (1) 악령들의 지배를 거절하고 (2) 자기의 주권을 되찾으려 할 때, 그는 원수로부터의 강경한 반대를 접하게 된다.

처음에 그는 자기의 타락한 깊이를 인식하지 못한다. 그러나 일단 싸움을 시작하여 한 단계씩 정상적인 상태로 되돌아가다 보면, 자기가 얼마나 멀리 갔었는지를 알게 된다. 원수의 강한 저항 때문에 처음에는 자기의 상태가 이전보다 더욱 **악화되는** 것을 발견할 것이다. 그는 싸울수록 그의 의지가 힘이 없는 것을 느끼고, 그가 탈환하고자 하는 작전 지역이 더욱 혼란스러워지는 것을 느낀다. 그렇지만 이러한 현상은 **승리**의 표시이다! 신자는 자신의 상태가 더 **나빠졌다고** 느낄지 모르지만, 실제로는 호전되어 가고 있는 것이다. 왜냐하면 이러한 징후는 그의 저항이 효력을 발생했음을 나타내기 때문이다. 즉 원수가 압박감을 느끼고 마지막 발악을 하고 있다는 증거인 것이다. 그가 압력을 계속 가하면, 악령은 끝내 떠나고 말 것이다.

마귀와 싸울 때 신자는 반드시 로마서 6:11을 근거로 자신이 주님과 하나된 사실을 인정하고, 주님의 죽으심이 곧 자기의 죽음이라는 것을 명심해야 한다. 악령들은 죄에 대하여 죽은 자들에게는 힘을 행사할 수 없으므로 이와 같은 믿음을 가지는 것은 악령의 속박에서 성도를 해방시켜 준다. 성도는 이러한 입장을 확고하게 견지해야 한다. 또 그러한 기초와 더불어 원수의 모든 거짓말에 하나님의 말씀으로 대항해야 한다. 왜냐하면 이러한 중요한 시기에 원수는 성도에게 거짓말을 하여, 그가 회복의 희망이 전혀 없을 정도로 타락한 것처럼 말하기 때문이다. 이러한 마귀의 거짓말에 속으면, 그는 틀림없이 가장 위험한 상태에 빠지고 만다.

이 때에 성도가 기억할 것은, 십자가의 승리가 사탄과 그의 악한 무리를 이미 완전히 멸하였다는 사실이다(히 2:14, 골 2:14, 15). 하나님의 구원 사업은 이미 이루어졌고, 따라서 모든 사람들은 흑암의 권세에서 벗어나 하나님의 사랑의 아들의 나라로 들어가는 것을 체험할 수 있다(골 1:13). 우리는 잃어버린 영토를 회복하기 위한 고난을 통해, 마귀가 무엇을 두려워하는지 알게 되며, 그 기지를 회복하는 것이 얼마나 급박한 일인지를 깨닫게 된다. 따라서 악한 세력들이 성도에게 새롭고 더 큰 환난을 가져다 줄 때, 그는 이 고난이 마귀로부터 비롯한 것임을 알고 이를 거절하고 무시해 버리며, 그것에 대해 고민하거나 이야기하지 않도록 해야 한다.

그리스도인이 당분간 불편한 점을 참고 견디면서, 잃어버린 영토를 되찾기 위해 담대하게 의지를 행사할 때, 그는 자신이 점차로 해방되는 것을 발견하게 될 것이다. 점점 원수가 영토를 장악하는 것이 거절되고 신자가 그 땅을 회복해 감에 따라 마귀의 침투는 그에 상응하여 감소하게 된다. 마귀에게 더 이상 **새로운** 영토를 허용하지 않으면, 마귀가 차지한 영토가 감소됨에 따라 성도를 괴롭히는 힘도 점차 줄어들 것이다.

그가 완전히 자유로워지는 데는 상당한 시간이 걸리겠지만, 여

자유로 가는 길

하간 그는 지금 자유를 향해 가는 길목에 있다. 그는 자기 자신을 의식하기 시작하고, 양식의 필요성이나, 자기의 겉모습이나, 기타 마귀의 침입으로 잃어버린 요소들을 재인식하기 시작한다. 이와 같은 상태는 그의 영적 생활에 있어서 후퇴를 나타내는 것이 아니다. 오히려 의식을 회복한다는 것은 이전의 침입자가 그의 감각세계에서 떠났다는 증거이다. 이 단계에서 그는 완전한 자유를 되찾을 때까지 충실하게 전진해 나가야 한다. 조그만한 승리로 너무 만족해서는 안 된다. 그의 정상적인 상태가 완전히 회복되기 전까지는 절대 멈추지 말아야 한다.

참된 하나님의 인도

여기서 우리는 하나님의 참된 인도 방법과 사람의 의지와 하나님의 의지의 관계를 이해할 필요가 있다.

그리스도인이 하나님께 순종하는 것은 무조건적이어야 한다. 그의 영적 생활이 절정에 이르면, 그의 의지는 하나님의 의지와 완전히 하나가 된다. 이것은 신자가 자신의 의지를 가지지 않는 것을 의미하지 않는다. 의지는 예전이나 다름없이 존재한다. 다만 그에 대한 육신의 지배가 없어지는 것이다. 하나님께서는 항상 하나님의 뜻을 성취하는 일에 사람의 의지가 하나님과 협력해 주기를 원하신다. 예수 그리스도께서 보여 주신 실례를 통해서 할 수 있듯이, 하나님과 완전히 연합된 신자의 의지는 여전히 존재한다.

"나는 **나의** 원대로 하려하지 않고 나를 보내신 이의 원대로 하려는 고로"(요 5:30). "내 뜻을 행하려 함이 아니요 나를 보내신 이의 뜻을 행하려 함이니라"(요 6:38, 39). "내 원대로 마옵시고 아버지의 원대로 되기를 원하나이다"(눅 22:42). 이 구절들을 통해서 우리는 예수님이 하나님 아버지와 하나이면서 동시에 하나님의 의지와 별개인 **자신의 개인적인** 의지를 가지고 있는 것을 알 수 있다. 예수님은 자신의 의지를 가지고 있으면서도, 자기 의지를 좇아 행하지 않으셨다. 이 구절들이 암시하는 것은, 하나님과 참으로 연합한 성도라면 자신의 의지를 하나님의 의지 곁에 두어야 한다는 것이다. 성도 자신의 의지를 없애버리는 것은 결코 아니다.

참된 하나님의 인도를 받는 성도는 기계적으로 하나님께 순종해서는 안 된다. 대신 성도는 하나님의 뜻을 **능동적으로** 실천해야 한다. 하나님께서는 성도들이 맹목적으로 따르는 것을 원하지 않으신다. 하나님께서는 성도들이 의식적으로 자신의 모든 부분을 다 동원해서 하나님의 뜻을 행하기를 원하신다. 게으른 사람은 하나님이 자기 대신 행하시고 자기는 단순히 수동적으로 따르기만을 원한다. 그러나 하나님은 자기 백성이 나태해지는 것을 원하지 않으신다. 하나님께서는 성도들이 하나님의 뜻을 분별하는 시간을 가진 후에, 자신의 모든 지체를 능동적으로 준비시켜 그 뜻에 능동적으로 순종하기를 원하신다.

따라서 순종을 실천함에 있어서 신자는 다음과 같은 절차를 밟아야 한다. (1) 하나님의 뜻을 **행하고자 하는 마음**이 있어야 한다(요 7:17). (2) 그의 직관에 하나님의 뜻에 대한 성령의 **계시**를 받아야 한다(엡 5:17). (3) 하나님의 뜻을 **소원하는** 마음이 생기도록 하나님의 도움을 받아야 한다(빌 2:13). (4) 하나님의 뜻을 **행할** 수 있도록 하나님의 도움을 받아야 한다(빌 2:13). 하나님께서는 결코 신자를 대신하여 그의 뜻을 행하지 않으신다. 따라서 하나님의 뜻을 발견하는 즉시 신자는 그 뜻을 행하기를 원해야 하며, 그 뜻을

자유로 가는 길

이룰 수 있도록 성령의 능력을 의지해야 한다.

그리스도인이 성령의 능력을 의지해야 하는 이유는 무엇인가? 혼자만으로는 그의 의지가 연약하기 때문이다. 바울 사도의 고백은 그런 의미에서 참으로 옳은 고백이다. "원함은 내게 있으나 선을 행하는 것은 없노라"(롬 7:18). 성도가 참으로 하나님께 순종하려면 그 속사람이 성령의 능력을 힘입어 강건해져야 한다. 그러므로 하나님께서 먼저 우리 안에 역사하셔서, 자기의 기쁘신 뜻을 위하여 우리로 소원을 두고 행하게 하신다(빌 2:13).

우리의 의지가 하나님과 연합될 때, 하나님께서는 우리 영의 직관에 하나님의 뜻을 나타내시고, 우리가 하나님의 뜻을 소원하고 행할 수 있도록 힘을 주신다. 하나님께서는 우리가 하나님과 하나가 될 것을 요구하신다. 그러나 하나님은 결코 우리 대신 우리의 의지를 사용하시는 않으신다. 하나님께서 사람을 창조하시고 구속하신 목적은 사람에게 완전한 자유 의지를 주기 위한 것이다. 예수 그리스도께서 십자가 위에서 성취하신 구원을 힘입어 그리스도인들은 이제 자유롭게 하나님의 뜻을 행하기로 선택할 수 있다. 신약성서에 나타난 모든 종류의 생명과 경건에 관한 훈계는 우리의 선택 의지에 따라 따를 수도 있고 배격할 수도 있는 것들이다. 하나님께서 우리 의지의 작용을 멸하신다면 이러한 권고의 말씀들은 아무 의미가 없을 것이다.

신령한 그리스도인이란 자신의 의지를 자유로이 행사할 수 있는 사람이다. 그는 항상 사탄의 뜻을 배척하고, 하나님의 뜻을 선택해야 한다. 때때로 그는 어떤 것이 하나님으로부터 비롯한 것인지 사탄으로부터 비롯한 것인지 확실히 분간할 수 없을 때도 있지만, 그래도 그는 선택하거나 거부할 수 있다. 그는 이렇게 선언할 수 있다. "나는 이것이 하나님께 속한 것인지 사탄에게 속한 것인지는 잘 모르지만, 하나님의 것을 택하고 사탄의 것은 배척한다." 그는 그것을 알지 못하더라도, 하나님의 것을 바라고 사탄의 것을 배척하는 태도만은 계속 유지할 수 있다. 하나님의 자녀는 모든 면에서 이와 같은 선택과 배척의 권리를 행사할 수 있어야 한다. 그가 하나님의 뜻을 선택하기로 결심했다면, 하나님의 뜻을 아직 알지 못하는 것은 그리 심각한 문제가 아니다. 그는 "나는 하나님의 뜻을 알게 되는 즉시 그것을 행하겠다. 나는 항상 하나님의 뜻을 선택하고 사탄의 뜻은 배척한다"고 말할 것이다.

이와 같은 태도는 그 안에서 성령이 일하실 수 있는 기회를 주는 것으로, 이 태도를 계속 유지하면 사탄에 대항하는 그의 의지는 점점 강해지고 상대적으로 사탄은 매일 영향력을 상실한다. 이러한 방법으로 하나님께서는 패역한 세상에서 성실한 성도를 보호하신다. 계속해서 마귀의 뜻을 배척하는 태도를 유지하면서, 하나님께 그의 뜻을 입증해 달라고 간구하면, 그 성도는 머지 않아 이러한 의지의 태도가 영적인 생활에서 큰 효력을 발휘한다는 것을 알게 될 것이다.

자기 통제

그리스도인의 영적인 생활의 절정은 스스로 졸제하는 것이다. 일반적으로 성령께서 우리를 지배하신다고 말할 때, 그 의미는 성령께서 사람의 어떤 부분을 직접적으로 통제한다는 것이 아니다. 이 진리를 잘못 이해할 때, 속임을 당하거나 절망에 빠질 수 있다. 성령의 궁극적인 목표는 사람이 자제할 수 있도록 인도하는 것임을 알고 있을 때, 우리는 수동적인 상태에 빠지지 않고 영적 생활에서 전진만을 계속할 것이다.

"성령의 열매는……절제니"(갈 5:22, 23). 성령이 하는 일은 신자의 겉사람이 완전히 자기 통제하에 들어가도록 인도하는 것이다. 성령은 신자의 새로워진 의지를 통해 그를 지배한다. 하나님의 자녀가 육신을 좇아 행하면 그의 겉사람은 영에 반항하며, 그는 육적인 그리스도인이 된다. 그러나 그가 영을 좇아 행하며 영적인 열매를 맺으면, 사랑과 희락과 화평뿐만 아니라 절제의 능력을 나타내게 된다. 그의 겉사람은 일단 붕괴하여 힘을 잃은 후, 이제 성령의 뜻을 따라 사람의 자기 통제에 온전히 복종한다. 따라서 그리스도인이 자기 의지로 통제해야 할 것은 다음과 같다.

(1) 자신의 영. 그는 자신의 영을 너무 차거나 너무 뜨겁지 않은 적절한 상태로 유지해야 한다. 영은 사람의 다른 부분과 마찬가지로 의지의 통제를 받을 필요가 있다. 오직 사람의 의지가 새로워지고 성령으로 충만할 때에만 그는 자신의 영을 지배하고 그것을 적절한 상태로 유지할 수 있다. 신앙 경험이 풍부한 사람들이 공통적으로 동의하는 것은, 사람의 영이 지나치게 흥분해 있거나 침체되어 있을 때는 자신의 의지를 사용하여 적절히 조절해야 한다는 사실이다. 이것만이 신자가 매일 영을 좇아 살 수 있는 길이다.

이것은 앞에서 전인격을 다스리는 사람의 영에 대해 이야기한 것과 모순되는 것이 아니다. 왜냐하면 사람의 영이 그 사람을 지배한다고 말할 때는, 영이 직관적으로 하나님의 뜻을 알게 되어 하나님의 뜻에 따라 그 사람 전체(의지를 포함한)를 다스리는 것을 의미한다. 반면에 의지가 사람을 통제한다고 말할 때는, 의지가 하나님의 뜻을 따라 그 사람 전체(영을 포함한)를 **직접적으로 통제한다**는 의미이다. 경험상으로는 이 두 가지가 완전히 일치한다. "자기의 마음을 제어하지 아니하는 자는 성읍이 무너지고 성벽이 없는 것 같으니라"(잠 25:28).

(2) 자신의 마음과 그밖에 혼의 기능에 속한 모든 것. 모든 생각은 온전히 의지의 통제를 받아야 한다. 즉 방황하는 생각들을 하나씩 점검하여, "모든 생각을 사로잡아 그리스도에게 복종케" 해야 하고(고후 10:5), 또 "위엣 것을 생각해야" 한다(골 3:2).

(3) 자신의 육신. 사람의 몸은 그 사람의 도구로 사용되어야 한다. 결코 그것이 주인이 되어 무절제한 구습이나 정욕의 지배를 받아서는 안 된다. 그리스도인은 의지의 힘을 빌어 자기 육신을 통제하고 억제하고 다스려야 하며, 그로 인해 그의 육신이 하나님의 뜻을 행하는 데 방해가 되지 않고 온전히 순종하는 도구로 사용될 수 있도록 해야 한다. "내가 내 몸을 쳐 복종하게 함은"(고전 9:27). 신자의 의지가 일단 완전한 자기 통제의 상태에 이르게 되면, 그는 자신의 어느 부분에 의해서도 방해를 받지 않을 것이다. 왜냐하면 그는 하나님의 뜻을 알게 되는 순간 즉시 그 뜻을 수행하기 때문이다. 하나님의 계시를 실행하기 위해서 성령과 사람의 영은 둘 다 스스로 통제하는 의지를 필요로 한다. 따라서 우리는 한편으로는 하나님과 연합하고, 다른 한편으로는 우리의 전 존재가 우리에게 복종하도록 그것을 통제해야 한다. 이것은 영적 생활의 필수요건이다.

SPIRITUAL

제 **10** 부
육신

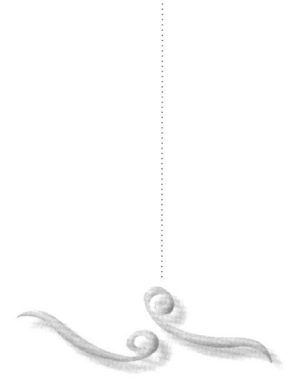

제 1 장
신자와 그의 육신

우리는 우리의 육신이 하나님의 계획과 목적 안에서 어떤 위치를 차지하고 있는지를 알아야 한다. 우리의 육신과 신령한 생활과는 아무런 관련이 없다고 말할 수 있을까? 영과 혼 외에도 사람은 또한 몸을 가지고 있다. 우리 영의 직관과 영교와 양심의 기능이 아무리 건전하다 하더라도, 또 혼에 속한 감정과 마음과 의지가 아무리 갱신되었다 할지라도, 우리의 육신이 영과 혼처럼 건전하고 갱신된 상태에 있지 못하다면, 우리는 영적인 사람으로 성장할 수 없다. 우리는 우리 내부의 구성 요소에 주의를 기울이는 동시에, 외적인 부분도 소홀히 해서는 안 된다. 우리가 이 점에서 실수를 하면 전반적인 생활에 고난이 따를 것이다.

육신은 필요하며 또한 중요하다. 그렇지 않다던 하나님께서 육신을 가진 인간을 창조하시지 않았을 것이다. 성경을 세밀히 검토해 보면, 우리는 하나님께서 사람의 육신에 얼마나 많은 중점을 두고 계시는가를 발견할 수 있다. 성경 여러 곳에서 육신에 관한 이야기를 하고 있기 때문이다. 무엇보다도 놀랍고 특이한 사실은, 말씀이 육신이 되었다는 것이다. 즉 하나님의 아들 자신이 육신을 입은 채로 나셨다는 것이다. 그리고 그는 죽었지만, 이 육신의 옷을 영원히 입고 계신다.

성령과 육신

로마서 8:10-13은 우리 육신의 상태가 어떠하며, 성령이 어떻게 육신을 돕는지, 그리고 우리가 육신에 대해 어떠한 태도를 가져야 하는지에 관하여 말해 주고 있다. 이 구절들을 정확히 이해하고 적용하면, 우리는 하나님의 구속 사업에 우리의 육신이 어떠한 위치를 차지하고 있는지를 이해할 수 있을 것이다.

"그리스도께서 너희 안에 계시면 몸은 죄로 인하여 죽은 것이나 영은 의를 인하여 산 것이니라"(10절). 원래는 우리의 육신과 영이 둘 다 죽은 상태에 있었다. 그러나 우리가 주 예수를 믿은 이후, 우리는 그분을 우리의 생명으로 받아들였다. 그리스도께서 성령을 통해서 신자 안에 거하신다는 사실은 복음의 필수적인 교리 중 하나이다. 모든 하나님의 자녀는 아무리 연약한 성도라 하더라도 자기 안에 거하시는 그리스도와 함께 사는 것이다. 이 내재하시는 그리스도가 우리의 생명이다. 그리고 그리스도께서 우리 안에 들어와 거하실 때 우리의 영은 살아나는 것이다. 예전에는 우리의 영과 육이 모두 죽은 상태에 있었으나, 이제 영은 살고 육은 죽은 상태 그대로 있다. **모든 그리스도인에게 공통적인 하나의 사실은**, 몸은 죽었으나 영은 살아 있다는 것이다.

이러한 경험으로 인해 그리스도인의 내적 상태와 외적 상태 간에는 큰 차이가 나게 된다. 우리의 내적 존재는 생명이 넘쳐 흐르지만 외적 존재는 여전히 사망으로 가득 차 있다. 우리는 생명의 성령이 충만한 상태에서 생생하게 살아 있지만, 사망의 껍데기를 쓰고 있는 것이다. 즉 우리의 영의 생명과 육신의 생명은 현저하게 다르다. 영의 생명은 참된 의미의 생명이고, 육의 생명은 곧 사망이다. 육신의 생명이 사망인 이유는, 우리의 육신이 "죄의 몸"이기 때문이다.

그리스도인의 신앙 생활이 아무리 신령한 경지에 이르렀다 하더라도, 그의 육신은 여전히 "죄의 몸"이다. 우리는 영광스럽고 신령한 부활의 몸을 가져야 한다. 우리는 장래에 있을 "우리 몸의 구속"을 기다린다(롬 8:23). 현재 우리의 몸은 다만 하나의 "질그릇"이요, "장막 집"이요, "낮은 몸"에 불과하다(고후 4:7, 5:1 ; 빌 3:21). 우리의 영과 의지에서는 죄가 축출되었으나, 육신으로부터는 축출되지 않았다. 죄가 육신에 남아 있는 이상, 그 육신은 죽은 것이다. "몸은 죄로 인하여 죽었다"(롬 8:10)는 것은 바로 이런 것을 의미한다.

그러나 동시에 우리의 영은 살아있다. 좀더 정확한 말로 표현한다면, 우리의 영은 그리스도 안에 있는 의로 말미암아 생명을 얻었다. 우리가 그리스도를 믿을 때, 우리는 그 분을 으리의 의로 받아들이고, 우리 또한 하나님에 의해 의롭다 함을 얻는다. 그리스도는 우리에게 자기 자신을 나누어주셨고(실제적인 처리), 하나님께서는 그리스도를 인하여 우리를 의롭다 하셨다(법적인 처리). 그리스도가 없이는 하나님으로부터 의롭다 하심을 받을 수 없는 것이다. 우리가 그리스도를 받아들이는 순간, 우리는 하나님 앞에서 의롭

신자와 그의 육신

다고 인정받는 법적인 지위를 획득하게 되며, 또한 그리스도가 우리에게 생명으로 주어지는 실제적인 체험을 하게 된다. 그리스도께서 우리 안에 생명으로 오시기 때문에 우리의 죽었던 영이 살아난다. 이것이 바로 "영은 의를 인하여 산 것이니라"(롬 8:10)는 말씀의 의미이다.

"예수를 죽은 자 가운데서 살리신 이의 영이 너희 안에 거하시면 그리스도 예수를 죽은 자 가운데서 살리신 이가 너희 안에 거하시는 그의 영으로 말미암아 너희 죽을 몸도 살리시리라"(롬 8:11). 10절에서는 어떻게 하나님이 우리의 영을 살리시는가를 설명하고 있다. 반면 11절에서는 하나님께서 어떻게 우리의 육신에 생명을 주시는가를 말하고 있다. 10절에서는 살아있는 영과 여전히 죽어있는 육신에 대해 말하고 있고, 11절에서는 조금 더 나아가 영이 살아난 후에 육신도 살게 될 것을 말하고 있다. 10절은 그리스도께서 우리 안에 내재하시기 때문에 우리의 영이 살게 되었음을 말하고 있고, 11절은 성령이 우리 안에 거하시기 때문에 우리의 육신도 살게 될 것을 선언하고 있다. 성령께서 우리의 육신에 생명을 주실 것이다.

우리의 몸이 죽었다는 것은 물리적으로 죽은 것을 의미하지 않는다. 그것은 우리의 육신이 무덤을 향해 가고 있다는 뜻이다. 즉 영적으로 말하면 우리의 몸은 죽은 것으로 간주된다. 사람의 생각으로는 육신이 생명을 가지고 있다. 그러나 하나님이 보시기에는 육신이 가진 생명은 죽은 것이다. 왜냐하면 그 생명은 죄가 가득하기 때문이다. "몸은 죄로 인하여 죽은 것이다." 육신에 힘이 있기는 하지만, 우리는 그 육신의 힘이 나타나지 않도록 해야 한다. 그것은 활동하지 않아야 한다. 왜냐하면 육신의 생명의 활동은 사망에 지나지 않기 때문이다. 죄는 육신의 생명이며, 또 죄는 영적 사망을 뜻한다. 따라서 육신은 영적 사망을 전제로 살아간다.

반면에 우리는 하나님을 위해 노력하고 봉사하고 증거해야 함을 알고 있다. 이러한 일을 하기 위해서는 육신의 힘이 필요하다. 지금 육신은 영적으로 죽어 있고 육신의 생명은 곧 사망인데, 어떻게 우리가 육신의 죽은 생명을 의지하지 않고 영적인 생명의 요구에 응하기 위해 육신을 사용할 수 있겠는가? 우리의 육신은 생명의 성령의 뜻을 행할 수도 없고 행하려 하지도 않을 것이 분명하다. 오히려 육신은 성령을 거스려 싸울 것이다. 그렇다면 성령께서 우리의 육신으로 하여금 그분의 요구에 응하도록 하기 위해서는 어떤 방법이 있겠는가? 그 방법은 성령께서 친히 우리의 죽은 육신에 생명을 주시는 것이다.

"예수를 죽은 자 가운데서 살리신 이"는 하나님이다. 이 구절에서 "하나님"이라고 쓰지 않고, 굳이 "예수를 죽은 자 가운데서 살리신 이"라고 풀어 쓴 이유는 무엇일까? 그것은 하나님께서 예수를 죽은 자 가운데서 살리심으로써 행하신 일을 강조하기 위해서이다. 이것은 하나님께서 예수님의 **죽은** 몸을 살리셨으므로 신자들의 **죽을** 몸도 살리실 수 있다는 가능성에 주의를 집중시키려는 것이다. 사도 바울은 이 하나님의 영이 성령이며, 그는 또한 부활의 영임을 간접적으로 말하고 있다.

그는 "거하시면"이라는 단어를 사용하여 조건을 제시하고 있다. "예수를 죽은 자 가운데서 살리신 이의 영이 너희 안에 거하시면……너희 죽을 몸도 살리시리라." 사도 바울은 그리스도인 안에 성령이 계시다는 사실을 의심치 않는다. 왜냐하면 9절에 보면 "누구든지 그리스도의 영이 없으면 그리스도의 사람이 아니라"고 말하고 있기 때문이다. 이 구절을 통해 사도 바울이 말하고자 하는 것은, 그리스도인들 안에는 성령이 계시므로 그들의 죽을 몸도 그의 생명을 경험해야 한다는 것이다. 이것은 내재하시는 성령을 소유한 모든 그리스도인이 누리는 특권이다. 하나님께서는 어떤 성도도 무지로 인하여 이 축복을 누리지 못하는 일이 없기를 원하신다.

실제로 이 구절이 가르쳐 주는 것은, 만일 하나님의 영이 우리 안에 거하시면 이 내재하시는 성령의 능력을 통해 우리의 죽을 몸도 생명을 얻게 된다는 것이다. 이것은 장차 성도가 맞이할 육신의 부활을 말하는 것이 아니다. 왜냐하면 이 구절의 주제는 장차 있을 부활이 아니기 때문이다. 다만 이 구절에서는 예수님의 부활과 비교해서 지금 우리의 육신이 생명을 얻는 것을 설명하고 있을 따름이다. 만약 이 구절이 부활을 주제로 다루고 있었다면, "죽을 몸"이란 말 대신 "죽은 몸"이란 단어를 썼을 것이다. 여기에서 "죽을 몸"이라는 것은, **아직 죽지는 않았지만** 장차 죽을 운명에 있는 몸을 말하는 것이다. 성도의 육신은 영적으로 죽었다. 왜냐하면 그 육신은 무덤을 향해 가고 있으며 결국은 죽어야 하기 때문이다. 이것은 문자 그대로 이미 죽은 것과는 다른 것이다. 우리 안에 성령께서 내재하시는 것이 항상 현재의 일이듯이, 성령께서 우리의 죽을 몸에 생명을 주시는 것도 현재의 경험이 되어야 한다. 우리는 또한 여기서 말하는 것이 우리의 중생을 의미하는 것이 아님을 알아야 한다. 성령이 생명을 주는 대상이 우리의 영이 아니라 "육신"이기 때문이다.

이 구절에서 하나님은 그의 자녀들에게 그들이 가진 육신적 특권을 가르쳐 주고 있다. 그것은 성도들 안에 내재하시는 성령으로 말미암아 그들의 죽을 몸이 생명을 받게 되는 것을 말한다. 이것은

영에 속한 사람

"죄의 몸"이 거룩한 몸이 되었다거나, 우리의 "낮은 몸"이 영광스러운 몸으로 변화했다거나, 이 "죽을 몸"이 영원히 죽지 않게 되었다고 주장하는 것이 아니다. 이러한 것들은 지상의 생활에서는 이루어질 수 없다. 우리의 "질그릇"의 구속은 주님이 오셔서 우리를 자기에게 영접하실 때 비로소 이루어진다. 이 세상에서 육신의 성품을 바꾼다는 것은 전혀 불가능한 일이다.

그러므로 성령이 우리 몸에 생명을 주신다는 말의 참뜻은 다음과 같다. (1) 우리 육신이 병들었을 때는 성령께서 회복시켜 주신다. (2) 우리가 병들지 않았다면 성령께서 우리를 건강한 상태로 지켜 주신다. 한마디로 말해서, 성령께서는 우리의 지상 "장막"을 강건하게 해주심으로, 우리가 하나님의 일에 필요한 조건들을 충족시키고, 육신의 허약함으로 인해 우리의 삶이나 하나님 나라에 해가 되지 않도록 하신다.

이것은 하나님께서 그의 자녀들을 위해 마련하신 것이다. 그러나 오늘날 과연 얼마나 많은 성도들이 날마다 그들의 죽을 몸에 성령께서 생명을 주시는 것을 참으로 경험하면서 살고 있는가? 육신의 상태 때문에 영적 생활이 위태롭게 되는 경우가 얼마나 많은가? 즉 얼마나 많은 사람들이 육신의 약함 때문에 도중 하차하고, 질병으로 인해 하나님의 일을 활발하게 하지 못하는가? 오늘날 그리스도인들의 경험은 하나님이 의도하셨던 것과 일치하지 않는다.

여기에는 여러 가지 원인이 있다. 어떤 사람들은 하나님께서 제공해 주시는 것이 자기와 아무런 상관이 없다고 생각하기 때문에 그것을 받아들이지 않는다. 또 어떤 사람은 이와 같은 하나님의 선물이 있다는 것을 알고 믿으며 원하지만, 자신의 몸을 산 제사로 드리지 않았기 때문에 그것을 누리지 못한다. 이런 사람들은 하나님께서 그들에게 힘을 주셔서 그들 스스로 살아갈 수 있다고 생각한다. 그러나 참으로 하나님을 위해 살기를 원하고 믿음으로 하나님의 약속과 공급을 구하는 성도는 성령께서 육신에 공급해 주시는 생명의 풍성함을 실제로 경험할 것이다.

"그러므로 형제들아 우리가 빚진 자로되 육신에게 져서 육신대로 살 것이 아니니라"(롬 8:12). 이 말씀은 그리스도인과 그의 육신의 올바른 관계를 잘 설명해 주고 있다. 헤아릴 수 없이 많은 성도들이 육신의 종이 되어 있다. 그들의 영적 생활은 그들의 육신 안에 완전히 감금되어 있다. 그들은 두 개의 다른 인격을 가지고 산다. 즉 속 사람을 바라볼 때는 신령하며 하나님께 가까이 있고 생명이 넘치는 것처럼 느낀다. 그러나 겉사람을 따라 살 때는 타락하고 육신적이며 하나님과 멀리 있는 것처럼 느껴진다. 이 때 그들은 자신의 몸에 순종하기 때문이다. 이들에게는 육신이 큰 짐이 된다. 육신이 조금만 불편해도 그들의 생활이 달라진다. 그들은 가벼운 질병이나 고통에도 동요되고 자기 사랑과 자기 연민에 빠진다. 이와 같은 상태로는 영적 행로를 따라가는 것이 불가능하다.

12절에서 바울 사도는 "그러므로"라는 말을 씀으로써 앞에서 설명한 것을 근거로 결론을 내리고 있다. 우리는 이 구절이 10절과 11절 말씀에 직접적으로 연결된다고 믿는다. 10절에서는 몸이 죽었다고 선언한다. 또 11절에서는 성령이 죽을 몸에 생명을 주신다고 말한다. 이 두 가지 육신의 상태를 근거로 하여, 바울은 이렇게 결론을 내린다. "그러므로 형제들아 우리가 빚진 자로되 육신에게 져서 육신대로 살 것이 아니니라."

첫째, 죄로 인하여 우리의 육신이 죽었으므로 우리는 육신을 따라 살 수 없다. 육신을 따라 사는 것은 곧 죄를 범하는 것이다. 둘째, 성령께서 우리의 죽을 몸에 생명을 주셨기 때문에 우리는 육신을 따라 살 필요가 없다. 육신은 이제는 더 이상 우리의 영적 생활을 속박할 권한이 없기 때문이다. 이와 같은 성령의 공급을 힘입어 우리 속사람은 아무런 장애를 받지 않고 직접 겉사람을 지배할 수 있다. 예전에는 우리가 다 육신에게 빚진 자들 같아서, 육신의 요구와 욕망과 정욕을 제어할 수 없었다. 그리고 육신을 따라 많은 죄를 범하며 살았다. 그러나 이제 우리는 성령의 공급을 받고 있다. 육신의 정욕이 더 이상 우리를 지배할 수 없을 뿐 아니라, 육신의 허약함이나 질병이나 고통도 우리를 좌우할 수 없게 되었다.

많은 사람들은 우리가 육신의 합당한 요구를 들어줘야 한다고 주장한다. 그러나 사도 바울은 우리가 육신에게 빚진 것이 없다고 분명하게 주장한다. 우리가 지상에 있는 동안 거할 "장막"을 적절한 상태로 유지하여 하나님의 도구로 사용하는 것 외에, 우리는 육신에게 아무런 빚도 지고 있지 않다. 물론 성경은 우리에게 신체를 보살피지 말라고 명령한 적이 없다. 그렇지 않으면 우리는 쓸데없는 질병 때문에 더 많은 시간과 관심을 들여야 할 것이다.

의, 식, 주는 반드시 필요한 것이다. 휴식도 필요하다. 그러나 우리가 명심해야 할 것은, 우리의 생활이 이와 같은 것들로만 가득 차서는 안 된다는 것이다. 우리는 배고프면 먹어야 하고, 목마르면 물을 마셔야 하고, 피곤하면 휴식을 취해야 하며, 추울 때는 옷을 입어야 한다. 그렇지만 이러한 것들이 우리의 마음속 깊이 침투하도록 허용하여, 부분적으로든 전적으로든 그것들을 우리 삶의 목적으로 삼아서는 안 된다. 우리는 이러한 필수 요소들을 사랑해서는 안 된다. 이런 것들은 **필요**에 따라 오고 가야 한다. 즉 그것들이 우리 마음속에 자리를 잡고 우리의 욕망이 되어서는 안 된다.

때때로 우리는 아무리 합당한 육신의 욕구가 있어도 하나님의 일을 위해서, 또는 다른 우선적인 필요를 위해서 우리 육신을 쳐 복종시킬 필요가 있다. 겟세마네 동산 위에서 제자들이 잠에 취한 사실과, 예수님께서 사마리아에 있는 수가의 우물가에서 갈증을 참으신 사실을 비교해 볼 때, 둘 다 육신의 합당한 요구였으나 하나는 패배였고, 또 하나는 승리였음을 볼 수 있다. 우리는 더 이상 육신에 빚진 자가 아니므로, 육신의 정욕을 따라 죄를 짓거나 육신의 허약함 때문에 영적인 생활을 게을리해서는 안 된다.

"너희가 육신대로 살면 반드시 죽을 것이로되 영으로써 몸의 행실을 죽이면 살리니"(13절). 그리스도인이 하나님께서 공급해 주시는 것을 거절하고 육신대로 살면 반드시 벌을 받게 된다.

"너희가 육신대로 살면 반드시 죽을 것이로되." 여기에서 "죽을 것이로되"라는 말과 다음에 나오는 "살리니"라는 말은 몇 가지 뜻을 가지고 있다. 여기서 그 중 한 가지만을 언급하자면, 그것은 육신의 죽음을 의미한다. 죄 때문에 우리의 몸은 "죽었다." 그 결과 우리의 몸은 "사망의 몸", 곧 죽을 운명을 가진 몸이 되었다. 우리가 육신대로 살면, 사망의 몸이 죽어가는 몸이 된다. 육신을 따라 살 때, 한편으로 우리는 성령께서 우리 몸에 주시는 생명을 받을 수 없으며, 다른 한편으로 모든 죄는 육신에 해로우므로 우리는 지상에서의 삶을 단축시키는 것이다. 모든 죄는 우리의 몸에 영향을 미치는데, 그 결과는 죽음이다. 그러므로 우리는 성령이 우리 몸에 주신 생명을 통하여 우리 육신 안에 있는 사망의 역사를 거부해야 한다. 그렇지 않으면 사망은 속히 그 일을 완성할 것이다.

"영으로써 몸의 행실을 죽이면 살리니." 우리가 받아들여야 하는 성령은, 우리의 육신에 생명을 주시는 분일 뿐만 아니라 몸의 행실을 처형하는 분이기도 하다. 우리가 몸의 행실을 죽이는 일을 소홀히 한다면 어떻게 성령께서 우리 몸에 생명을 주실 것을 기대할 수 있겠는가? 성령을 힘입어 육신의 행실을 죽임으로써 우리는 살 수 있는 것이다. 몸이 살기 위해서는 먼저 그 행실이 죽어야 한다. 그렇지 않으면, 그 즉각적인 결과는 사망이기 때문이다.

여기서 우리는 많은 성도들이 범하는 공통적인 오류를 발견한다. 많은 그리스도인들은 자신의 육신을 사용하여 자기가 하고 싶은 일을 하면서, 혼자 힘으로 살 수 있다고 생각한다. 그러나 동시에 그들은 성령께서 그들의 육신에 생명을 주셔서, 그들이 아프지 않고 건강하게 지낼 수 있게 해주시기를 바란다. 이러한 생각은 참으로 어리석은 생각이다. 성령께서 사람이 자기 힘으로 살아갈 수 있도록 생명과 힘을 주시겠는가? 그것은 있을 수 없는 일이다.

하나님께서 우리의 육신에 생명을 주시는 목적은 우리로 하여금 하나님을 위해서 살게 하려는 것이다. 자신을 진심으로 하나님께 드리지 않은 성도에게 성령께서 건강과 힘을 주신다면, 이것은 그 사람으로 하여금 더욱 자신을 위해 살도록 격려하시는 것이 아니겠는가? 수많은 그리스도인들이 자신의 죽을 몸에 생명을 주시는 성령을 구하는데도 이를 체험하지 못하는 이유는 이와 같은 근본 원리를 무시했기 때문이다.

우리는 우리의 육신을 스스로 통제할 수 없다. 그러나 성령을 통해서는 할 수 있다. 성령께서는 우리가 많은 육신의 행실들을 죽일 수 있도록 도와주신다. 모든 그리스도인들은 육신의 정욕을 처리하는 데 있어서 자신에게 힘이 부족한 것을 경험했을 것이다. 이 육신의 정욕은 몸의 지체를 자극하여 육신을 기쁘게 하는 일을 수행하도록 만든다. 그러나 그들은 성령을 힘입어 그 상황에 대처할

신자와 그의 육신

수 있다. 이것은 매우 중요한 것이다.

자아를 십자가에 못박아 없애 버리려고 노력하는 것은 헛된 일이다. 오늘날 많은 사람들이 예수와 함께 십자가에서 죽은 사실을 알고 있다. 그러나 생활 속에서 그 죽음을 나타내는 사람은 매우 드물다. 많은 성도들에게, 그리스도와 함께 십자가에 못박힌 진리는 단순한 지식에 그치는 것이다. 이것은 근본적으로 구원 계획 안에서의 성령의 위치를 분명히 알지 못하기 때문이다. 그들은 성령께서 십자가와 함께 움직이신다는 사실을 모른다. 우리는 성령이 없는 십자가는 아무런 효과가 없다는 것을 명심해야 한다. 성령만이 십자가상에서 이루어진 일을 신자의 체험으로 이끄실 수 있다. 우리가 십자가의 진리를 듣고도 성령을 통하여 이 진리를 우리의 생활에 적용하지 않으면, 우리가 아는 것은 하나의 이론과 이상에 그치고 마는 것이다.

"우리 옛 사람이 예수와 함께 십자가에 못박힌 것은 죄의 몸이 멸하기" 위함이라는 것을 아는 것만으로도 가치가 있다(롬 6:6). 그러나 우리가 "영으로(여기서 영은 성령을 가리킨다) 몸의 행실을 죽이지" 못하면, 우리는 계속 육신에 매여있게 된다. 우리는 많은 그리스도인들이 십자가의 진리를 분명하게 알고 있고 또 그 진리를 받아들였으면서도, 그것이 그들 안에서 조금도 효력을 발휘하지 못하는 것을 종종 본다. 그들은 과연 십자가의 **실제적인** 구원이 그들의 생활 속에서 경험될 수 있는지 의심하기 시작한다. 그러나 그것은 조금도 이상한 일이 아니다.

왜냐하면 그들은 성령만이 십자가를 체험으로 이끌 수 있다는 사실을 망각했기 때문이다. 성령만이 구원을 실체화하실 수 있음에도 불구하고, 그들은 성령을 잊었다.

신자가 자신을 버리고 전적으로 성령의 능력을 의지하여 몸의 행실을 죽이기 아니하면, 그들이 알고 있다고 말하는 진리는 어디까지나 하나의 이론에 지나지 않을 것이다. 성령의 능력으로 몸의 행실을 죽이는 것만이 오늘날 우리의 육신에 생명을 줄 수 있다.

하나님께 영광을 돌림

고린도전서 6:12-20까지의 말씀은 성도의 육신에 관한 부수적인 교훈을 준다. 이 말씀을 한 구절씩 생각해 보자.

"모든 것이 내게 가하나 다 유익한 것이 아니요 모든 것이 내게 가하나 내가 아무에게든지 제재를 받지 아니하리라"(12절). 다음 구절들을 보면 알 수 있듯이, 사도 바울은 여기서 육신에 관해 말하고 있다. 그는 모든 것이 가하다고 판단한다. 왜냐하면 본래 먹는 것이나 마시는 것 같은 모든 육신의 요구는 자연스럽고, 정당하며 합법적인 것이기 때문이다(13절). 그러나 그는 더 나아가, 이 모든 것이 가하다고 해서 반드시 사람에게 유익한 것은 아니며, 또 사람에게 제재를 가해야 하는 것도 아니라고 판단한다. 다시 말해서 자연적인 존재로서 그리스도인은 육신으로 많은 일들을 하는 것이 허용된다. 그러나 하나님께 속한 자로서 그는 하나님의 영광을 위해서 이런 일들을 하지 **않을** 수도 있다.

"식물은 배를 위하고 배는 식물을 위하나 하나님이 이것 저것 다 폐하시리라 몸은 음란을 위하지 않고 오직 주를 위하며 주는 몸을 위하시느니라"(13절). 이 구절의 초반부는 앞 구절의 초반부와 일치하는 면이 있다. 식물은 가하나, 식물과 배는 결국 다 폐할 것이므로 그 어느 것도 영원하지 못하다. 이 구절의 후반부 역시 앞 구절의 후반부와 상호 일치하는 면이 있다. 그리스도인은 성적 충동을 완전히 극복하여 자기 몸을 거룩하게 주님께 바칠 수 있다(고전 7:34).

"몸은 오직 주를 위하며." 이것은 굉장히 중요한 의미가 있는 말이다. 바울은 먼저 식물에 관하여 이야기한다. 먹고 마시는 일에 있어서 그리스도인은 "몸은 주를 위한다"는 것을 실제로 증명해 보일 수 있다. 첫사람 아담은 바로 이 점에서 실수를 범했다. 예수님도 광야에서 이와 똑같은 먹는 문제로 사탄에게 시험을 받으셨다. 수많은 그리스도인들이 아직도 먹고 마시는 일에서 주님께 영광을 돌리는 방법을 알지 못하고 있다. 그들은 자기 몸을 하나님이 쓰시기에 합당한 상태로 만들기 위해 금식을 하지만, 개인의 욕구를 만족시키기 위해 먹고 마신다.

우리의 몸은 주를 위한 것이지 우리 자신을 위한 것이 아님을 알아야 한다. 따라서 우리는 육신을 자신의 쾌락을 위해 사용하는 것을 삼가야 한다. 음식은 단지 우리의 신체를 건강하게 유지하는 역할을 하는 것으로, 하나님과의 교제를 방해하지 않아야 한다.

사도 바울은 또한 음란에 관해서 이야기하고 있다. 음란은 몸을 더럽히는 죄이다. 그것은 "몸은 주를 위한다"는 원리에 직접적으로 상반되는 행위이다. 여기에서 말하는 음란은 부부 관계 외의 방종만을 가리키는 것이 아니라, 부부 관계내에서의 병적인 탐닉도 포함한다. 몸은 주를 위한, 오로지 주님만을 위한 것이며, 나 자신을 위한 것이 아니다. 그러므로 부부간의 합법적인 성관계에서도 지나친 방종은 금해야 한다.

바울이 이 구절에서 우리에게 말하고자 하는 것은, 무엇이든지 과도한 육신의 일은 철저하게 배격해야 한다는 것이다. 몸은 주를 위한 것이다. 주님만이 그것을 주장할 수 있다. 신체의 어느 부분이든지 개인의 만족만을 위해 마음대로 사용하는 것은 하나님을 기쁘시게 하지 못한다. 몸은 의의 병기 외에 다른 용도로 사용되어서는 안 된다. 몸은 우리의 전존재가 그렇듯이 두 주인을 섬길 수 없다. 먹는 것이나 성관계와 같은 인간의 본능적인 면에 있어서도, 몸은 오로지 **필요**를 충족시키는 데만 사용되어야 한다. 필요는 마땅히 충족되어야 하지만, 그래도 몸은 주를 위한 것이지 음식이나 성관계를 위한 것이 아니다.

오늘날 자신의 영과 혼을 거룩하게 보전하기를 갈망하는 그리스도인들 중 많은 사람들이 영과 혼의 성화가 몸의 성화에 크게 좌우된다는 사실을 충분히 이해하지 못하고 있다. 그들은 육신에 속한 모든 신경 반응이나, 감각이나, 행위나, 동작이나, 일이나, 음식이나, 말이 완전히 주님을 위하지 않으면, 결코 완전한 거룩에 이를 수 없다는 것을 망각하고 있는 것이다.

"몸은 주를 위한다." 이 말은 우리의 육신이 주님께 속해 있는 것은 사실이지만, 그 육신을 주님을 위해서 사용할 책임은 그 사람 자신에게 있다는 것을 나타낸다. 이 사실을 깨닫고 실천에 옮기는 사람은 극히 드물다. 오늘날 많은 그리스도인들이 질병과 신체의 허약함과 고통에 시달리고 있다. 하나님께서는 그들이 자기 몸을 하나님께 산 제물로 바치도록 단련하고 계신 것이다. 그들이 완전히 하나님께 헌신하면 그러한 것들은 곧 치유될 것이다. 하나님께서는 이러한 징계를 통하여 그들의 육신이 자신을 위한 것이 아니라 주님을 위한 것임을 깨닫게 하기를 원하신다. 그들이 계속해서 육신의 소욕을 좇아 살아간다면, 하나님의 채찍이 계속 그들 위에 머물러 있을 것이다. 몸이 아픈 그리스도인들은 이 말씀을 진지하게 마음에 새겨야 한다.

"주는 몸을 위하신다." 이것은 정말 놀라운 말씀이다! 우리는 보통 주님을 우리의 영과 혼만을 구원하시는 분으로 생각하는데, 여기서는 "주는 **몸**을 위하신다"고 말하고 있다. 그리스도인들은 주 예수님이 그들의 영과 혼만을 구원하러 오셨다고 생각하고, 몸은 쓸모없으며 영적 생활에 아무런 가치가 없고 하나님의 구속 계획 안에 들어있지 않다고 생각한다. 그러나 여기에는 분명하게 "주님은 몸을 위하신다"고 기록되어 있다. 주님은 지금까지 우리가 쓸모없다고 경시해 오던 "몸"도 똑같이 위하신다.

왜 그리스도인들은 육신을 중요시하지 않는가? 이것은 예수님을 단지 사람을 죄에서 구원하시는 분으로만 여기고, 육신의 질병으로부터 구원해 주신다고는 생각하지 않기 때문이다. 따라서 그들은 인간적인 방법에 호소하여 육신의 연약함과 질병을 고칠 수밖에 없다. 복음서를 자세히 읽어보면, 예수님께서 영혼을 구원하신 예보다 육신의 질병을 고쳐 주신 예가 월등하게 많은 것을 발견할 수 있다. 그러나 그들은 이러한 질병들을 모두 영적인 병으로 이해하여, 그러한 일들을 모조리 영적으로만 해석해 버린다. 그들은 예수님께서 지상에 계실 때 분명히 육신의 질병을 고쳐 주셨다는 것을 인정하면서도, 오늘날에는 주님이 영적인 병만 고치신다고 믿는다. 그들은 영적인 병에 걸렸을 때는 치료를 받기 위해 기꺼이 주님께 나아오지만, 육신의 질병에 걸렸을 때는 당연히 다른 곳을 찾아가야 한다고 생각한다. 예수님은 육신의 질병과 아무런 관계도 없을 거라고 생각하기 때문이다. 그들은 "예수 그리스도는 어제나 오늘이나 영원토록 동일하시다"(히 13:8)는 것을 망각하고 있다.

오늘날 그리스도인들 사이에서 일반적으로 받아들여지고 있는 생각 중의 하나는, 하나님과 사람의 육신은 아무런 관계가 없다는 것이다. 그들은 그리스도의 구속을 영과 혼에만 국한시키고 육신은 완전히 배제해 버린다. 그들은 예수님 자신이 육신의 질병을 고치셨을 뿐만 아니라 사도들도 이러한 치유의 능력을 경험했던 사실을 무시해 버린다. 이들의 태도는 불신을 드러내는 것밖에 안 된다. 하나님의 말씀은 분명히 "주는 몸을 위하신다"고 선언하고 있다.

이 말은 그 앞의 말과 관련이 있다. 우리 몸은 주를 위하고, 동시에 주님은 우리 몸을 위하신다. 여기에서 하나님과 사람의 관계를 알 수 있다. 하나님께서는 자신을 완전히 우리에게 주시며, 우리가 자신을 온전히 하나님께 드리기를 원하신다. 우리 자신을 하나님께 드리면, 다시 하나님은 우리의 헌신의 정도에 따라 자신을 우리에게 주실 것이다. 주님께서는 자신이 우리를 위해서 그 몸을 주셨다는 사실을 우리가 알기 원하신다. 주님은 또한 우리의 몸이 진정으로 주님을 위할 때 주님이 우리 몸을 위하시는 것도 경험하게 된다는 것을 알기 원하신다. "몸은 주를 위한다"는 말은 우리가 우리의 몸을 온전히 주님께 드려 주님을 위해 산다는 뜻이다. 반면에 "주는 몸을 위하신다"는 말은, 주님께서 우리의 헌신을 받아들이시고 우리의 육신에 그의 생명과 능력을 부어 주신다는 뜻이다. 주님께서는 우리의 육신을 돌보시고 보호해 주신다.

육신의 연약함과 불결함과 사악함과 무력함을 생각할 때, 주님께서 그 몸을 위하신다는 것은 거의 상상할 수 없는 일처럼 느껴진다. 그러나 하나님의 구원 방법을 깊이 생각해 본다면 이것을 이해할 수 있을 것이다. 주님이 태어나실 때, 말씀이 육신이 되었다. 그분은 육신을 입고 오셨다. 그리고 십자가 위에서 "친히 나무에 달려 그 **몸으로** 우리 죄를 담당하셨다"(벧전 2:24). 믿음으로 하나님과 연합할 때 우리의 육신 또한 그리스도와 함께 십자가에서 못박혔다. 따라서 주님은 우리의 육신을 죄의 권능으로부터 해방시켜 주셨다. 그리스도 안에서 우리의 육신의 장막은 부활하여 승천했다. 지금 우리 안에는 성령이 내재하신다. 그러므로 우리는 주님이 우리의 영과 혼뿐만 아니라 우리의 몸도 위하신다고 말할 수 있다.

"주는 몸을 위하신다"는 말은 몇 가지 뜻을 지니고 있다.

(1) 주님께서 우리 몸을 죄에서 구원해 주신다는 뜻이다. 거의 모든 죄는 육신과 다소 관련이 있다. 많은 죄들이 특별한 생리적인 동기에서 발생한다. 예를 들어, 마음껏 먹고 즐기는 것은 육적인 입을 만족시키는 것이고, 마시는 것은 신체의 욕구를 충족시키는 것이다. 또 육신의 불편함 때문에 짜증이 나는 경우가 많이 있다. 신경이 지나치게 예민하면 성질이 사나워진다. 독특한 성격은 종종 독특한 생리적 구조에서 비롯된다. 하나의 실례로, 많은 악명 높은 죄인들은 신체적으로 보통 사람과 다른 구조를 가진 것을 발견할 수 있다. 이러한 육신의 결점에도 불구하고 주님은 우리의 육신을 위하신다.

우리가 자신을 주님께 바치고 모든 일에 주님을 주인으로 모실 때, 그리고 믿음으로 주의 약속을 구할 때, 우리는 주님께서 우리를 우리 자신으로부터 구원해내시는 것을 체험하게 될 것이다. 우리가 생리적으로 어떻게 만들어졌든 간에, 우리 몸이 특별히 연약하다 하더라도, 우리는 주님으로 말미암아 우리 죄를 극복할 수 있다.

(2) 주님께서 육신의 질병을 고쳐 주신다는 뜻이다. 주님께서는 죄를 멸하시는 것처럼 육신의 질병도 치유해 주실 것이다. 주님은 우리 몸에 관련된 모든 문제를 위하신다. 따라서 주님은 우리의 질병 또한 위하신다고 말할 수 있다. 질병이란 알고 보면 우리 육신 안에서 죄의 세력이 나타나는 것에 불과하다. 주님은 우리를 죄에서 구원하실 뿐 아니라 질병에서도 구원하신다.

(3) 주님께서 우리의 육신의 생활을 위하신다는 뜻이다. 주님은 육신의 힘과 생명이 되어 주심으로, 육신이 주님에 의해 살도록 하신다. 하나님은 우리가 매일의 생활에서 그리스도의 부활의 능력을 체험하여, 우리의 몸 또한 주님의 의해 살 수 있기를 원하신다.

(4) 주님은 육신의 영광을 위하신다는 뜻이다. 이것은 장래에 관계되는 것이다. 오늘날 우리가 그리스도의 능력을 힘입어 살아가면 높은 경지에 도달할 수 있지만, 그것이 우리 육신의 본질을 바꾸지는 못한다. 그러나 장차 주님께서 우리 몸을 구속하시고 이 낮은 몸을 그리스도의 영광의 몸과 같이 변화시키시는 날이 올 것이다.

우리는 몸이 주를 위하는 것의 중요성을 다시 한번 강조하고자 한다. 만일 우리가 "주는 몸을 위하신다"는 것을 경험하기 원한다면, 먼저 "몸은 주를 위한다"는 진리를 실행에 옮겨야 한다. 육신을 주를 위한 산 제물로 바치는 대신, 우리의 쾌락이나 욕망을 따라 육신을 사용하면, "주는 몸을 위하신다"는 진리를 경험할 수 없다. 그러나 우리의 지체를 의의 병기로 드리고, 모든 일에 하나님의 명령을 좇아 행하면, 주님은 틀림없이 그의 생명과 능력을 넘치게 부워 주실 것이다.

"하나님이 주를 다시 살리셨고 또한 그의 권능으로 우리를 다시 살리시리라"(14절). 이 구절은 13절에 나오는 "주는 몸을 위하신다"는 말에 대한 부가적 설명이다. 주님의 부활은 **육체적인** 부활이었다. 마찬가지로 장차 있을 우리의 부활도 **육체적인** 부활일 것이다. 하나님께서 주 예수님의 몸을 죽은 자 가운데서 살리신 것처럼 우리의 몸도 다시 살리실 것이다. 예수님의 부활만큼 우리 몸의 부활도 확실한 것이다. 따라서 이것은 주님께서 우리 몸을 위하시는 방법이다.

우리의 몸은 주님의 능력으로 부활할 것이다. 이것은 장차 있을 일이지만, 지금도 주의 부활의 능력을 미리 맛볼 수 있다.

"너희 몸이 그리스도의 지체인 줄을 알지 못하느냐 내가 그리스도의 지체를 가지고 창기의 지체를 만들겠느냐 결코 그럴 수 없느니라"(15절). 여기에서 첫 번째 질문은 매우 독특한 표현이다. 성경의 다른 부분, 이를테면 고린도전서 12:27을 보면, 다만 "너희는 그리스도의 몸이요 지체의 각부분이라"고 말하고 있다. 그러나 오직 이 구절에서만 "너희 **몸**이 그리스도의 지체"라고 말하고 있다. 사실 우리의 전존재가 그리스도의 지체이다. 그렇다면 왜 여기서는 "너희 몸"이라고 구체적으로 말하였겠는가? 우리는 당연히 우리의 영적인 생활이 그리스도의 지체라고 생각한다. 그러나 어떻게 이 육체적인 부분을 그리스도의 지체라고 생각할 수 있는가? 여기에 하나의 놀라운 진리가 숨어있다.

우리는 우리와 그리스도와의 연합을 바로 이해해야 한다. 하나님께서는 여기서 신자들을 개인으로 보시지 않는다. 즉 하나님께서는 그들 모두를 그리스도 안에 포함시켜서 보시는 것이다. 그리스도 밖에 있는 그리스도인이란 있을 수 없다. 왜냐하면 그리스도인은 매일매일 살아갈 힘을 하나님으로부터 공급받기 때문이다. 하나님이 보실 때, 신자와 그리스도와의 연합은 명백한 실제이다. "그리스도의 몸"은 단순히 영적인 용어가 아니다. 그것은 하나의 엄연한 사실이다. 육적인 몸이 머리와 붙어있는 것처럼, 신자들도 그리스도와 붙어 있는 것이다.

하나님이 보시기에 우리와 그리스도의 연합은 완전하고 무한하며 절대적인 것이다. 다른 말로 표현하면, 우리의 영은 그리스도의 영과 연합하고(이것이 가장 중요한 것이다), 우리의 혼은 그리스도의 혼과 연합하며(의지와 감정과 지성의 연합), 우리의 몸은 그리스도의 몸과 연합한다. 우리와 그리스도의 연합이 **완전한 것**이라면, 어떻게 우리의 육신이 제외될 수 있겠는가? 우리가 그리스도의 지체라면 우리의 몸도 그리스도의 지체이다.

물론 주님과의 완전한 연합은 장차 있을 부활의 때에 이루어질 것이다. 그렇지만 우리와 그리스도의 연합은 이미 현재의 사실이다. 이것은 중요한 교리이다. **그리스도의 몸이 우리의 몸을 위하신다**는 사실을 알 때 우리는 큰 위안을 얻기 때문이다. 모든 진리는 경험될 수 있다. 우리는 어떤 생리적인 약점이나 질병이나 고통이나 허약함을 가지고 있는가? 그리스도의 몸이 우리의 몸을 위한다는 것을 기억하라. 우리의 몸은 그리스도의 몸에 연합되었다. 따라서 우리는 육체적인 필요를 채우기 위해 그리스도의 몸으로부터 생명과 힘을 얻을 수 있다. 신체적인 결함이 있는 사람은 믿음으로 이 그리스도와의 연합을 받아들이고, 육신적인 필요를 위해 그리스도의 힘을 공급받아야 한다.

바울 사도는 고린도 교인들이 이 명백한 사실을 알지 못하는 것을 이상히 여겼다. 그들이 이 진리를 참으로 이해했더라면, 많은 신령한 체험들을 접했을 것이며 각종 실제적인 교훈들을 소홀히 여기지 않았을 것이다. 예컨대 우리의 몸이 그리스도의 지체라면, 우리가 감히 그 몸을 창기의 지체로 만들 수 있겠는가? 바울 사도는 곧이어 이렇게 말하였다. "창기와 합하는 자는 저와 한 몸인 줄을 알지 못하느냐 일렀으되 둘이 한 육체가 된다 하셨나니"(16절). 바울은 "창기와 합하는 자는 저와 한몸"이 된다고 말함으로써 이 연합의 교리를 더욱 효과적으로 전개해 나간다. 신자는 그리스도와 연합하였으므로 그리스도의 지체이다. 그리스도의 지체가 창기의 지체가 되면 어떻게 되겠는가? 사도 바울은 그러한 것을 철저히 금하고 있다.

"주와 합하는 자는 한 영이니라"(17절). 15-17절까지는 우리 몸과 그리스도와의 연합의 비밀을 말해 주고 있다. 17절에서 말하고자 하는 것은 다음과 같다. 즉 사람의 몸이 창기와 결합하면 그와 **한몸**이 되고, 또 그의 지체가 되는데, 우리가 주와 연합하여 그와 한 영이 되면 우리 몸이 그리스도의 지체가 되지 않겠는가? 사람의 몸이 창기와 연합하면, 두 몸이 한몸을 이룬다. 그런데 우리의 전 존재가 그리스도와 연합한다면, 그 두 몸이 얼마나 더 확고하게 하나가 되겠는가!

바울은 "주님과 한영이 되는 것"을 그리스도와의 연합에서 첫번째 단계로 본다. 이것은 영적인 연합이다. 그러나 바울은 신자의 몸을 그와 아무런 관련이 없는 것으로 여기지 않는다. 그는 첫번째 연합이 영적인 연합임을 인정한다. 그러나 영의 연합은 결국 신자의 몸이 그리스도의 지체가 되는 결과를 낳는다. 이렇게 해서 마침내 "몸은 주를 위하고 주는 몸을 위한다"는 진리가 입증되는 것이다.

우리 앞에 놓여 있는 문제는 연합이다. 하나님의 자녀는 그리스도 안에서의 자신의 위치를 분명히 알아야 한다. 그들과 그리스도와의 연합에는 작은 간격도 있을 수 없다. 그들의 몸은 그리스도의 지체로서, 그 몸을 통해 그리스도의 생명이 나타난다. 만약 주님께서 신체적으로 연약하거나 질병에 걸리셨다면, 그들은 많은 것을 기대할 수 없을 것이다. 그러나 사실은 그와 반대이기 때문에, 그들은 틀림없이 주님으로부터 건강과 힘과 생명을 얻을 수 있다.

그러나 여기서 한 가지 주의할 점이 있다. 우리 **몸**이 그리스도의 지체이기 때문에 모든 영적 교제나 일들을 육체적으로 느껴야 한다고, 마치 몸에 증거를 가져야 하는 것처럼 생각해서는 안 된다. 우리가 하나님의 임재를 육신으로 느껴야 한다든지 – 하나님께서 우리의 육신을 직접 주관하셔야 한다든지 – 성령께서 우리의 육신을 충만케 하고 육신을 통하여 그의 뜻을 알리셔야 한다면 – 또는 성령이 육신의 혀를 지배하여 대신 말씀하셔야 한다면 – 우리 몸이 영을 대신하여 영의 일을 하는 것이다. 이렇게 되면 육신이 영의 일을 대신하므로 영은 그 기능은 중단하게 된다. 그러나 우리의 육신은 연약하여 그와 같은 큰 일을 감당해 나가지 못한다.

뿐만 아니라 악한 세력들은 육체가 없는 영들로서, 인간의 육신을 탐낸다. 악령들의 주요 목표는 인간의 육신을 장악하는 것이다. 자기 육신이 정상적인 기능을 넘어 과대한 능력을 발휘하도록 하는 그리스도인은 악령들에게 일할 수 있는 기회를 제공해 주는 것이다. 이것은 영적인 세계의 법칙에 따른 것이다.

하나님과 성령이 **몸** 안에서 그와 교통하신다고 생각하면, 그는 자연히 그러한 교제를 체험하리라고 기대하게 된다. 그러나 하나님과 성령은 사람의 육신과 직접적으로 교통하지 않으신다. 하나님께서는 성령을 통하여 신자의 영과 교통하신다. 만일 하나님의 자녀가 계속해서 육신으로 하나님을 체험하려고 노력한다면, 악령들은 기회를 포착하여 그 안에 들어가 그가 원하는 것을 줄 것이다. 그것은 결국 악령의 침입을 초래할 뿐이다. 그러나 신자의 육신과 그리스도의 연합에 관한 한, 이 사실은 어떻게 육신이 하나님의 생명을 받아 강건해질 수 있는지를 설명해 준다. 우리는 육신이 영의 일을 침범하지 않도록 특별히 주의해야 한다.

"음행을 피하라 사람이 범하는 죄마다 몸 밖에 있거니와 음행하는 자는 자기 몸에게 죄를 범하느니라"(18절). 성경에서는 음행 또는 간음을 다른 죄보다 더 심각하게 여긴다. 왜냐하면 그것은 그리스도의 지체인 우리 몸과 특별한 관계를 가지기 때문이다. 사도 바울이 그리스도인들에게 음행을 피할 것을 계속해서 강조한 이유는 무엇일까? 우리는 일반적으로 음행을 도덕적으로 더러운 것이라고 생각한다. 그러나 바울은 음행의 다른 면을 강조한다.

음행 외에 다른 죄들은 우리 몸이 다른 것과 연합하도록 만들지 못한다. 따라서 음행은 몸에게 죄를 범하는 것이다. 이것은 곧 음행 외에 다른 죄는 그리스도의 지체를 창기의 지체로 만들 수 없다는 것을 의미한다. 음행은 그리스도의 지체에 죄를 범하는 것이다. 그리스도와 한 몸을 이룬 성도에게는 음행이 특히 가증스러운 것이다. 다른 각도에서 말한다면, 음행의 가증스러움을 생각해 봄으로써 우리는 우리 몸과 그리스도의 연합이 얼마나 참된 것인가를 이해할 수 있다.

"너희 몸은 너희가 하나님께로부터 받은 바 너희 가운데 계신 성령의 전인 줄을 알지 못하느냐"(19절). 이것은 사도 바울이 "너희는 알지 못하느냐?"고 물은 두번째 경우이다. 첫번째는 15절에서

"너희 몸이 그리스도의 지체인 줄을 알지 못하느냐"고 말할 때 나왔다. 이 두번째 경우에서 바울은 "주는 몸을 위하신다"는 것을 말하고 있다. 앞에서 바울은 일반적으로 "너희가 하나님의 성전이다"(고전 3:16)라고 말한 바 있다. 그러나 여기에서는 "너희 몸은 성령의 전이다"라고 말하고 있다.

여기서 알 수 있는 것은, 성령의 거처는 사람의 영을 넘어 육신에까지 이른다는 것이다. 만일 우리가 몸을 성령의 일차적인 거처로 생각한다면, 큰 잘못을 범하는 것이다. 왜냐하면 성령은 먼저 우리의 영에 거하시며, 그 안에서 우리와 교제하시기 때문이다. 그러나 영에서 흘러나가는 주의 생명은 우리의 육신을 살게 한다. 따라서 성령이 일차적으로 육신에 임하리라고 기대한다면, 우리는 기만을 당하고 있는 것이다. 그렇지만 성령의 거처를 영에게만 제한시킨다면, 이 또한 우리에게 큰 손해를 끼칠 것이다.

우리는 하나님의 구속 계획 속에서 육신의 위치를 알아야 한다. 그리스도께서는 우리의 육신을 구별하여, 우리가 성령으로 충만하고 성령의 도구로 사용될 수 있도록 하신다. 그리스도께서는 죽으셨고, 부활하셨고, 영광을 받으셨으므로, 이제 우리 몸에 그의 성령을 주실 수 있다. 과거에 우리의 혼적 생명이 우리 몸에 침투했던 것처럼, 이제는 주의 성령이 육신에 침투할 것이다. 그리스도의 생명이 모든 지체에 널리 보급되어, 우리가 생각할 수 있는 것 이상으로 풍성한 생명과 능력을 주실 것이다.

우리의 육신이 성령의 전이 된다는 것은 확실한 사실이다. 이것은 또한 경험을 통해 실증될 수 있다. 그러나 많은 그리스도인들이 고린도 교인들처럼 이 영광스러운 사실을 망각하고 있다. 성령이 그들 안에 거하시지만, 그들은 성령이 존재하시지 않는 것처럼 느

SPIRITUAL

낀다. 우리는 믿음을 행사하여 이 하나님의 사실을 믿고, 인정하고, 받아들여야 한다. 만일 우리가 믿음으로 이 사실을 의지하면, 성령께서 우리 영혼에 성결과 기쁨과 의와 그리스도의 사랑을 가져다 주실 뿐 아니라, 우리의 약하고 지치고 병든 육신에 생명과 능력과 건강과 힘을 주시는 것을 발견할 것이다. 성령은 우리의 육신에 그의 영광스러운 육신의 주요 요소들과 함께 그리스도의 생명을 주실 것이다.

우리의 육신이 참으로 그리스도와 함께 죽었다면, 다시 말해서 육신이 그리스도께 완전히 복종하고, 모든 자아 의지와 독립적인 행동을 부인하며, 주님의 성전이 되는 것 외에는 아무것도 추구하지 않는다면, 성령께서 틀림없이 우리의 죽을 육신에 부활하신 그리스도의 생명을 나타내 주실 것이다. 그리스도가 우리 육신의 건강과 생명이 되어 주심으로, 우리가 참으로 주님의 치유와 강건케 하심을 경험한다면 얼마나 좋겠는가! 우리가 우리 육신을 성령의 전으로 생각한다면, 참으로 놀라움과 사랑 가운데 그를 따르지 않겠는가!

"너희는 너희의 것이 아니라 값으로 산 것이 되었으니 그런즉 너희 몸으로 하나님께 영광을 돌리라"(19-20절). 우리는 그리스도의 지체이며, 성령의 전이며, 우리의 것이 아니다. 우리는 하나님께서 값으로 산 것이다. 따라서 우리에게 속한 모든 것이 하나님의 것이며, 특히 육신도 하나님의 것이다. 우리가 그리스도와 연합하여 한 몸이 된 사실과 성령으로 인친 것은 우리 몸이 하나님의 것이라는 사실을 입증해 주고 있다.

"그런즉 너희 **몸으로** 하나님께 영광을 돌리라." 형제들이여, 하나님께서는 우리가 몸으로 하나님께 영광을 돌리기를 원하신다.

하나님께서는 우리가 "몸이 주를 위하는" 헌신을 통해서와 "주는 몸을 위하신다"는 진리에서 나타나는 은혜를 통하여 하나님께 영광을 돌리기 원하신다. 그러므로 우리 몸을 자신을 위해 쓰지 않고, 주께서 몸을 위하신다는 진리가 우리에게 적용될 수 있도록 항상 방심하지 말고 깨어 있어야 한다. 그렇게 함으로써 우리는 주 하나님께 영광을 돌리고, 하나님께서 우리를 이기심과 자기 사랑과 죄에서뿐만 아니라 약함과 질병과 고통에서 구원하시는 가운데 하나님의 능력을 자유로이 나타내시도록 할 수 있다.

제 2 장
질병

질병은 인간 생활에 흔히 발생하는 것이다. 우리의 신체를 하나님께 영광 돌릴 수 있는 상태로 유지하는 법을 알려면, 먼저 질병에 대한 우리의 태도와 질병을 사용하는 방법과 치유받는 방법에 관해서 알아야 한다. 질병은 인생사에 큰 부분을 차지하기 때문에, 질병을 다루는 방법을 알지 못하면 우리의 생활에 심각한 장애를 초래할 수 있다.

질병과 죄

성경에서는 질병과 죄가 서로 긴밀한 관계를 가지고 있다고 말한다. 죄의 궁극적인 결과는 사망이다. 질병은 죄와 사망 사이에 위치한다. 질병은 죄의 결과이며, 사망의 전조이다. 세상에 죄가 없다면, 질병도 사망도 없을 것이다. 아담이 죄를 범하지 않았다면, 세상에는 질병이 있지 않았을 것이다. 이것은 분명한 사실이다. 그러므로 질병은 다른 각종 재앙과 함께 죄로 인해 오는 것이다.

인간은 두 가지 성분으로 구성되어 있다. 하나는 신체적인 부분이고, 다른 하나는 비신체적인 부분이다. 이 두 성분은 모두 인간의 타락으로 인해 고통을 당한다. 영과 혼은 죄로 말미암아 피해를 입었고, 육신은 질병으로 고통을 당하게 되었다. 영과 혼의 죄와 육신의 질병은 사람이 결국 사망으로 향한다는 것을 입증해 준다.

주 예수님께서 구원하러 오셨을 때, 그분은 사람의 죄를 용서하셨을 뿐만 아니라 사람의 육신도 고쳐 주셨다. 그 분은 사람의 영혼뿐만 아니라 육신도 구하셨다. 주님께서는 사역을 시작하실 때부터 사람의 질병을 고치셨다. 그리고 주님의 수고가 끝날 때, 그분은 십자가 위에서 사람의 죄를 위한 대속물이 되셨다. 주님께서 지상에 계실 때 얼마나 많은 병자들이 고침을 받았는지 보라! 주님의 손은 항상 병든 자를 어루만져 일으킬 준비가 되어 있었다.

주님 자신이 보여 주신 실례나, 주님께서 사도들에게 내리신 명령을 살펴볼 때, 우리는 하나님께서 주시는 구원에 질병의 치유도 포함된다는 것을 알 수 있다. 주님의 구원은 용서와 치유의 복음이다. 이 두 가지는 함께 간다. 주 예수님께서는 사람들을 죄와 질병으로부터 구원해 주심으로써 아버지 하나님의 사랑을 알게 하신다. 복음서나 사도행전, 서신서 및 구약성경을 읽어 보면, 죄사함과 병고침이 항상 병행하는 것을 볼 수 있다.

우리는 이사야 53장이 구약성경에서 복음을 가장 명확하게 전하고 있는 장임을 잘 알고 있다. 신약성경의 여러 곳에서 주 예수님의 구속 사업에 관한 예언의 성취를 설명할 때 특히 이 장을 언급하고 있다. "그가 찔림은 우리의 허물을 인함이요 그가 상함은 우리의 죄악을 인함이라 그가 징계를 받음으로 우리가 평화를 누리고 그가 채찍에 맞음으로 우리가 나음을 입었도다"(5절). 이 구절은 육신의 나음과 영혼의 평화가 우리에게 주어진다는 것을 명백하게 말해 주고 있다. 이것은 "지다"라는 동사의 두 가지 다른 용법을 고려할 때, 더욱 명백해진다: "그가 많은 사람의 죄를 지며"(12절), "그는 실로 우리의 질고(히브리어로 질병)를 지고".

주 예수님께서는 우리의 죄를 담당하신다. 그는 또한 우리의 질병을 담당하신다. 예수님께서 우리의 죄를 담당하셨기 때문에, 우리는 다시 죄를 위해 짊어질 필요가 없다. 마찬가지르 주님께서 우리의 질병을 담당하셨기 때문에 우리는 또한 더 이상 질병을 가질 필요가 없다. 죄는 우리의 영혼과 육신에 해를 끼쳤기 때문에, 주님께서는 그 둘을 다 구원해 주신다. 주님은 우리를 죄에서뿐만 아니라 질병에서도 구원하신다. 따라서 오늘날의 그리스도인들은 다윗처럼 노래할 수 있다. "내 영혼아 여호와를 송축하라 내 속에 있는 것들아 다 그 성호를 송축하라……저가 네 모든 죄악을 사하시며 네 모든 병을 고치시며"(시 103:1, 3). 오늘날 너구도 많은 그리스도인들이 구원의 절반(죄사함)만을 알고 절반만 찬양하는 것은 얼마나 부끄러운 일인가! 이것은 하나님과 사람 양편에 모두 손해를 끼치는 일이다.

만일 주님께서 우리의 죄악만을 용서해 주시고 우리의 질병을 고쳐 주시지 않는다면, 하나님의 구원은 완전한 구원이 아니다. 어떻게 주님께서 우리의 영혼은 구원하시고, 육신은 질병으로 고통을 당하도록 내버려두실 수 있겠는가? 예수님께서 지상에 계실 때 이 두 가지를 모두 강조하시지 않았던가? 어떤 때는 먼저 죄를 사해 주시고 나중에 병을 고쳐 주셨다. 그러나 어떤 때는 그와 반대였다. 주님께서는 그 사람의 수용 능력에 따라 일하신다.

복음서를 읽어 보면, 예수님께서 다른 어떤 일보다 병 고치는 일을 더 많이 행하셨음을 알 수 있다. 그 이유는 당시의 유대인들이 예수님의 죄사함보다 병고침을 더 쉽게 믿을 수 있었기 때문이다(마 9:5). 그러나 오늘날의 그리스도인들은 이와 정반대이다. 그 당시의 사람들은 주님의 병 고치는 능력을 믿었으나, 죄사함의 은혜는 믿지 못하였다. 오늘날의 성도들은 주님의 죄사함의 능력은 믿지만 병 고침의 은혜는 믿지 못한다. 그들은 주님께서 사람들을 죄에서 구원하기 위해 오셨다고 말한다. 그러나 주님이 또한 치유하시는 구세주라는 사실은 알지 못한다. 사람의 불신은 완전한 구세주를 둘로 나눈다. 그러나 그리스도께서 영과 혼과 육의 구원자이시며, 죄사함의 능력뿐 아니라 치유의 능력도 가지고 계시다는 사실은 변함이 없다.

사람이 죄사함을 받고 병 고침을 받지 못한다면 이것은 하나님 보시기에 충분하지 않은 것이다. 그러므로 우리는 주님께서 중풍병자에게 "이 사람아 네 죄사함을 받았느니라"고 선언하신 후에 "일어나 네 침상을 가지고 집으로 가라"고 명령하신 것을 볼 수 있다(눅 5:20,24). 그러나 우리는 죄와 질병으로 고통을 받으면서도, 주님으로부터 오는 죄사함만으로도 충분하다고 여기고 질병은 그냥 우리 자신이 지고 다른 방법으로 치유를 받아야 한다고 믿는다. 그러나 예수님은 사람들이 죄사함을 받은 중풍병 환자를 집으로 데려가 침상에 가두어 놓는 것을 원치 않으셨다.

죄와 질병의 관계에 대한 주님의 견해는 우리의 견해와 반대된다. 우리는 죄가 영적인 세계에 속한 것이고 하나님께서 가증스럽게 여기는 것이며, 반면에 질병은 주님과 아무런 관계도 없는 세속적인 현상에 지나지 않는다고 생각한다. 그러나 주님은 영혼의 죄와 육신의 질병을 둘 다 사탄의 역사로 보신다. 주님께서는 "마귀의 일을 멸하기" 위해 오셨다(요일 3:8). 따라서 주님은 악령들을 쫓아내고 질병을 고쳐 주신다. 사도 베드로는 계시를 받아 주님의 **병 고치는 사역**에 관해 이야기하면서, "저가 두루 다니시며 착한 일을 행하시고 마귀에게 눌린 모든 자를 고치셨으니"(행 10:38)라고 선언한다. 죄와 질병은 우리의 영혼과 몸만큼 서로 밀접한 관계를 가지고 있다. 죄사함과 병 고침은 상호 보완적인 것이다.

하나님의 징계

지금까지 질병에 관한 주님의 관점에 대해 살펴보았다. 이제부터는 **신자들의** 질병의 원인을 살펴보기로 하자.

"이러므로 너희 중에 약한 자와 병든 자가 많고 잠자는 자도 적지 아니하니 우리가 우리를 살폈으면 판단을 받지 아니하려니와 우리가 판단을 받는 것은 주께 징계를 받는 것이니 이는 우리로 세상과 함께 죄 정함을 받지 않게 하려 하심이라"(고전 11:30-32). 여기에서 바울이 설명하고 있는 것은, 질병이란 하나님께서 사용하시는 징계 수단의 하나가 될 수 있다는 것이다. 그들이 하나님 앞에서 범죄하였으므로, 하나님께서는 질병으로 그들을 징계하여 자신을 판단하게 하고 잘못을 시정하게 한다. 하나님께서 자기 자녀를 징계하시는 것은, 그들이 세상과 함께 정죄를 받지 않게 하려는 것이다. 그리스도인이 자기 잘못을 뉘우치고 돌아서면 하나님께서는 더 이상 그를 징계하지 않으신다. 따라서 우리는 자신을 판단하여 봄으로써 질병을 피할 수도 있을 것이다.

우리는 종종 질병이란 단순히 신체적인 문제이며, 하나님의 의와 거룩함과 심판과는 아무런 관련이 없다고 생각한다. 그러나 바울 사도는 이 구절을 통해서 질병이 죄의 결과이며 하나님의 징계라고 명백히 말해 주고 있다. 그리스도인들은 흔히 요한복음 9장에 나오는 소경 이야기를 예로 들어, 자신의 질병이 죄로 인한 하나님의 징계가 아니라고 주장한다. 그러나 주님께서는 죄와 질병이 아무런 관계가 없다고 말씀하지 않으셨다. 주님은 다만 그의 제자들에게 모든 병든 자들을 정죄하지 말라고 경고하고 계신다.

아담이 범죄하지 않았더라면 요한복음 9장에 나오는 사람도 소경이 되지 않았을 것이다. 더욱이 그 소경은 **나면서부터** 소경이었다. 그러므로 이 사람의 병은 **성격상** 신자의 질병과는 아주 다른 것이다. 태어나면서부터 신체적 장애를 가지고 있는 사람은 아마 자기 자신의 죄 때문에 그렇게 된 것은 아닐 것이다. 그러나 성경에 의하면, 우리가 주님을 믿은 후에 갖게 되는 질병은 일반적으로 죄와 관련이 있다. "이러므로 너희 죄를 서로 고하고 병 낫기를 위하여 서로 기도하라"(약 5:16). 먼저 죄를 고백해야 한다. 그러면 치유가 뒤따를 것이다. 죄는 질병의 근원이다.

질병은 종종 하나님께서 우리가 간과해 온 죄를 깨닫게 하시고 이를 버리도록 하기 위해서 사용하시는 징계의 수단이 된다. 하나님께서 이와 같은 질병을 우리에게 **허용하시는** 이유는, 우리를 단련시켜 죄에서 멀어지게 하기 위한 것이다. 하나님의 징계의 손길이 우리에게 미치는 이유는, 우리가 깨닫지 못하고 있는 불의나 죄, 교만이나 세상에 대한 사랑, 자기 의존이나 일에 대한 탐욕, 하나님에 대한 불순종을 깨닫게 하기 위한 것이다. 따라서 질병은 죄에 대한 하나님의 공공연한 심판이다. 그렇다고 해서 질병에 걸린 성도가 반드시 다른 성도보다 죄가 많다고 할 수는 없다(눅 13:2 참조). 오히려 그 반대로, 하나님께 징계를 받는 성도는 대부분 가장 거룩한 성도이다. 욥이 그 대표적인 예이다.

그리스도인이 하나님으로부터 징계를 받아 병에 걸릴 때마다 그는 더 큰 축복을 받을 수 있다. 왜냐하면 "하나님은 우리의 유익을 위하여 그의 거룩하심에 참예케 하시려고" 징계하시기 때문이다(히 12:10). 질병은 성도로 하여금 자기의 과거를 돌아보며 어떤 숨겨진 죄나 고집이나 자기 의지가 있는지 살피게 한다. 이렇게 함으로써 우리는 하나님과 나 사이에 어떤 장벽이 있는지 알 수 있다. 우리 마음을 깊숙이 파헤쳐 보면, 지난 과거의 생활이 얼마나 자아 중심적이었으며 하나님의 거룩함과 거리가 멀었는지를 깨닫게 된다. 이와 같은 자아 성찰을 통해 우리는 영적으로 성장하며, 하나님의 치유를 받을 수 있다.

그러므로 질병에 걸렸을 때 신자로서 처음 취해야 할 행동은, 낫기 위해서 바쁘게 돌아다닌다거나 치료 방법을 찾아 헤매는 것이 아니다. 그는 걱정하거나 두려워해서는 안 된다. 그는 자신을 온전히 하나님의 빛에 비추어 보며, 정직하게 자기가 어떤 결함으로 인해 하나님께 징계를 받고 있는지 알려는 자세를 가져야 한다. 그는 자신을 판단해야 한다. 그러면 성령께서 그가 어디에서 실수를 했는지 지적해 주실 것이다. 그는 자신의 어떤 면이 지적을 받든지 간에 즉시 고백하고 용서를 받아야 한다. 만일 그 죄가 **타인에게 해를 끼쳤다면**, 그는 이를 보상하기 위해서 **최선을 다해야** 한다. 그리고 동시에 하나님께서 자기를 용납하셨다는 것을 믿어야 한다. 그는 자신을 새롭게 하나님께 드리고, 하나님의 뜻에 기꺼이 복종하고자 하는 마음 자세를 갖추어야 한다.

하나님께서 "인생으로 고생하며 근심하게 하심이 본심이 아니시로다"(애 3:33). 성도가 자기 반성을 하게 되면 하나님께서는 징계를 중단하신다. 더 이상 징계할 필요가 없을 때는 언제라도 그 징계를 기꺼이 철회하신다. 성경은 우리가 자신을 판단하면, 판단을 받지 않는다고 말한다. 하나님께서는 우리가 죄와 자아로부터 해방되기를 바라신다. 그 목적이 달성되면 질병은 그 사명을 완수했기 때문에 즉시 사라질 것이다. 오늘날 그리스도인들이 이해해야 할 것은, 하나님께서는 특별한 목적을 가지고 그들을 징계하신다는 것이다. 그러므로 언제나 성령으로 하여금 자신의 죄를 드러내게 하여, 하나님의 목적이 달성되고 징계가 더 이상 필요하지 않도록 해야 한다. 그러면 하나님께서 그의 질병을 고쳐 주실 것이다.

일단 성도가 자기의 죄를 고백하고, 그 죄에서 떠나며, 그 죄가 사함받았음을 믿으면, 그는 하나님의 약속을 믿고 두려움 없이 하나님께서 그를 낫게 하실 것을 확신할 수 있다. 그는 하나님 앞에서 양심의 가책을 느끼지 않고 떳떳하게 하나님의 은혜를 구할 수 있다. 하나님으로부터 멀리 떨어져 있을 때, 우리는 하나님을 믿기가 어렵고 믿을 용기가 없는 것을 발견한다. 그러나 성령의 가르침을 받아 순종함으로 그 죄를 멀리하고 죄사함을 받으면, 우리는 하나님께 자유로이 접근할 수 있다. 질병의 원인이 제거되면 자연히 질병 자체도 제거된다. 이제 병든 성도는 "그가 징계를 받음으로 우리가 평화를 누리고 그가 채찍에 맞음으로 우리가 나음을 입었다"는 것을 어려움 없이 믿을 수 있다. 그때 주님의 임재가 충만하게 나타나며, 주님의 생명이 성도의 육신에 들어와 그 육신을 살게 한다.

하늘에 계신 아버지 하나님께서 우리 생활의 여러 면을 기뻐하지 않으신다는 사실을 정말 깨닫고 있는가? 우리가 가진 결함들을 일깨워 주기 위해서 하나님께서는 질병을 사용하신다. 우리가 양심의 소리를 묵살하지 않으면, 성령께서 그 징계의 이유를 명확히 알려 주실 것이다. 하나님께서는 우리의 죄를 용서하시고, 우리의 질병을 고치기를 기뻐하신다. 주 예수님의 위대한 구속 사업은 죄 사함과 병고침을 포함한다. 주님은 우리와 하나님 사이에 아무것도 장애가 되지 않기를 원하신다. 주님은 우리가 예전의 그 어느 때보다도 더욱 주님을 의지하여 살기를 원하신다. 이제는 완전히 주님을 믿고 순종할 때이다. 하늘에 계신 아버지 하나님께서는 징계하기를 원치 않으신다. 주님께서는 항상 우리의 질병을 고쳐 주기를 원하시며, 우리가 그의 사랑과 능력을 경험함으로써 하나님과 더욱 가까운 교제를 가질 수 있기를 원하신다.

질병과 자아

　모든 어렵고 힘든 환경은 우리의 참된 상태를 드러내는 결과를 낳는다. 이것들이 특정한 죄를 더하지는 않는다. 다만 우리 안에 있는 것을 드러낼 뿐이다. 질병은 이러한 환경 중의 하나로서, 그것을 통해 우리는 자신의 참된 상태를 읽을 수 있다.
　병에 걸려 보기 전에는 우리가 얼마나 하나님을 위해 살고 얼마나 자신을 위해 살고 있는지를 결코 깨닫지 못한다. 특히 그 질병이 오랜 시간 동안 지속될 때는 더욱 그렇다. 평상시에는 온 정성을 다하여 하나님께 순종하며 주님으로부터 어떠한 대우를 받아도 기꺼이 감수하리라고 확신있게 말할 수 있다. 그러나 병에 걸렸을 때 그러한 우리의 생각이 얼마나 순수하지 못했던가 하는 것을 깨

SPIRITUAL

달게 된다. 하나님께서 그의 자녀들에게 원하시는 것은, 그들이 하나님의 뜻과 길에 만족하는 것이다. 하나님은 그의 자녀들이 **자신의 미숙한 감정 때문에 하나님의 뜻과 길에 대해 불평하는 것을 원치 않으신다.** 이러한 이유로 하나님께서는 그의 사랑하는 자녀에게 질병을 허락하심으로 하나님이 특별히 계획하신 뜻을 향한 그들의 태도를 드러내신다.

그리스도인이 시험을 받을 때 자기 자신의 욕망 때문에 하나님께 불평하는 것은 가증한 일이다. 그는 하나님께서 그에게 가장 좋은 것을 주시는데도 받아들이지 않고, 대신 빨리 낫고자 하는 욕망으로 가득 차 있다. (하나님께서 질병을 주신다고 말하는 것은 사실상 하나님께서 질병을 허용하신다는 것을 의미한다. 왜냐하면 직접적으로 질병을 주는 것은 사탄의 꾐에 의하여 죄가 세상에 들어왔기 때문이다. 그러나 어떠한 질병이든 신자에게 임할 때는 하나님의 승낙이 필요하며, 반드시 목적을 가지고 있다. 욥의 경험이 그 좋은 예이다.) 신자가 낫고자 하는 욕망만으로 가득 차 있기 때문에, 하나님께서는 질병의 기간을 연장시키실 수도 있다. 하나님의 목적을 이루기 전에는 결코 질병을 철회하시지 않는다.

하나님과 성도 간의 교제가 가지는 궁극적인 목적은, 성도가 하나님의 모든 처우를 기꺼이 받아들이고 하나님께 무조건적으로 순종하도록 이끄는 것이다. 모든 일이 순조롭게 되어갈 때는 하나님을 찬양하고, 궁지에 몰렸을 때는 하나님께 불평하는 사람을 하나님은 기뻐하지 않으신다. 하나님께서는 자기 자녀들이 아버지의 사랑을 의심하거나, 아버지의 처우를 쉽게 오해하는 것을 원치 않으신다. 하나님은 그들이 죽기까지 순종하기 원하신다.

하나님의 자녀들은 그들에게 일어나는 모든 일이 우연이 아니라 하나님께서 주시는 것임을 깨달아야 한다. 육체적인 상태나 주변의 환경이 아무리 어렵다 하더라도, 그것은 하나님의 손길이 주관하고 있다는 것을 알아야 한다. 머리카락 하나가 빠지는 것까지도 주님의 뜻 안에 있는 것이다. 자기에게 닥치는 일을 거부하는 성도는 그러한 상황을 허락하시는 하나님 또한 거부하는 것이다. 또 질병으로 고통당하는 동안에 증오의 마음을 키워가는 성도는 그 일이 그에게 일어나도록 허락하신 하나님을 증오할 수밖에 없다. 문제는 성도가 질병에 걸려야 하느냐 마느냐 아니라, 그가 하나님을 대적하고 있느냐 그렇지 않느냐 하는 것이다. 하나님은 그의 자녀가 질병을 앓고 있을 때 그 아픔을 잊기를 원하신다. 즉 그들의 아픔을 잊고 견고하게 하나님만 바라보기를 원하시는 것이다.

내가 아픈 것이 하나님의 뜻이라면, 또 그 병이 지속되는 것이 하나님의 뜻이라면, 나는 그것을 기꺼이 받아들이겠는가? 하나님의 강한 손 아래 자신을 낮추고 저항하지 않을 수 있는가? 아니면 고난당하는 중에 현재 하나님의 계획에 있지 않은 건강을 갈망하는가? 하나님의 뜻 안에서 병 낫기를 간구하기 전에, 하나님의 목적이 성취되기를 기다릴 수 있는가? 아니면 하나님이 나를 징계하시는 동안 다른 치유의 수단을 찾아보겠는가? 깊은 고통의 기간에, 나는 하나님께서 지금 허용하지 않으시는 것을 얻으려고 애쓰고 있는가? 이러한 질문들이 질병으로 고통받는 모든 성도들의 마음에 깊이 사무쳐야 한다.

하나님께서는 자기 자녀들이 질병으로 고통받는 것을 즐기지 않으신다. 오히려 하나님께서는 자녀들을 사랑하시기에, 그들이 순조롭고 평화로운 나날을 보내기를 원하신다. 그러나 그 분은 그러한 평온한 나날이 지닌 위험성을 아신다. 육신이 편안할 때 하나님에 대한 우리의 사랑과 찬양과 봉사는 그러한 평온한 삶을 전제로 하는 것이다. 하나님께서는 우리의 마음이 얼마나 쉽게 하나님과 하나님의 뜻으로부터 하나님의 선물을 향해 돌아설 수 있는지 아신다. 따라서 그분은 우리에게 질병이나 그에 상응하는 것을 허용하심으로, 우리가 하나님을 원하는지 아니면 단지 하나님의 선물을 원하는지를 알게 하신다. 우리가 고난 중에도 다른 것을 구하지 않는다면, 우리는 진정으로 하나님을 바라는 것이다. 질병은 성도가 자신의 욕망을 추구하는지 아니면 하나님의 뜻을 추구하는지를 쉽게 드러내 준다.

우리는 여전히 개인적인 욕망을 가지고 있다. 이와 같은 욕망은 우리의 일상 생활이 얼마나 자신의 생각으로 가득 차 있는지를 말해 준다. 하나님의 일을 할 때나 사람들을 대할 때나, 우리는 많은 생각과 의견들을 고집한다. 하나님께서는 우리에게 하나님을 거부하는 어리석음을 깨닫게 하시기 위해 우리를 죽음의 문 앞까지 이끌어 가신다. 그분은 우리로 하여금 깊은 시련의 물 속을 통과하게 하셔서, 우리의 자아가 부서지고 자아 의지를 포기하게 하신다. 자신의 뜻을 좇아 행하는 모든 행위는 하나님을 기쁘시게 할 수 없기 때문이다.

수많은 그리스도인들이 보통 때 주님이 명령하신 바를 행하지 않는 것처럼 보이나, 그들의 육신의 고난을 당한 후에는 순종적이 된다. 그러므로 하나님의 방법은 항상 다음과 같다. 즉 사랑의 권고를 하신 후에 계속 말을 듣지 않으면 징계를 가하시는 것이다. 하나님의 징계의 목적은 사람의 자아 의지를 깨뜨리는 것이다. 질병으로 고통받고 있는 모든 성도들은 이 면에서 좀더 심각하게 자신을 판단해 볼 필요가 있다.

자기 욕망과 자기 의지 외에도 하나님께서 미워하시는 것은 **자기를 사랑하는** 마음이다. 자기를 사랑하는 마음은 영적 생활을 저해할 뿐만 아니라, 영적인 일을 파괴한다. 하나님이 우리에게서 이 자기 사랑의 요소를 제거하시지 않으면, 우리는 영적인 경주를 빨리 할 수가 없다. 자기 사랑은 우리의 육신과 특별한 관계를 가지고 있다. 자기를 사랑한다는 말은 자신의 몸과 생명을 소중히 여긴다는 뜻이다. 이와 같은 가증스러운 요소를 제거하기 위해서 하나님께서는 가끔 질병을 우리에게 허용하신다. 우리는 자기를 사랑하는 마음 때문에 육신이 연약해지는 것을 염려한다. 그러나 하나님은 그 육신을 약하게 만드신다. 하나님은 우리 육신이 고통을 당하게 하신다. 그리고 우리가 육신이 회복되기를 기대할 때 병은 더욱 악화된다. 우리는 어떻게든 살아 보려고 안간힘을 쓴다. 그러나 그러한 희망마저 희미해져 간다.

물론 하나님께서는 사람에 따라 달리 처리하신다. 즉 어떤 사람은 강하게, 어떤 사람은 좀 부드럽게 다루신다. 그러나 자기 사랑의 마음을 제거하시는 하나님의 목적은 언제나 동일하다. 수없이 많은 **강인한** 사람들이 자기 사랑을 버리기 전에 죽음의 문앞까지 이끌려간다. 그의 육신이 병들고, 생명이 위태롭고, 질병은 더욱 악화되고, 고통은 그의 미약한 힘마저 빼앗아갔는데, 그 사람에게 자기를 사랑할 만한 요소가 남아 있겠는가? 이 지경에 이른 사람은 차라리 죽기를 원한다. 그는 희망이 없고, 자기를 사랑하는 마음도 없다. 이 시점에서 그가 돌아서서 하나님의 치유의 약속을 붙들지 않는다면, 비극은 절정에 이를 것이다.

신자의 마음은 하나님의 마음에서 멀리 떨어져 있다. 하나님은 신자가 자신을 잊을 수 있도록 그에게 질병을 허락하신다. 그러나

질병

신자는 질병이 악화될수록 더욱더 자신을 사랑한다. 병을 고쳐보고자 하는 심정에서 그는 자신의 증상들을 끊임없이 연구 검토한다. 거의 모든 생각이 자신의 주변을 맴돈다. 그는 무엇을 먹어야 하고 먹지 말아야 하는지, 먹는 음식에 신경을 쓴다. 조그마한 탈이라도 나면 겁을 집어 먹는다. 그는 자신의 휴식과 안정에 매우 신경을 쓴다. 조금만 춥거나 더워도 고민하고, 잠자리가 불편하면 그것이 그의 생명에 치명적인 영향이라도 미치는 것처럼 걱정한다. 그는 사람들이 자기를 대하는 태도에 민감해진다. 즉 그들이 자기를 충분히 생각해 주는지, 자기를 잘 돌보아 주는지, 자주 방문하는지 등에 신경을 쓴다.

그는 이런 식으로 자기 몸에 대해 생각하는 데 많은 시간을 소비한다. 그러는 동안 그는 주님에 대해, 또는 주님이 그의 삶에서 이루기 원하시는 일에 대해 묵상할 틈이 없다. 실로 많은 사람들이 단순히 자신의 질병에 "홀리는" 것이다! 우리는 아프기 전까지는, 우리가 얼마나 과도하게 자신을 사랑하는지를 참으로 깨달을 수 없다.

하나님은 우리의 자기 사랑을 기뻐하지 않으신다. 하나님은 자기 사랑이 우리에게 끼치는 악영향을 우리가 알기 원하신다. 하나님께서는 우리가 병에 시달리는 동안 우리의 몸 상태에 주의를 기울이지 않고 오로지 하나님께만 집중하는 법을 배우기 원하신다. 하나님이 바라시는 것은, 우리가 우리 몸을 전적으로 하나님께 맡기고, 하나님께서 우리 몸을 보살펴 주시도록 하는 것이다. 악화된 증상을 발견할 때마다, 그것은 우리 몸의 상태에 몰두하지 말고 주님을 생각하라는 경고임을 알아야 한다.

신자는 자신을 사랑하기 때문에 병에 걸리는 즉시 병 낫기를 구한다. 그는 하나님께 치유를 간구하기 전에 마음 속에 있는 악한 행위나 생각을 먼저 제거해야 한다는 것을 알지 못하고 있다. 그의 관심은 오로지 병 고치는 데에만 있는 것이다. 하나님께서 왜 병을 허락하셨는지, 무엇을 회개해야 하는지, 어떻게 하면 하나님의 일이 자기 안에서 완성되도록 할 수 있는지에 대해서는 알아보려고 하지 않는다. 그가 생각할 수 있는 것은 자신의 연약함뿐이다. 그는 다시 건강해지기를 바라며, 치유의 방법을 찾아 헤맨다. 속히 낫기 위해서 그는 하나님께 매달려 보고 사람들에게 문의해 본다. 그러나 하나님은 이와 같은 상태에 있는 신자가 하나님이 앞에서 자신의 죄를 회개하기를 바라신다.

질병은 하나님께서 우리에게 말씀하시기 위해 선택하신 하나의 방법일 수가 있다. 하나님께서는 우리가 초조해 하고, 즉각 치유되기를 구하는 것을 원치 않으신다. 그보다는 우리가 순종함으로 기도하기를 원하신다. 낫기를 갈망하면서도 주님께 "주여, 말씀하옵소서, 주의 종이 듣나이다"라고 기도할 줄 모르는 성도가 있다는 것은 슬픈 일이다. 우리의 유일한 관심사는 고통과 허약함에서 해방되는 것이다. 우리는 가장 좋은 치료 방법을 찾아 동분 서주한다. 질병 때문에 우리는 갖가지 치료 방법을 찾아 헤맨다. 병의 증상이 달라짐에 따라 우리는 새로운 염려를 하며 신경을 곤두세운다. 하나님은 우리에게서 멀리 떨어져 계신 것 같다. 우리는 영적인 건강에 관해서는 신경을 쓰지 않는다. 모든 생각이 육체의 고통과 치료 방법에만 집중된다. 약을 복용하여 효과를 보면 하나님의 은혜를 찬양한다. 그러나 치료가 지연되면 하나님의 사랑을 오해하기 시작한다. 우리는 자신에게 물어 보아야 한다. 우리가 바라는 것이 오로지 고통에서 해방되는 것이라면, 우리는 지금 성령의 인도를 받고 있는가? 우리는 육신의 능력으로 하나님께 영광을 돌릴 수 있다고 생각하는가?

약

자기 사랑은 자기의 수단을 만들어 내기 마련이다. 그리스도인은 하나님의 도움으로 질병의 뿌리를 찾아 해결하는 대신에, 사람이 만들어 낸 의약품을 통해 치료를 받으려고 한다. 그리스도인이 약품을 써야 하느냐 쓰지 말아야 하느냐에 관한 문제를 가지고 여기서 많은 시간을 들여 논하려는 것은 아니다. 다만 주 예수님께서 구원하실 때 우리의 몸을 고쳐 주실 수 있으므로, 우리가 사람의 발명품에만 전적으로 의지하려고 한다는 이는 불신이 아니면 무지의 소치라는 것을 말해 두고 싶다.

많은 사람들이 그리스도인이 약을 써야 하느냐, 쓰지 말아야 하느냐에 대해서 많은 논란을 벌인다. 그들은 이 문제가 해결되면 모든 문제가 자연히 해결될 것처럼 말한다. 그러나 영적 생활의 원리는 "할 수 있다 없다"에 있지 않고, 하나님께서 그렇게 인도하셨는지의 여부에 있다. 그러므로 다음과 같이 질문해 본다. 신자가 자기 사랑 때문에 약에 의존하고 병을 고치기 위해 노력할 때, 그는 성령의 인도를 받고 있는가, 아니면 그것은 오로지 그 자신의 활동에 불과한 것인가?

사람은 본래 많은 시련을 겪기 전에는 믿음으로 구원받기를 싫어한다. 그는 보통 자신의 선한 행동을 통해서 구원받으려 한다. 질병의 경우에도 마찬가지다. 어쩌면 죄사함을 받으려고 노력하는 것보다 더욱 강렬하게, 질병을 치유받기 위해 애를 쓸 것이다. 신

영에 속한 사람

자는 구원을 받기 위해 주 예수님을 의지하지 않으면 천국에 들어갈 수 없다는 것을 인정한다. 그러나 그들은 많은 의학적인 수단들을 사용할 수 있는데 왜 병고침을 받기 위해 주님의 구원을 의지해야 하냐고 묻는다. 여기서 중요한 것은 약을 사용할 수 있느냐 없느냐가 아니라, 그가 스스로 약을 사용함으로써 하나님의 구원의 의미를 격하시켰느냐 하는 것이다.

   세상은 사람을 죄에서 구원하기 위한 잡다한 이론들을 내놓았다. 세상에는 수많은 의식과 규칙과 사람을 선하게 만들기 위한 고행들이 있을 뿐만 아니라, 여러 학파의 철학, 심리학, 윤리학, 교육학 등이 있다. 이러한 세상의 방법들이 사람을 죄에서 구원할 수 있는가? 우리가 구원받은 것은 그리스도께서 십자가 위에서 단번에 이루신 일을 통해서인가, 아니면 이와 같은 인간의 독창적인 방법들을 통해서인가? 마찬가지로 세상에는 사람을 질병으로부터 구원하기 위한 수많은 종류의 약품들이 있다. 그렇지만 한 가지 분명히 알아야 할 사실은, 그리스도께서 십자가 위에서 구원을 이루셨을 때, 우리를 죄에서뿐만 아니라 질병에서도 구원하셨다는 것이다. 그렇다면 우리는 질병을 치료받기 위해, 사람이 고안해낸 방법을 의지해야 마땅하겠는가, 아니면 주 예수님을 의뢰해야 하겠는가?

   우리는 하나님께서 가끔 그의 능력과 영광을 나타내시기 위해 중간 매개물을 사용하신다는 것을 인정한다. 그러나 성경의 가르침과 그리스도인들의 경험을 통해 판단해 볼 때, 우리는 인간이 타락한 후에 우리의 감정이 삶을 통제하는 것처럼 보이고 그것이 우리로 하여금 자연스럽게 하나님 자신보다는 그 매개물을 의지하도록 만든다는 것을 고백할 수밖에 없다. 그러므로 우리는 그리스도

SPIRITUAL

인들이 질병으로 고생할 때 하나님의 능력보다 의약품에 더 많이 의지하는 것을 볼 수 있다. 입으로는 하나님의 능력을 믿는다고 외치지만, 마음은 온통 약에 대한 생각으로 사로잡혀 있다. 마치 약의 도움을 통하지 않고는 하나님의 능력이 나타날 수 없는 것처럼 말이다. 그들이 불안과 근심과 두려움에 사로잡혀 사방 팔방으로 가장 좋은 치료책을 찾아 돌아 다니는 것은 이상한 일이 아니다. 이들은 하나님을 믿는 데서 비롯되는 평안을 누리지 못한다. 그들의 마음이 이와 같이 약을 사용하는 것에만 사로잡혀 있기 때문에, 그들은 세상을 의지하고 하나님의 고귀한 사랑에서 멀어진다.

하나님의 계획은 질병을 통해서 성도가 더욱 하나님과 가까워지는 것인데, 그와 정반대의 현상이 나타나는 것처럼 보인다. 어떤 사람들은 영적 생활에 전혀 해를 끼치지 않으면서 약을 사용할 수 있을 것이다. 그러나 이런 경우는 드물다. 대부분의 그리스도인들은 하나님보다 중간 매개물을 더 의뢰하고, 그 결과 그들의 영적 생활은 약을 사용함으로써 손해를 입을 수 있다.

약으로 낫는 것과 하나님에 의해 낫는 것 사이에는 큰 차이가 있다. 약으로 낫는 경우에 그 능력은 자연적인 것이고, 하나님에 의해서 낫는 것은 초자연적인 능력이다. 치료를 받는 방법도 구별된다. 약을 사용할 경우에는 사람의 지혜를 의존하고, 하나님을 의뢰하는 경우에는 예수님의 생명과 역사를 의존한다.

병을 치료해 주는 사람이 그리스도인으로서 그 약을 사용할 때 하나님의 지혜와 축복을 구한다 하더라도 그는 치료를 받은 사람에게 영적인 축복을 전달해 줄 수 없다. 왜냐하면 치료를 받은 사람은 무의식적으로 주님의 능력보다는 약의 능력에 치유의 소망을 두었기 때문이다. 그는 육신적으로는 치유를 받을지라도 영적 생활은 해를 입을 수도 있을 것이다. 그가 참으로 하나님을 신뢰한다면 하나님의 사랑과 능력에 자신을 의탁할 것이다. 그는 자신의 질병의 원인을 – 어떤 점에서 자기가 주님을 화나시게 했는지 – 묻고 조사할 것이다. 그렇게 해서 치유를 받았을 때, 그는 육신적으로뿐만 아니라 영적으로도 축복을 받게 된다.

의약은 하나님께서 주신 것이므로 당연히 이를 사용해야 한다고 주장하는 사람들이 많이 있다. 그러나 강조해서 말하고 싶은 점은, 하나님께서 우리를 약을 사용하도록 인도하시는가 하는 것이다. 약이 하나님으로부터 비롯한 것인지 아닌지에 관해서 논하고 싶지는 않다. 그보다는 하나님께서 주 예수님을 그의 자녀들에게 주실 때 그들의 육적인 질병의 구세주로서 주셨는지를 묻고 싶다. 우리가 믿지 않는 사람들이나 연약한 그리스도인들과 득같이 약의 자연적인 능력을 통한 치유를 추구해야 하는가? 아니면 하나님께서 우리를 위해 예비하신 주 예수님을 받아들이고 그 이름을 의뢰해야 하는가?

약을 의뢰하는 것과 주님의 생명을 받는 것은 근본적으로 다르다. 물론 우리는 약이나 그밖에 의학적인 발명품의 효과를 인정한다. 그러나 이런 치료책들은 자연적인 것으로, 하나님께서 자녀들을 위해 마련해 주신 최선의 처방이 아니다. 그리스도인들도 약을 사용하면서 하나님께 그 약을 축복해 주실 것을 간구할 수 있다. 또 그 약을 복용하여 나았을 때, 하나님께서 자신을 낫게 해주셨다고 믿고 감사할 수 있다.

그러나 이러한 치료는 주 예수님의 생명을 받는 것과는 다르다. 왜냐하면 그들은 믿음의 싸움을 포기하고 쉬운 길을 택했기 때문이다. 사탄과의 싸움에서, 병고침을 받는 것이 유일한 목표라면 우

질병

리는 어떤 치료 방법도 사용할 수 있다. 그러나 단순히 병고침을 받는 것보다 더 중요한 목적이 있다면, 우리는 하나님 앞에 조용히 침묵을 지키면서 하나님의 방법과 시간을 기다려야 한다.

하나님께서는 결코 약을 축복하시지 않는다고 독단적으로 말하고 싶지는 않다. 우리는 하나님께서 여러 번 축복하셨다는 것을 안다. 그분은 친절하고 관대한 분이시기 때문이다. 하나님을 신뢰함으로 우리는 자연적인 것보다 더 높은 경지에 이른다. 약에 의한 치료는 항상 느리고 고통스럽다. 그러나 하나님의 치료는 신속하고 우리에게 축복을 가져다준다.

한 가지 논란의 여지가 없는 사실은, 우리가 하나님을 의존하여 치료를 받는다면 약으로 치료받을 때 얻을 수 없는 영적인 소득을 얻는다는 것이다. 사람들은 병으로 앓아 누우면 자기의 과거 생활을 깊이 뉘우친다. 그러나 일단 약을 사용하여 나음을 입으면 그들은 하나님에게서 더욱 멀어진다. 그들이 다른 사람들처럼 하나님을 의지하고 기다림으로써 치유를 받는다면, 그러한 후유증에는 빠지지 않을 것이다. 이들은 자기 죄를 자백하고, 자신을 부인하며, 하나님의 사랑을 신뢰하고, 그의 능력을 의존한다. 그들은 하나님의 생명과 거룩함을 받아들이고, 그분과 새로운 관계를 맺는다.

하나님께서 질병을 통해 우리에게 가르치고자 하시는 교훈은, 우리 자신의 활동을 중단하고 하나님을 철저히 신뢰하라는 것이다. 우리는 자주 치유받기를 열망하는 가운데 자기 사랑에 빠진다. 우리는 하나님을 잊고 그가 우리에게 가르쳐 주시고자 하는 교훈을 잊는다. 하나님의 자녀가 자기 사랑에 빠져 있지 않다면, 병 고침을 받기 위해 그렇게까지 애쓰겠는가? 즉 그들이 참으로 자신의 활동을 중단했다면, 사람이 만든 약을 의지하려 하겠는가? 그렇지 않을 것이다. 대신에 그들은 하나님 앞에서 조용히 자신을 반성하고, 먼저 그 질병의 의미를 알려고 하며, 그런 다음에 아버지의 사랑에 근거를 둔 치유를 받기 위해 하나님께 간구할 것이다.

약의 도움에 의존하는 것과 하나님의 능력을 의뢰하는 것의 차이점은, 전자의 경우에는 낫기 위해 열심히 애를 쓰나 후자의 경우에는 조용히 하나님의 뜻을 확인하려고 한다는 점이다. 자신의 치료를 위해 갖은 노력을 하는 것은 신자가 자기 사랑, 무분별한 욕망, 자신의 힘으로 가득 차 있기 때문이다. 그가 하나님의 능력을 의뢰할 줄 안다면 다른 반응을 보일 것이다. 하나님을 신뢰함으로 나음을 입으려면, 먼저 정직한 마음으로 자신의 죄를 자백하고, 죄를 포기하며, 자신을 하나님께 온전히 바치기를 기뻐해야 한다.

오늘날 질병에 시달리고 있는 성도의 수는 너무나 많다. 이 각각의 질병에 대해 주님은 특별한 목적을 가지고 계시다. "자아"가 그 힘을 포기할 때마다 주님은 치유를 주신다. 그리스도인이 굴복하기를 거절하거나, 그 질병을 하나님께서 주신 최선의 것으로 여기며 기꺼이 받아들이기를 거절하거나, 하나님 외에 다른 방법을 찾는다면, 그는 치료를 받고 난 후에 또다시 병에 걸리게 될 것이다. 그가 자기 사랑을 고집하고 항상 자신만을 생각하면, 하나님께서는 그 자신을 불쌍히 여길 만한 더 많은 이유들을 주실 것이다. 하나님께서는 세상적인 약이 항구적인 치유를 줄 수 없다는 사실을 알려 주실 것이다. 하나님은 건강한 신체는 자기 자신을 기쁘게 하기 위한 것도 아니고, 자신의 욕망대로 사용해서도 안 되며, 오직 전적으로 하나님을 위한 것이라는 사실을 그의 자녀들이 알기를 원하신다. 치유의 영은 거룩한 영이다. 우리에게 부족한 것은 치유가 아니라 거룩함이다. 처음에 우리가 벗어나야 할 것은 질병이 아니라 자아이다.

 하나님의 자녀가 인간의 방법과 약을 거부하고 순전한 마음으로 아버지를 신뢰했을 때, 그는 자신의 믿음이 평상시보다 더욱 강해지는 것을 알 수 있다. 그는 하나님과 새로운 관계에 들어갔다. 즉 이전에 의지하지 않았던 생명에 의해 살기 시작한다. 그는 영과 혼뿐만 아니라 육신까지도 하나님 아버지께 의탁한다. 하나님의 뜻은 주 예수의 능력과 아버지의 사랑을 나타내는 것임을 알게 된다. 그는 믿음을 발휘하여, 주님이 영과 혼뿐만 아니라 육신까지 구속하신다는 사실을 증거하게 된다.

 "그러므로 내가 너희에게 이르노니 목숨을 위하여 염려하지 말라"(마 6:25). 주님께서는 우리가 그에게 의탁한 것은 무엇이든 돌보아 주신다. 하나님께서 속히 병을 고쳐 주시면, 하나님을 찬양하자. 그러나 증상이 더욱 악화된다 하더라도 의심하지 말고 하나님의 약속을 바라보며 자기 사랑이 되살아날 기회를 주지 말자. 하나님께서는 이번 기회를 이용하여 우리가 가진 "자기 사랑"을 조금도 남김없이 제거하려 하시는지도 모른다. 육신을 중히 여기면, 의심하기 시작한다. 그러나 하나님의 약속을 바라보면 우리는 하나님과 좀더 가까워지고, 우리의 믿음도 증가하며, 마침내 치유가 우리에게 임할 것이다.

 그렇지만 우리는 극단에 빠지지 않도록 유의해야 한다. 비록 하나님께서 우리가 오로지 하나님만을 의존하기를 원하신다 하더라도, 일단 우리가 자신의 활동을 단호히 부인하고 온전한 믿음으로 하나님을 신뢰하면, 하나님은 우리가 몸을 위해 자연적인 수단을 사용하는 것을 기뻐하신다. 바울이 디모데에게 "포도주"를 조금씩 복용하라고 권고한 실례에서 이것을 알 수 있다. 디모데는 위가 약했고, 위병으로 자주 고생을 했다. 바울은 디모데에게 믿음이 부족하다고 꾸짖거나 하나님으로부터 직접 치료받지 못하는 것을 책망하지 않고, 포도주를 조금씩 사용하라고 권고하였다. 이것은 디모데에게 유익한 것이었다. 여기서 바울이 우리에게 사용하라고 명하는 것은 포도주와 같이 중립적인 성분이다.

이와 같은 실례를 통해서 한 가지 교훈을 배울 수 있다. 우리는 디모데가 그러했듯이 하나님을 믿고 의뢰해야 한다. 그러나 동시에 극단에 치우쳐서는 안 된다. 우리의 육신이 허약할 때, 주님의 인도를 받아 특별히 영양가있는 음식을 섭취하는 법을 배워야 한다. 그렇게 주님의 인도하심을 따라 영양분을 조금 섭취함으로써 우리의 몸이 건강해질 수 있다. 주님이 다시 오시는 날 우리 몸이 영광스러운 부활의 몸으로 바뀌며 완전한 구속을 받기 전까지, 우리는 물리적인 신체를 가진 인간으로 존재한다. 따라서 우리는 몸의 자연적인 필요에 주의를 기울여야 한다.

이와 같이 영양분이 있는 음식물을 사용하는 것은 믿음에 배치(背馳)되지 않는다. 다만 신자들은 이러한 영양 섭취만 알고 하나님을 신뢰하지 않는 일이 없도록 주의해야 한다.

질병보다는 건강을!

하나님을 믿는 성도들 가운데 어떤 이들은 극단으로 치우쳐 있다. 그들은 본래 고집이 세고 완고했으나, 하나님께서 그들에게 주신 질병의 채찍을 통해 부서졌다. 하나님의 징계의 목적에 순종함으로써 그들은 매우 유순해지고, 친절해졌으며 거룩해졌다. 그러나 이 사람들은 질병으로 인해 자신의 삶이 변화되었기 때문에 건강보다 질병을 더 귀하게 여기기 시작한다. 그들은 질병을 영적 성장의 디딤돌로 생각한다. 그래서 병이 낫기를 원하는 대신, 그들에게 오는 병을 부자연스럽게 받아들인다. 그들은 자기들이 낫게 되어 있다면 하나님께서 친히 간섭하셔서 그들을 치유해 주실 거라고 주장한다. 그들의 생각에 의하면, 건강한 상태보다는 아픈 상태에서 거룩해지기가 더 쉽다. 육신이 건강해서 활동할 때보다 활동하지 못하고 병에 시달릴 때 하나님과 더 가까워지며, 일어나서 이리저리 돌아다니는 것보다 침대에 누워있는 것이 훨씬 좋다고 생각한다. 따라서 그들은 하나님의 치유를 구하려 하지 않는다.

건강이 약함보다 **더 유익하다**는 사실을 어떻게 그들에게 알려줄 수 있을까? 물론 질병을 경험하는 중에 많은 신자들이 자기의 사악함을 버리고 더 깊은 체험을 한다. 우리는 많은 환자들과 허약한 사람들이 다른 사람들보다 더 경건하고 더 많은 영적 체험을 한다는 것을 인정한다. 그러나 우리는 이에 덧붙여, 많은 그리스도인들이 몇 가지 점에 관하여 명확하게 이해하지 못하고 있다는 사실을 고백하지 않을 수 없다.

환자는 거룩할 수 있으나, 이러한 거룩은 조금 비정상적이다. 일단 병이 낫고 선택의 자유를 되찾으면 그가 세상과 "자아"로 다시 돌아가지 않으리라는 보장이 있는가? 그는 질병으로 신음할 때는 거룩하고, 건강할 때는 세상적으로 변한다. 그렇다면 주님께서 그를 거룩한 상태로 유지시키기 위해서는 계속해서 병중에 있도록 해야 되는 것이다. 이 사람의 거룩은 질병에 좌우된다. 그러나 우리는 주님과 함께하는 생활이 병에 구애될 필요가 없다는 사실을 알아야 한다. 사람이 질병의 멍에 아래 있지 않으면 매일의 생활에서 하나님께 영광을 돌릴 수 없다고 생각해서는 절대 안 된다. 그와는 반대로, 신자는 평범한 일상 생활에서 하나님의 생명을 나타 낼 수 있어야 한다. 고통을 참을 수 있다는 것은 좋은 일이다. 그러나 건강한 상태에서 하나님께 순종할 수 있다면 더욱 좋지 않겠는가?

치유가 하나님께 속한 것임을 알아야 한다. 사람의 약으로 고침을 받으려고 노력하다 보면 우리는 자연히 하나님으로부터 멀어진다. 그러나 하나님에 의해 치유받기를 열망하면 우리는 하나님과 더욱 가까워진다. **하나님**에 의해 나음을 입은 사람은 항상 병에 시달리고 있는 사람보다 훨씬 더 하나님께 영광을 돌린다. 질병이 하나님을 영화롭게 할 수 있는 것은, 하나님의 치유의 능력을 나타낼 기회를 제공해 주기 때문이다(요 9:3). 그렇지만 그 사람이 오랫동안 아픈 상태에만 머물러 있다면, 어떻게 하나님이 영광을 받으실 수 있겠는가? 우리가 하나님에 의해 고침을 받을 때, 하나님의 영광과 능력을 증거하게 된다.

주 예수님께서는 질병이 축복이며, 그를 따르는 자들은 죽을 때까지 질병을 견뎌야 한다고 말씀하지 않으셨다. 주님은 또한 질병이 아버지의 사랑의 표현이라고 말씀하지도 않으셨다. 예수님께서는 제자들에게 십자가를 질 것을 요구하셨으나, 병든 자들이 오랫동안 아픈 상태에 머물러 있도록 내버려두지는 않으셨다. 주님께서는 제자들이 자기를 위해 고난을 받아야 한다고 말씀하셨지만, 자기를 위해서 병들어야 한다고 말씀하시지는 않았다. 주님은 우리가 세상에서 환난을 당할 것이라고 말씀하셨지만, 질병을 환난으로 보지는 않으셨다. 주님께서 지상에 계실 때 수많은 고난을 당하셨지만, 질병으로 앓아 누우신 적은 없다. 더구나 그분은 병든 자를 만날 때마다 고쳐 주셨다.

질병

우리는 고난과 질병을 구분해야 한다. "의인은 고난이 많으나 여호와께서 그 모든 고난에서 건지시는도다 그 모든 **뼈**를 보호하심이여 그 중에 하나도 꺾이지 아니하도다"(시 34:19, 20). "너희 중에 고난당하는 자가 있느냐?" 하고 야고보는 묻는다. 그러고는 저가 은혜와 힘을 얻도록 "기도하라"고 말한다. 그러나 야고보는 계속해서 "너희 중에 병든 자가 있느냐 저는 교회의 장로들을 청할 것이요"(약 5:13, 14)라고 말한다.

고린도전서 11:30-32은 그리스도인과 질병의 관계를 가장 포괄적으로 설명하고 있다. 질병은 하나님께서 사용하시는 하나의 채찍일 수가 있다. 그리스도인이 자신을 기꺼이 판단하려 할 때, 하나님은 질병을 거두어 가신다. 하나님께서는 자기 자녀가 오랫동안 질병으로 고생하는 것을 원치 않으신다. 하나님의 징계는 영원히 지속되지 않는다. 원인이 제거되는 즉시 징계도 따라 제거된다. "무릇 징계가 당시에는 즐거워 보이지 않고 슬퍼 보이나 **후에** 그로 말미암아 연달한 자에게는 의의 평강한 열매를 맺나니"(히 12:11). 신자들은 여기서 "후에"라는 말을 잊어버리기 쉽다. 이와 같이 징계는 잠정적이다. 잠정적인 징계가 끝나면, 후에는 가장 가치있는 의의 열매를 맺을 것이다.

우리는 하나님의 징계를 징벌로 잘못 생각하는 일이 없어야겠다. 엄격히 말해서, 신자들은 더 이상 심판을 받지 않는다. 고린도전서 11:31 말씀은 이것을 뒷받침해 준다. 죄는 반드시 그에 상응하는 징벌을 받아야 하지만, **율법**의 개념은 더 이상 우리와 함께하지 않는다. 여기서 우리의 문제는 법적인 것이 아니라 가족적인 것이다.

이제 우리의 육신에 관한 성경의 가르침으로 다시 돌아가 보자.

어떤 사람들이 가지고 있는 육신에 관한 개념을 완전히 뒤엎는 성경 구절이 하나 있다. "사랑하는 자여 네 영혼이 잘됨같이 네가 범사에 잘되고 강건하기를 내가 간구하노라"(요삼 2절). 이것은 사도 요한이 성령의 계시를 받아 한 기도이다. 따라서 이 구절은 신자의 육신에 관한 하나님의 영원한 생각을 나타내는 것이다. 하나님께서는 자기 자녀들이 평생 질병으로 신음하면서 능동적으로 하나님을 섬기지 못하는 것을 원하지 않으신다. 사도 요한은 그들의 영혼이 잘됨같이 그들이 육적으로도 강건하기를 빌고 있다. 따라서 우리는 오랫동안 지속되는 병이 결코 하나님의 뜻이 아니라는 것을 분명히 알 수 있다. 그분은 질병을 사용하여 잠시 우리를 징계하시지만, 만성적인 질병으로 인하여 신자가 오랫동안 고통 당하는 것을 기뻐하지는 않으신다.

데살로니가전서 5:23의 말씀도 이와 같이 지나치게 오랫동안 지속되는 질병은 하나님의 뜻이 아니라는 사실을 입증해 준다. 몸도 영과 혼처럼 흠없이 보전되어야 한다. 하나님은 우리 몸이 여전히 병들고 연약하고 고통 가운데 있으면서 영과 혼이 강건하고 흠없는 것을 기뻐하지 않으신다. 하나님의 목적은 그 사람 전체를 구원하시는 것이지, 일부를 구원하는 것이 아니다.

예수님의 행적을 보아도 질병에 대한 하나님의 뜻을 알 수 있다. 왜냐하면 예수님은 하나님의 뜻만을 행하셨기 때문이다. 특히 문둥병을 고쳐주신 일을 통해서 예수님은 병자에 대한 하나님 아버지의 마음을 보여 주신다. 문둥병자는 "주여 원하시면 저를 깨끗케 하실 수 있나이다" 하고 탄원했다. 이 문둥병자는 천국 문을 두드리면서 자기를 고쳐 주는 것이 하나님의 뜻인지 아닌지를 묻고 있다. 주님은 손을 내밀어 저에게 대시며 "내가 원하노니 깨끗함을

질병

받으라"고 말씀하셨다(마 8:2, 3). 치유는 종종 하나님의 마음을 나타낸다. 하나님께서 고쳐 주기를 꺼리신다고 생각하는 사람은 하나님의 뜻을 알지 못하고 있는 것이다. 예수님의 지상 사역에는 "병든 자를 다 고치는 일"도 포함되었다(16절). 그런데 어떻게 우리 마음대로 하나님께서 이제 태도를 바꾸셨다고 말할 수 있겠는가?

오늘날 하나님의 목적은 "뜻이 하늘에서 이룬 것같이 땅에서도 이루어지는" 것이다(마 6:10). 하늘에서는 하나님의 뜻이 이루어졌다. 거기에도 질병이 있는가? 그렇지 않다! 질병과 하나님의 뜻은 서로 양립할 수 없다. 그리스도인이 하나님께 병낫기를 구했으나 낫지 않아 희망을 버린 후에, 마치 주님의 뜻이 질병이나 죽음과 동의어인 것처럼 "주의 뜻이 이루어지이다"라고 기도한다면 그는 큰 잘못을 범하는 것이다. 하나님께서는 자기 자녀가 병드는 것을 원치 않으신다. 종종 자녀들의 유익을 위해 질병을 허용하시는 경우가 있지만, 하나님의 명확한 뜻은 언제나 자녀들이 건강한 것이다. 하늘에는 질병이 없다는 사실만 보아도 이것은 자명한 것이다.

질병의 출처를 추적해 본다면, 하나님의 치유를 간구해야겠다는 마음이 배로 증가할 것이다. 예수님께서는 18년 동안을 앓으며 꼬부라져 펴지 못하는 여인을 가리켜 "사탄에게 매인 바"되었다고 말씀하셨다(눅 13:16). 시몬의 장모의 병을 고치셨을 때 예수님께서는 "열병을 꾸짖으셨다"(눅 4:39). 그와 똑같은 방법으로 예수님은 귀신을 꾸짖으셨다(31-41절 참조). 욥기에서도 욥에게 질병을 가져다 준 것이 사탄이었음을 볼 수 있다(1,2장). 그러나 욥의 질병을 고쳐 주신 것은 하나님이었다(42장). 바울 사도를 괴롭게 한 육체의 가시는 "사탄의 사자"였다(고후 12:7). 바울을 강건하게 하신이는 하나님이다. 사망의 세력을 잡은 자는 마귀이다(히 2:14). 질병이 무르익으면 사망을 낳는다. 질병은 곧 죽음의 일면이다. 사망의 권세를 가진 이가 사탄이기 때문에, 질병의 권세를 가진 이도 사탄이다. 사망은 질병의 단계를 넘어선 최종 단계에 불과하기 때문이다.

이 구절들을 통해서 우리는 질병이 마귀에게서 비롯한다는 결론에 이른다. 하나님은 사탄이 성도들을 공격하도록 **허용하신다**. 이는 성도들의 생활에 결함이 있기 때문이다. 성도들이 질병 중에도 하나님께서 징계하시는 사항을 시정하지 않고 계속 질병 가운데 신음한다면, 그들은 하나님의 훈계를 저버리고 대신 질병을 환영하고 있는 것이나 다름없다. 그렇게 함으로써 그들은 스스로 사탄의 압제하에 들어간다. 하나님의 계시된 뜻에 복종한 후에 다시 사탄 멍에를 메는 것만큼 어리석은 일이 어디 있겠는가?

질병은 마귀로부터 비롯된다는 사실을 깨닫고, 우리는 이를 저항할 줄 알아야 한다. 질병은 원수에게 속하므로, 우리가 그것을 환영해서는 안 된다는 것을 분명히 알고 있어야 한다. 하나님의 아들은 우리를 자유케 하려고 오셨지 우리를 속박하려고 오신 것이 아니다.

왜 질병이 더 이상 필요하지 않은데도 하나님께서 그 질병을 거두어 가시지 않는가? 많은 성도들이 이런 질문을 한다. 하나님께서 우리를 다루시는 원칙을 명심하자. 그 원칙은 언제나 "네 믿은 대로 될지어다"(마 8:13)라는 것이다. 하나님께서는 자녀들의 질병을 고쳐 주기 원하시지만 그들의 불신과 기도하지 않음으로 인해 그대로 내버려두실 수밖에 없는 경우가 종종 있다. 만일 그리스도인이 마치 질병이 자신을 세상에서 구원하고 더 거룩하게 해주기

질병

라도 할 것처럼 질병을 환영한다면, 주님께서는 그 사람이 구하는 것을 주실 수밖에 없다. 하나님께서는 종종 성도들의 수용 능력에 따라 그들을 다루신다. 하나님께서는 성도들의 질병을 고쳐주시는 것을 가장 기뻐하시지만, 믿음의 기도가 부족하기 때문에 이 귀한 선물은 모든 사람에게 주어지지 않는다.

우리가 하나님보다 현명한가? 우리가 성경의 계시를 능가해야 하는가? 병실은 종종 그 안에 있는 사람이 깊이 감화를 받는 성소와 같다. 그러나 질병은 하나님이 정하신 뜻도 아니고 하나님의 최선도 아니다. 우리가 일시적인 기분이나 감정을 따르고 계시된 하나님의 뜻을 무시하면, 하나님은 우리가 원하는 것을 가지도록 하실 수밖에 없다. 많은 경건한 성도들이 이렇게 말한다. "나의 병이 낫고 낫지 않는 것은 하나님의 손에 달려있다. 나는 하나님께서 그분의 뜻을 행하시도록 모든 것을 맡긴다." 그러나 이들은 대체로 약을 사용한다. 이것이 모든 것을 하나님께 맡기는 것인가? 이러한 생활은 얼마나 모순적인가!

이들의 순종은 영적인 무기력을 나타내는 신호에 불과하다. 이들은 마음속으로 건강을 갈구하지만, 그렇게 단순한 욕망만으로는 하나님이 일하시도록 재촉할 수 없다. 이들은 오랫동안 질병을 수동적으로 받아들였기 때문에, 자유를 찾으려는 용기를 모두 상실하고 단순히 질병에 굴복하고 만다. 이 사람들에게 가장 좋은 것은, 다른 사람들이 그들 대신 믿어 주거나, 하나님이 그들에게 믿음을 주시는 것이다. 그러나 하나님께서 주시는 믿음은, 그들의 의지가 적극적으로 마귀를 대적하고 예수님을 붙잡지 않으면 결코 오지 않는다. 많은 성도들이 질병에 시달리는 것은, 필요하기 때문이 아니라 하나님의 약속을 붙들 힘이 부족하기 때문이다.

우리가 치유를 받기 위해 하나님을 의지하면, 자연히 치유를 받은 후에는 건강을 계속 유지하기 위해서 거룩한 생활을 해나갈 것이다. 주님은 우리의 건강을 회복시킴으로써 우리 몸을 소유하신다. 주님과의 새로운 관계와 새로운 체험에서 얻는 기쁨은 말로 다 할 수 없는데, 이는 병이 나았기 때문이 아니라 삶을 새롭게 접하기 때문이다. 그러한 때에 성도는 아플 때보다 더 주님을 영화롭게 한다.

따라서 하나님의 자녀는 치유받기 위해 노력해야 한다. 먼저 질병을 통해 하나님께서 말씀하시는 것을 듣고, 그 다음에 마음을 다하여 그 말씀에 따라 행하여야 한다. 또한 보다 더 나아가서 자신의 몸을 새롭게 하나님께 드리라. 가까이에 교회의 장로들이 있으면 그들을 초청하여 주의 이름으로 기름을 바르게 하라(약 5:14, 15). 그렇지 않으면 조용히 믿음을 행사하여 하나님의 약속을 붙들라(출 15:26). 그리하면 하나님께서 우리를 치료해 주실 것이다.

(원문에는 없지만 워치만 니가 1948년에 질병과 신유에 관해서 설교한 내용을 이 곳에 삽입하는 것이 독자들에게 유익할 것이라고 생각하여, 이 곳에 그의 설교 전체를 삽입한다. 몇 군데 중복되는 내용이 나오지만 설교 전체를 싣기 위해 생략하지 않고 전부 번역했다-영문판 역자 주.)

하나님 앞에서 질병에 관한 몇 가지 문제들을 함께 생각해 보자.

1. 질병과 죄의 관계

인류가 타락하기 전에는 어떠한 질병도 존재하지 않았다. 질병은 인간이 죄를 범한 이후에 생긴 것이다. 질병과 사망은 모두 죄의 결과라고 말할 수 있다. 왜냐하면 한 사람의 죄로 말미암아 죄와 사망이 세상에 들어왔기 때문이다(롬 5:12). 사망이 모든 사람에게 퍼지는 것처럼, 질병도 모든 사람에게 퍼진다. 모든 사람이 아담과 같은 죄를 짓지는 않았지만, 아담의 죄로 말미암아 모든 사람이 죽는다. 죄가 있는 곳에 죽음이 있다. 이 둘 사이에 우리가 말하는 질병이 있다. 이것은 모든 질병에 공통적인 요인이다. 그러나 실제로 사람이 앓게 되는 질병의 원인에는 여러 가지가 있다. 어떤 질병은 죄로부터 비롯되지만, 그렇지 않은 질병도 있다. **인류에 관한 한, 질병은 죄로부터 비롯된다. 그러나 개인에 관해서는, 그럴 수도 있고 그렇지 않을 수도 있다.**

이 두 가지 유형의 질병을 구별할 필요가 있다. 여하간 변할 수 없는 사실은, 죄가 없다면 사망도 질병도 있을 수 없다는 것이다. 또한 세상에 사망이 없다면 어떻게 질병이 있을 수 있겠는가? 사망은 죄로부터 비롯되고, 질병은 사망의 서막을 장식하는 것에 불과하다. 그러나 이것은 모든 사람에게 동일하게 적용되는 것은 아니다. 왜냐하면 많은 성도들이 죄로 인해서 질병에 걸리지만, 경우에 따라서는 다른 이유로 병에 걸리는 수도 있기 때문이다. 따라서 죄와 질병의 관계에 대해, 우리는 전체 인류에 적용할 때와 개인에게 적용할 때를 잘 구분해야 한다.

구약의 레위기나 민수기를 읽어보면, 이스라엘 백성들이 여호와 하나님을 순종하고 하나님의 길을 따라 행하며 하나님의 율법을 거역하지 않고 죄를 범하지 않으면, 하나님께서 그들에게 질병을 내리지 않겠다고 약속하신 것을 볼 수 있다. 이 실례를 통해서 알 수 있는 것은, 많은 질병들이 죄와 하나님에 대한 불순종으로 말미안는다는 것이다. 그러나 신약을 읽어보면 어떤 질병들은 그 원인이 개인의 죄에 있지 않은 것을 볼 수 있다.

사도 바울은 그의 서신에서 자기 아버지의 아내와 동침한 죄를 범한 사람을 언급하면서, 그의 육신을 멸하기 위해 사탄에게 내어 주었다고 말하였다(고전 5:4, 5). 이 실례를 보아 분명히 알 수 있는 것은, 어떤 질병은 죄로 말미암아 온다는 것이다. 죄의 삯은 그 죄가 가벼우면 질병이고, 그 죄가 중하면 사망이다. 고린도후서 7:9-10에 언급된 사람의 경우, 그는 죽음에 이를 정도로 아프지 않았다. 그는 하나님의 뜻대로 근심하여 후회할 것이 없는 구원에 이르게 하는 회개를 이루었기 때문이다. 사도 바울은 고린도 교회에게 이러한 사람을 용서해 주라고 말한다(고후 2:6, 7). 고린도전서 1:5에서는 이 사람의 육신을(그의 생명이 아니라) 사탄에게 내어주었다고 했다. 그는 병에 걸렸으나, 죽지는 않았다.

사도 바울은 또한 고린도 교회에 "주의 몸을 분변치 못하고" 주의 성찬에 참예한 자들이 약해지고 병들었으며, 심지어 어떤 이들은 죽기까지 했다고 기록하였다(고전 11:29, 30). 이것은 주님께 불순종한 죄가 질병을 초래했음을 나타낸다.

성경은 많은 사람들이(전부는 아니지만) 죄로 인해서 질병에 걸린다는 사실을 충분히 언급했다. 따라서 질병이 생겼을 때 제일 먼저 취해야 할 조치는, 우리 자신을 살펴 하나님께 죄를 범한 일이 없는가를 면밀히 검토하는 것이다. 이렇게 자신을 검토해 봄으로써 많은 사람들은 자기의 질병이 죄 때문이라는 사실을 알게 된다. 그들은 특정한 면에서 하나님께 반항했거나 하나님 말씀에 불순종하였다. 그들은 타락한 것이다. 그러나 구체적인 죄가 발견되는 즉시 죄를 고백하면, 그 질병으로부터 나음을 입을 수 있다. 수많은

SPIRITUAL

믿음의 선배들이 이와 같은 경험을 하였다. 하나님 앞에서 질병의 구체적인 원인이 밝혀지는 즉시, 또는 얼마 후에 그 질병은 떠난다. 이것은 의학적으로 설명될 수 없는 신비이다.

질병은 반드시 죄로부터 비롯되는 것은 아니다. 그러나 많은 경우에 죄가 원인이 된다. 우리는 많은 질병이 자연적인 원인을 가지고 있음을 인정한다. 그러나 모든 질병이 다 자연적인 원인을 가지고 있지는 않다.

나는 의과대학 교수로 있는 한 그리스도인이 학생들에게 다음과 같이 강의한 것을 기억한다. "지금까지 우리는 질병의 자연적인 원인들에 관해서 연구해 보았습니다. 예를 들면, 구균(球菌)은 그 종별에 따라 각각 상이한 질병의 원인이 됩니다. 그러므로 지금까지의 이론을 근거로 하면 특정한 병은 특정한 원인을 가지고 있습니다. 그러나 동일한 조건하에 있는 사람들 간에, 왜 어떤 사람은 병에 감염되고 어떤 사람은 감염되지 않는지는 아직 설명할 길이 없습니다. 예를 들어, 열 사람이 동시에 동일한 구균이 있는 방에 들어갔다고 합시다. 우리의 상식으로는 신체적으로 연약한 사람이 감염될 것입니다. 그러나 그와 반대로 연약한 사람이 감염되지 않고 건강한 사람이 감염될 수도 있습니다. 따라서 우리는 자연적인 원인 외에 하나님의 섭리가 작용한다는 것을 인정하지 않을 수 없습니다." 나는 개인적으로 이 형제가 아주 잘 말해 주었다고 생각한다. 가능한 모든 예방 조처를 다 해도 질병에 걸리는 경우가 얼마나 많은가?

또 하나의 예를 들어 보겠다. 학교 친구 중의 한 명이 자기가 북경대학에 다닐 때 경험했던 이야기를 해준 적이 있다. 그가 다니던 의과대학에는 학문적 조예는 깊으나 인내심이 부족한 교수가 있었다. 그분은 보통 시험 문제를 아주 간단하게 냈다. 한번은 "사람들이 결핵에 걸리는 원인"을 설명하라고 했다. 질문은 매우 간단했으나, 많은 학생들이 정확한 답을 쓰지 못하였다. 대부분의 학생들은 "결핵균을 보유하고 있었기 때문"이라고 답안을 작성했다. 그러나 이러한 답을 쓴 사람은 점수를 받지 못하였다. 그 교수의 설명에 의하면, 지구는 결핵균으로 가득 차 있으나 모든 사람이 결핵에 걸리는 것은 아니다. 그는 결핵균이 결핵이라는 병을 일으키는 것은 일정한 조건하에서만 이루어진다는 것을 상기시켰다. 결핵균만이 결핵의 원인이 될 수는 없다. 대부분의 학생들이 알맞은 조건의 중요성을 망각했던 것이다. 그러므로 많은 자연적인 요인들이 있음에도 불구하고 그리스도인들이 병에 걸리는 것은 오로지 하나님께서 알맞은 조건하에 있도록 허락하셨기 때문이라는 사실을 알아야겠다.

    물론 우리는 질병의 자연적인 원인이 있다는 것을 믿는다. 이것은 과학적으로 입증되었다. 그러나 우리는 고린도전서 11장에 나타난 경우와 같이, 하나님의 자녀들이 병에 걸리는 것은 많은 경우에 하나님께 죄를 범했기 때문이라는 사실을 인정한다. 따라서 이런 경우에는 반드시 제일 먼저 용서를 구하고, 그 다음에 치유를 구해야 한다. 우리는 종종 질병이 생긴 직후에 자기가 어디에서 하나님께 죄를 범하였고 어떻게 말씀에 불순종하였는가를 발견할 수 있다. 이 때 죄를 자백하고 문제를 해결하면 질병은 곧 사라진다. 이것은 신비로운 체험이다. 그러므로 우리가 맨먼저 알아야 할 사항은 죄와 질병의 관계이다. 일반적으로 질병은 죄의 결과이며, 개인적으로도 질병이 죄의 결과일 때가 많다.

2. 질병과 주님의 역사

"그는 실로 우리의 질고를 지고 우리의 슬픔을 당하였거늘 우리는 생각하기를 그는 징벌을 받아서 하나님께 맞으며 고난을 당한다 하였노라 그가 찔림은 우리의 허물을 인함이요 그가 상함은 우리의 죄악을 인함이라"(사 53:4, 5). 구약 전체를 통하여 이사야 53장이 신약에서 가장 많이 인용하는 장이다. 이 구절들은 주 예수 그리스도에 대해 말하는데, 특히 우리의 구주로서의 예수님을 언급하고 있다. 4절은 "그는 실로 우리의 질고를 지고 우리의 슬픔을 당하였다"고 단언한다. 반면에 마태복음 8:17은 "이는 선지자 이사야로 하신 말씀에 우리 연약한 것을 친히 담당하시고 병을 짊어지셨도다 함을 이루려 하심이더라"고 말하고 있다. 이 구절을 통해서 분명히 알 수 있는 것은, 주님은 우리의 연약한 것을 담당하시고 병을 짊어 지시기 위해 오셨다는 사실이다.

십자가에 달리시기 전부터 그분은 이미 우리의 연약함을 담당하시고 질병을 짊어지셨다. 예수님은 지상에서 사역하시는 동안 병 고치는 일을 자신의 임무와 과업 중의 하나로 삼으셨던 것이다. 그분은 복음을 전파하실 뿐만 아니라 질병도 고치셨다. 한편으로는 기쁜 소식을 전파하고, 다른 한편으로는 연약한 자를 강건케 하시고, 마른 손을 회복시켜 주시고, 문둥병자를 깨끗게 하시고, 중풍병자를 일으키셨다. 지상에 계시는 동안 예수님은 말씀을 전파하고 이적을 행하는 일에 온전히 헌신했다. 그분은 선을 행하시고, 병든 자를 고치시며, 귀신을 쫓아내셨다. 이 모든 일의 목적은 죄의 결과인 질병을 정복하기 위한 것이었다. 주 예수님은 죄와 사망과 또한 질병도 처리하시기 위해 세상에 오셨다.

시편 103편은 많은 성도들이 잘 알고 있는 말씀이다. 나 자신도 이 말씀을 즐겨 읽는다. 다윗은 "내 영혼아 여호와를 송축하라 내 속에 있는 것들아 다 그 성호를 송축하라"고 말한다(1절). 왜 송축해야 하는가? "내 영혼아 여호와를 송축하며 그 모든 은택을 잊지 말지어다"(2절). 그의 은택이란 무엇을 말하는 것인가? "저가 네 모든 죄악을 사하시며 네 모든 병을 고치시며"(3절). 질병은 두 가지 요소와 연결되어 있다는 사실을 알기 바란다. 한쪽에는 죽음이 있고 다른 한쪽에는 죄가 있다. 앞에서 우리는 죄의 결과가 어떻게 해서 사망이 되는가를 언급했고, 그 안에 질병도 포함된다는 것을 이야기했다. 사망과 질병은 모두 죄의 결과이다. 시편 103편에서도 죄와 질병이 연결되어 있는 것을 볼 수 있다. 영혼의 죄 때문에 육체에 질병이 들어오기도 한다. 그리고 우리의 죄가 사해질 때 우리의 질병도 치료받을 수도 있다. 우리 몸의 문제는 내적으로는 죄이고 외적으로는 질병이다. 그러나 주님께서 이들을 모두 처리하셨다.

하나님이 우리의 죄를 사해 주시는 것과 질병을 낫게 해주시는 것 사이에는 물론 근본적인 차이가 있다. 그 차이는 무엇인가? 우리의 죄는 주님께서 십자가에 달리셨을 때 담당하셨다. 따라서 이 세상에는 용서받지 못한 죄가 남아 있지 않다. 왜냐하면 하나님의 구속 사업은 완전하여, 죄가 뿌리채 뽑혔기 때문이다. 그러나 예수님께서 우리의 연약함을 담당하시고 질병을 짊어지신 지상에 계실 때였다. 따라서 주님은 모든 질병과 연약한 것을 완전히 제거하지는 않으셨다. 바울이 "내가 죄를 지을 때 거룩해진다"고 말하지 않고 "내가 약할 그 때에 곧 강함이니라"고 말했던 것을 유의해 볼 필요가 있다(고후 12:10). 한마디로 말해서, 죄는 영원히 완전하게

질병

처리되었지만, 질병은 제한적으로 처리된 것이다.

하나님의 구속 사업에서 질병의 처리는 죄의 처리와 다르다. 죄는 완전히 멸절되었지만, 질병은 그렇지 않다. 예를 들어 디모데는 계속해서 위가 약했다. 주님께서 그의 종에게 이러한 연약함을 허락하신 것이다. 따라서 하나님의 구원에 있어서, 질병은 죄처럼 완전히 근절되지 않았다. 어떤 사람은 예수님께서 사람의 죄만 담당하시고 질병은 담당하지 않으셨다고 주장한다. 또 어떤 사람은 그와는 반대로 예수님께서 질병을 담당하신 정도가 죄를 담당하신 것만큼 광범위하고 완전하다고 주장한다. 그러나 성경은 예수님께서 죄와 질병을 모두 담당하셨으며, 다만 죄에 관한 처리는 무한하나, 질병에 관한 처리는 제한성이 있다고 말해 준다. 우리는 세상의 **모든** 죄를 지고 가신 하나님의 어린양을 바라보아야 한다. 그분은 각 사람의 모든 죄를 담당하셨다. 따라서 죄의 문제는 이미 해결되었다. 그러나 질병은 아직도 하나님의 자녀들에게 세력을 떨치고 있다.

그러나 예수님께서 실로 우리의 질병을 담당하셨으므로, 질병이 현재 그리스도인들 사이에 나타나고 있는 만큼 횡행해서는 안 된다고 주장하는 바이다. 주님께서 지상에 계실 때 그의 사역 중의 하나로 병 고치는 일도 하셨음은 틀림없는 사실이다. 그분은 병 고치는 일을 자신의 사역에 포함시키셨다.

수많은 성도들이 치유받을 기회를 놓쳤기 때문에 여전히 질병으로 고통당하고 있다. 이들은 아예 주님께서 우리의 질병을 담당하셨다는 사실조차 알지 못한다. 이 점에 관해서 좀더 언급하기로 한다. 바울은 세 번 기도하여 낫기를 구한 후에, 그 육체의 가시가 자기에게 유익하기 때문에 남아있다는 것을 확신하게 되었다. 그와 같이 우리도 확신을 얻기 전까지는 낫기를 구해야 한다. 바울은 세 번씩이나 기도하고, 주님의 은혜가 그에게 충분하다는 것을 깨닫고, 자기가 연약한 가운데 주님의 능력이 온전하여진다는 것을 분명히 알게 된 후에, 자신의 연약함을 받아들였다. 우리의 연약함이 하나님의 뜻이라는 것을 확신하기 전까지, 우리는 담대하게 주님께서 친히 그 연약함을 담당하시고 우리의 질병을 제거해 주시기를 간구해야 한다.

하나님의 자녀들이 이 세상에 사는 것은 병들어 고통을 받기 위한 것이 아니라, 하나님께 영광을 돌리기 위한 것이다. 아픈 것이 하나님께 영광을 돌리는 것이라면, 이것은 좋은 것이다. 그러나 많은 질병이 하나님께 영광을 돌리지 못한다. 따라서 우리가 질병으로 신음할 때는 주님을 신뢰하는 것을 배워야 하며, 주님께서 우리의 질고를 담당하신다는 것을 깨달아야 한다. 주님은 지상에 계실 때 많은 질병을 고쳐 주셨다. 그분은 어제나 오늘이나 영원토록 동일하신 분이다. 그러므로 우리는 자신의 연약함을 주님께 맡기고 주님의 치유를 간구해야 한다.

3. 질병에 대한 신자의 태도

그리스도인이 병에 걸려 신음할 때마다 맨먼저 해야 할 일은, 주님 앞에서 그 질병의 원인을 묻는 것이다. 지나치게 근심하며 낫기만을 구해서는 안 된다. 바울은 자기의 연약함에 대해 좋은 모범을 보여 주었다. 우리는 주님께 불순종한 일이 있는지, 어디에선가 죄를 범하였는지, 누구에게 빚진 일이 있는지, 자연법을 어긴 적이 있는지, 또는 자기에게 맡겨진 임무를 게을리 한 적이 있는지, 면밀히 검토해 보아야 한다. 우리는 종종 자연법을 어김으로써 하나님께 죄를 범할 수 있다는 사실을 알아야 한다. 하나님은 자연에 법칙을 세우시고 그 법칙에 의해 우주를 다스리시기 때문이다.

많은 사람들이 죽음을 두려워한다. 그래서 아프기가 무섭게 의사를 찾고, 낫기만을 갈구한다. 그리스도인은 그러한 태도를 취해서는 안 된다. 그는 먼저 질병의 원인을 알아내려고 노력해야 한다. 그러나 많은 성도들이 인내심이 부족하다. 그들은 병에 걸리는 즉시 치료책을 찾기에 급급하다. 당신은 소중한 생명을 잃을까봐 두려워, 기도를 통해 하나님께 치유를 구하는 동시에 의사를 찾아가 약이나 주사를 달라고 하지는 않는가? 이러한 태도는 당신의 생각이 자아로 가득 차 있다는 것을 증명해 준다. 매일매일의 생활이 자아 중심적이었던 그리스도인은 병이 들었을 때도 자아 중심적일 수밖에 없다. 이들은 병이 생기기가 무섭게 치료 방법을 찾아 동분 서주하게 된다.

그러나 한 가지 말해주고 싶은 것은, 걱정하는 것은 아무 도움도 안 된다는 것이다. 당신이 하나님의 자녀인 이상, 당신의 치유는 그렇게 간단하지 않다. 지금 일단 병이 낫는다 하더라도, 원인이 제거되지 않으면 다시 병에 걸릴 것이다. 따라서 성도는 먼저 하나님 앞에서 자신의 문제를 해결해야 한다. 그러면 그 몸의 문제도 해결 될 것이다.

질병을 통해서 배우게 된 교훈은 무엇이든 명심하여야 한다. 하나님과 교제할 때 많은 문제들이 속히 해결될 것이기 때문이다. 질병의 원인은 종종 어떤 구체적인 죄나 잘못으로 인한 것일 수도 있다. 그 죄를 자백하고 용서를 구하면 하나님의 치유를 기대할 수 있다. 또 어떤 경우에는 그 질병이 사탄의 공격과 관련이 있을 수도 있다. 어쩌면 하나님의 훈련이 그 병약한 상태와 관련되어 있을 수도 있다. 하나님께서는 종종 질병을 통해 징계하심으로, 성도를 더욱 거룩하고 순종적인 사람으로 만드신다. 하나님 앞에서 이런 문제들을 다룰 때, 질병의 정확한 원인을 알게 될 것이다. 경우에 따라서는 하나님께서 약간의 자연적인 처방이나 의학의 도움을 받도록 허용하실 수도 있다. 그러나 어떤 때는 그러한 도움 없이 즉각적으로 치유해 주실 수도 있다.

우리가 알아야 할 것은, 치유는 하나님 손 안에 있다는 사실이다. 우리는 치유하시는 하나님을 의지하는 법을 배워야 한다. 구약에 보면 하나님이 독특한 이름을 가지고 계신 것을 알 수 있다. "나는 너희를 치료하는 여호와임이니라"(출 15:26). 이 점에 관해서는 자기 백성에게 자비를 베푸시는 하나님을 의지해야 한다.

그러므로 병에 걸렸을 때 신자가 먼저 취해야 할 조처는 병의 원인을 찾아내는 것이다. 그 다음에 치유를 위해 몇 가지 방법들을 사용할 수 있다. 그 한 가지 방법은 교회의 장로들을 청하여 기름을 바르고 기도하게 하는 것이다. 이것이 성경에 나와 있는 질병에 대한 유일한 명령이다.

"너희 중에 병든 자가 있느냐 저는 교회의 장로들을 청할 것이요 그들은 주의 이름으로 기름을 바르며 위하여 기도할지니라 믿음의 기도는 병든 자를 구원하리니 주께서 저를 일으키시리라 혹시 죄를 범하였을지라도 사하심을 얻으리라"(약 5:14, 15).

치료책을 찾기 위해 서두르지 말고, 먼저 하나님과 교제를 해야 한다. 그 다음에 행해야 하는 구체적인 일들 중의 하나가 교회의 장로들을 청하여 기름을 바르게 하는 것이다. 기름을 바르는 것은 머리이신 그리스도로부터 그 몸의 지체인 성도에게 기름이 흘러내

질병

리는 것을 의미한다. 머리에 바른 기름은 온몸으로 흘러내린다. 그리스도의 몸의 한 지체인 그는 머리에 바른 기름이 그에게 흘러내릴 것을 기대할 수 있다. 생명이 흐르는 곳에 질병은 사라진다.

그러므로 기름을 바르는 목적은 머리로부터 기름이 흘러내리도록 하는 것이다. 불순종이나 죄, 또는 다른 이유로 인하여, 성도는 몸의 순환작용에서 제외되었고 몸의 보호를 받지 못하게 되었다. 따라서 그는 교회의 장로들을 불러 다시 순환 작용을 회복시켜 그리스도의 몸에 흐르는 생명을 받도록 해야 하는 것이다. 이것은 육신의 순환 작용과 비슷하다. 어느 지체라도 몸에서 분리되면, 몸의 생명이 그 안으로 자유로이 흘러 들어갈 수 없다. 따라서 기름을 붓는 것은 그러한 흐름을 회복시켜 주는 것이다.

장로들은 지역 교회를 대표한다. 그들은 그리스도의 몸을 대표하여 병든 신자에게 기름을 바르는데, 이렇게 함으로써 머리에 바른 기름이 다시 그에게 흐르도록 하는 것이다. 생명이 차단되었던 그 지체에게 머리이신 그리스도의 기름이 전해지도록 해야 한다. 우리는 이와 같이 기름을 바르는 것이 중병에 걸린 성도를 즉시 일으킨다는 사실을 경험을 통해 알 수 있다.

때로는 개인주의가 질병의 주요 원인이 되기도 한다. 어떤 그리스도인들은 개인주의적인 성향이 아주 강하다. 그들은 모든 일을 자기 뜻대로 하며, 자기 혼자서 한다. 이런 사람들에게 하나님의 손길이 닿으면 그들은 병에 걸린다. 왜냐하면 그런 지체들에게는 몸의 공급이 미치지 않기 때문이다. 이 문제를 가볍게 다루고 싶지 않다. 병의 원인은 많고 다양하다. 하나님의 명령에 불순종하거나, 하나님의 뜻을 거역한 것이 원인이 되기도 하고, 구체적인 죄를 범한 것이 원인이 되기도 하며, 또 어떤 병은 개인주의가 그 원인이 되기도 한다. 확실한 개인주의자일 경우에는 하나님께서 묵인하시고 징계치 않으신다. 그러나 교회를 아는 사람들의 경우에는 그들이 독립적으로 행동하기 시작할 때 하나님께서 질병을 통해 그들을 징계하신다. 하나님께서는 이들이 연단받지 않고 살아가는 것을 허용하지 않으신다.

몸을 더럽힌 것이 질병의 원인이 될 수도 있다. 누구든지 자기 몸을 더럽히면, 하나님께서는 그 전을 헐어버리실 것이다. 많은 사람들이 자기 몸을 더럽혔기 때문에 질병에 걸린다.

요약하면, 모든 질병에는 반드시 원인이 있다. 따라서 병에 걸린 그리스도인은 그 원인을 규명하기 위해서 노력해야 한다. 그는 하나님 앞에서 죄를 낱낱이 고백한 후에, 교회의 장로들을 청하여 죄를 서로 고하고 함께 기도해야 한다. 장로들은 환자에게 기름을 발라서, 그리스도의 몸의 생명이 다시 그에게 흐르도록 해야 한다. 생명이 들어오면 질병은 떠난다. 우리는 자연적인 원인을 믿는 동시에, 영적인 원인이 자연적인 원인보다 위에 있다는 것을 확신해야 한다. 영적인 원인이 제거될 때, 질병은 완전히 치유된다.

4. 하나님의 징계와 질병

성경에서 하나의 놀라운 사실을 발견할 수 있다. 그것은 "이방인"은 비교적 쉽게 병이 낫는데, 그리스도인은 그렇게 쉽게 낫지 않는다는 것이다. 신약성경을 보면, 불신자가 주님께 구하면 즉시 치유를 받는다는 사실을 알 수 있다. 이제 신유의 은사는 믿지 않는 자들에게나 믿는 자들에게나 똑같이 적용된다. 그러나 성경을 보면 믿는 자들 중에서도 어떤 이들은 치유를 받지 못하는 것을 볼 수 있다. 그 중에는 바울과 디모데, 그리고 드로비모가 있다. 이들은 모두 훌륭한 하나님의 일꾼들이었다.

바울은 드로비모를 질병 때문에 밀레도에 남겨 두었다(딤후 4:20). 바울은 또한 디모데에게 "네 비위와 자주 나는 병을 인하여 포도주를 조금씩 쓰라"고 권고했다(딤전 5:23). 바울 자신도 "육체의 가시" 때문에 매우 고생하였다(고후 12:7). 그 가시가 어떤 것이었든, 그의 눈이든 또는 다른 질병이든, 하여간 그것은 그를 괴롭게 했다. 가시에 새끼손가락이 조금만 찔려도 심히 괴로운 것을 경험할 수 있다. 그러나 바울이 가졌던 가시는 조그마한 가시도 아니고 큰 가시였다. 그것은 그에게 큰 고통을 주었기에, 그는 자신의 건강 상태를 "약하다"고 표현하였다. 이 세 사람은 모두 훌륭한 성도들이었다. 그러나 아무도 고침을 받지 못하였다. 그들은 모두 질병을 견디어야 했다.

죄와 질병은 외부로 나타나는 작용이 아주 명백하게 다르다. 죄는 거룩한 열매를 맺지 않는다. 그러나 질병은 거룩한 열매를 맺는다. 사람은 죄를 범하면 범할수록 더욱 부패한다. 그러나 질병은 하나님의 징계의 손이 작용하고 있기 때문에 거룩한 열매를 맺는다. 이러한 경우에 성도는 하나님의 강력한 손 아래 복종하는 법을 배워야 한다.

우리가 질병에 걸리면 주님 앞에서 모든 질병의 원인을 찾아 하나하나 처리해야 한다. 그러나 모든 원인을 처리했는데도 여전히 하나님의 손길이 그에게 머물러 있다면, 이것은 그가 자고하거나 나태해지지 않도록 하기 위해서, 또는 다른 특별한 목적이 있어서 그런 줄 알아야 한다. 그는 그 질병을 참고 견디며, 거기서 교훈을 얻어야 한다. 교훈을 얻지 못한다면 질병은 의미가 없다. 질병 자체는 사람을 거룩하게 하지 못한다. 그러나 질병을 통해 얻게 되는 교훈이 그를 거룩하게 한다. 어떤 사람들은 질병 때문에 영적으로 더 타락한다. 그들은 더욱 자아 중심적인 사람이 된다. 질병으로 고통받는 기간에 교훈을 발견해야 하는 이유가 여기에 있다.

질병으로부터 얻을 수 있는 유익은 무엇인가? 바울의 경우처럼 나를 겸손하게 하시기 위해 하나님의 손길이 내게 임한 것인가? "여러 계시를 받은 것이 지극히 크므로 너무 자고하지 않게 하시려고 내 육체에 가시 곧 사단의 사자를 주셨으니"(고후 12:7). 아니면 하나님께서 나의 완고한 성질을 꺾기 위해서 주신 것일까? 연약함으로 인해 무엇인가를 배우지 못한다면 질병이 무슨 유익이 있겠는가? 많은 사람들이 하나님께서 그들의 특정한 문제를 처리하시는 것을 받아들이지 않기 때문에 아무 유익도 얻지 못한 채 병만 앓고 있다.

질병은 무조건 나쁜 것이 아니다. 이 질병이 과연 누구의 주관 아래 있는지를 분명히 알 필요가 있다. 질병은 하나님의 징계의 손길이라는 것을 기억해야 한다. 왜 그 질병이 마치 마귀의 주관하에 있는 것처럼 염려해야 하는가? 모든 질병을 허락하신 것은 하나님이다. 물론 질병의 창시자는 죄를 세상에 오도록 한 사탄이다. 즉 사람들로 하여금 실제로 병들게 하는 것은 사탄으로 인한 죄라고 할 수 있다. 그러나 욥기를 통해서 알 수 있듯이, 질병은 오직 하나님의 허락을 통해서만, 그리고 하나님이 정하신 한도내에서만 사람에게 올 수 있다. 하나님의 승낙 없이는 사탄이 사람을 병들게 할 수 없다. 욥이 병에 걸리도록 허용하신 것은 하나님이었다. 그러나 사탄이 욥의 생명만은 해치지 못하도록 하셨다는 사실을 명심하자. 그렇다면 왜 우리는 병에 걸렸을 때 그토록 초조해하고,

질병

절망하고, 낫기만을 소원하고, 죽을까봐 두려워하는가?

　모든 질병이 하나님의 손 안에 있다는 사실을 항상 명심해 두는 것이 좋다. 질병은 하나님에 의해서 주어지고 제한된다. 욥이 시험의 기간을 무사히 마치자, 그의 질병은 떠났다. 질병을 허락하신 하나님의 목적이 성취되었기 때문이다. "너희가 욥의 인내를 들었고 주께서 주신 결말을 보았거니와 주는 가장 자비하시고 긍휼히 여기는 자시니라"(약 5:11). 많은 성도들이 질병의 목적을 깨닫거나 거기서 교훈을 얻지 못한 채 아픈 상태에 머물러 있는 것은 참으로 부끄러운 일이다. 모든 질병은 주님의 손 안에 있으며, 우리에게 교훈을 주기 위해 주어지는 것이다. 우리가 교훈을 빨리 배울수록 질병도 신속히 사라진다.

　또 한 가지 말해 두고 싶은 것은, 많은 성도들이 질병에 걸리는 이유는 그들이 자기 자신을 너무 사랑하기 때문이다. 하나님께서 그들의 마음에서 이 자기 사랑을 제거하시기 전에는 그들을 사용하실 수 없다. 그러므로 우리는 자기 사랑에 빠지지 않도록 유의해야 한다. 어떤 사람들은 자기 자신밖에 생각할 줄 모른다. 전 우주가 그들을 중심으로 존재하는 듯하다. 그들은 우주와 지구의 중심점이다. 그들은 밤낮 자기 자신에 대한 생각으로 사로잡혀 있다. 모든 피조물이 그들을 위해서 존재하고, 모든 것이 그들을 중심으로 돌아간다. 심지어 하늘에 계신 하나님도 그들을 위해 존재하고, 그리스도도 그들을 위해 존재하며, 교회도 그들을 위해 존재한다. 하나님은 이러한 자기 중심성을 어떻게 파괴하시는가? 왜 어떤 질병은 낫기가 그렇게 어려운가? 그들은 얼마나 열심히 사람들의 동정을 구하는가! 만일 그들이 사람의 동정을 거부한다면, 병은 곧 나을 것이다.

놀라운 사실은, 많은 사람들이 아픈 것을 좋아하기 때문에 질병에 걸린다는 것이다. 병중에 있을 때 그들은 건강할 때 가질 수 없었던 사람들의 관심과 사랑을 받게 된다. 이들은 습관적으로 사랑을 받기 위해서 질병에 걸릴 때가 많다. 이러한 사람들은 혹독하게 징계를 받아야 마땅하다. 이들이 바로 이 문제에 있어서 하나님의 손길을 기꺼이 받아들이려 한다면, 곧 건강을 회복할 수 있을 것이다.

나는 언제나 다른 사람의 사랑과 친절을 기대하던 한 형제를 알고 있다. 사람들이 그의 안부를 물을 적마다 그는 습관적으로 자신의 육체적인 허약함에 대해 불평을 늘어놓곤 했다. 얼마동안 열 때문에 고생을 했으며, 두통이 얼마동안 지속되었으며, 호흡수가 분당 몇 번이나 되며, 맥박이 얼마나 불규칙한지에 대해서 자세하게 말하곤 했다. 그는 늘 불편한 상태에 있는 것 같았다. 그는 사람들에게 자기의 고통을 이야기함으로써 동정을 받으려 했다. 그는 자기의 끊임없는 질병에 관한 이야기를 제외하면 말할 것이 없었다. 그러면서 때때로 그는 왜 자기가 나아지지 않는지 궁금해 했다.

진실을 말하는 것은 어려운 일이다. 때때로 그것은 큰 희생을 요구하기도 한다. 하루는 용기를 내어 이 친구에게, 그의 오랜 질병의 원인이 병을 사랑하기 때문이라고 솔직하게 말해 주었다. 물론 그는 그렇지 않다고 극구 부인했다. 그러나 나는 계속해서 그에게 사실을 지적해 주었다.

"자네는 병이 떠날까봐 두려워하고 있네. 자네는 다른 사람의 동정과 사랑과 관심을 구하고 있는 걸세. 이러한 것들을 다른 방법으로는 얻을 수 없기 때문에 질병을 통해서 얻으려 하는 것이지. 하나님께서 자네를 치유해 주시기 전에, 먼저 이러한 이기적인 욕망을 버려야 하네. 사람들이 자네의 안부를 물어오면, 자네는 아주 '평안합니다' 라고 대답할 수 있어야 하네. 전날밤 내내 아파서 잠을 못 잤는데 이렇게 말한다면 거짓말을 하는 것이라고 생각하나? 수넴 여인의 이야기를 잘 생각해 보게. 그녀는 하나님의 사람의 침상 위에 자기의 죽은 아이를 올려 두고 엘리사를 만나러 갔네. '너는 평안하냐? 네 남편이 평안하냐? 아이가 평안하냐?' 하고 질문을 받았을 때, 그녀는 '평안하다' 라고 대답했네(왕하 4:26을 보라). 자기 아이가 이미 죽어 엘리사의 침상 위에 올려 놓은 여인이 어떻게 그렇게 대답할 수 있었겠는가? 그녀는 믿음을 가지고 있었네. 하나님께서 그 아이를 다시 살리실 것을 믿은 것이지. 마찬가지로 지금 자네도 믿어야 하네."

병의 원인이 무엇이든, 내적인 요인이든 외적인 요인이든 간에, 일단 하나님께서 목적하시는 바가 달성되면 그 병은 떠날 것이다. 바울이나 디모데, 드로비모 같은 사람들은 예외이다. 이들의 질병은 오랫동안 지속되었지만, 그들은 이것이 그들의 사역에 유익하다는 것을 인정했다. 이들은 하나님의 영광을 위하여 자신을 돌보는 방법을 배웠다. 바울은 디모데에게 포도주를 조금씩 마시며, 먹고 마시는 일에 주의하라고 권고했다. 그리고 그들은 자신의 육체적인 연약함에도 불구하고 하나님의 일을 게을리 하지 않았다. 주님은 이들이 자신의 연약함을 극복할 수 있을 만큼 충분한 은혜를 주셨다.

바울은 연약한 몸으로 힘써 일하였다. 그의 서신을 읽어 보면, 보통 열 사람이 해낼 수 있는 일을 혼자서 해낸 것을 쉽게 알 수 있다. 하나님께서는 이 연약한 사람을 사용하셔서, 건강한 열 사람보다 더 많은 일을 하게 하셨다. 비록 육신은 연약했지만 하나님께서는 그에게 힘과 생명을 주셨다. 그러나 성경에서 바울과 같은 사람들은 예외의 경우에 해당된다. 하나님께서 특별히 쓰시는 그릇에게는 이와 동일하게 대우하실 수도 있다. 그러나 평범한 사람들, 특히 초신자들은 자기가 죄를 범하였는지의 여부를 면밀히 조사해 보아야 한다. 죄를 발견하여 자백하는 즉시, 그들은 병이 낫는 것을 경험할 수도 있을 것이다.

끝으로, 경우에 따라서는 사탄이 갑작스럽게 공격을 가하거나, 자기도 모르게 자연 법칙을 어김으로써 질병에 걸리는 수가 있다는 것을 기억하기 바란다. 이런 경우에도 그 질병을 주님께 가져올 수 있다. 그것이 원수의 공격으로부터 비롯된 것이라면, 주님의 이름으로 꾸짖어야 한다. 한 자매가 오랫동안 열병으로 고생하고 있었다. 그 병이 사탄의 공격이라는 것을 깨닫고 주의 이름으로 꾸짖었을 때 열병은 그녀를 떠났다. 어쩌다 잘못하여 손을 난로불에 집어넣음으로써 자연 법칙을 어길 때, 그 손은 틀림없이 덴다. 우리는 자신을 잘 돌보아야 한다. 아플 때까지 기다렸다가 자신의 태만했던 죄를 자백하지 말자. 평상시에도 자신의 몸을 잘 돌보는 것이 중요하다.

5. 치유를 구하는 방법

사람은 어떻게 하나님 앞에서 치유를 구해야 하는가? 마가복음에 나오는 세 문장을 살펴봄으로써 그 방법을 알아보기로 하자. 이 방법은 대단히 효과적이다. 최소한 나에게는 그러했다. 제일 먼저 다룰 것은 주님의 능력이고, 둘째는 주님의 뜻이며, 셋째는 주님의 역사이다.

1)주님의 능력

"하나님은 하실 수 있다"는 믿음을 가져야 한다. "예수께서 그 아비에게 물으시되 언제부터 이렇게 되었느냐 하시니 가로되 어릴 때부터니이다 귀신이 저를 죽이려고 불과 물에 자주 던졌나이다 그러나 무엇을 하실 수 있거든 우리를 불쌍히 여기사 도와주옵소서 예수께서 이르시되 할 수 있거든이 무슨 말이냐 믿는 자에게는 능치 못할 일이 없느니라"(9:21-23). 예수님께서는 아이의 아버지가 한 말을 단순히 반복하셨다. 그 아비는 "하실 수 있거든 우리를 도와주옵소서"라고 외쳤다. 그러자 주님은 이 말을 받아서 "할 수 있거든이 무슨 말이냐 믿는 자에게는 능치 못할 일이 없느니라"고 답변하셨다. 여기서 중요한 것은 "할 수 있거든"이 아니고 "믿는 자"이다.

질병에 관해서도 제일 먼저 문제가 되는 것은 하나님의 능력에 대한 의심이다. 현미경 아래서는 박테리아의 능력이 하나님의 능력보다도 더 크게 보인다. 주님께서는 다른 사람이 얘기하는 중에 말을 가로채시는 적이 거의 없었다. 그러나 여기서 주님은 마치 화가 나신 것같다. 그 아이의 아비가 "하실 수 있거든 우리를 불쌍히 여기사 도와주옵소서"라고 말하자마자 주님께서는 "할 수 있거든이 무슨 말이냐 믿는 자들에게는 능치 못할 일이 없느니라"고 날카롭게 대답하셨다. 질병중에 있을 때 문제가 되는 것은 주님께서 하실 수 있느냐 없느냐가 아니라, 내가 **믿느냐** 믿지 않느냐 하는 것이다.

그러므로 질병 중에 있는 성도가 제일 먼저 취해야 할 행동은, 머리를 들고 "주여, 당신은 하실 수 있습니다"라고 말하는 것이다. 주님께서 중풍병 환자를 고쳐 주신 첫번째 실례를 기억할지 모르겠다. 주님은 바리새인들에게 "네 죄 사함을 받았느니라 하는 말과 일어나 네 상을 가지고 걸어가라 하는 말이 어느 것이 쉽겠느냐?" 라고 물으셨다(막 2:9). 이때 바리새인들은 당연히 "네 죄사함을 받았느니라"고 말하는 것이 쉽다고 생각했을 것이다. 왜냐하면 아무도 정말 죄가 사해졌는지 사해지지 않았는지를 증명할 수 없기 때문이다.

그러나 주님의 말씀과 그 결과는, 주님께서 죄를 사해 주실 뿐만 아니라 질병도 고치실 수 있다는 것을 그들에게 보여 주었다. 주님께서는 어느 것이 더 어렵겠느냐고 묻지 않고, 어느 것이 더 쉽겠느냐고 물으셨다. 주님에게는 둘 다 똑같이 쉬웠기 때문이다. 주님에게는 중풍병자의 죄를 사해 주는 것이나 그를 일으켜 걷게 하는 것이나 똑같이 쉬운 일이었다. 그러나 바리새인들에게는 둘 다 어려운 것이었다.

2)주님의 뜻

"하나님께서 원하신다"는 것을 믿어야 한다. 하나님께서는 하실 수 있다. 그러나 하나님이 원하시는지는 어떻게 알 수 있는가? 나는 하나님의 뜻을 알지 못한다. 어쩌면 하나님께서 나의 병을 고쳐 주기를 원치 않으실지도 모른다. 이 문제에 관해서 다시 마가복음을 살펴보기로 한다. "한 문둥병자가 예수께 와서 꿇어 엎드리어 간구하여 가로되 원하시면 저를 깨끗케 하실 수 있나이다 예수께서 민망히 여기사 손을 내밀어 저에게 대시며 가라사대 내가 원하노니 깨끗함을 받으라"(막 1:40, 41).

하나님의 능력이 아무리 위대하다 하더라도 하나님께서 고쳐 주실 뜻이 없다면, 그의 큰 능력은 우리에게 아무런 도움도 되지 않을 것이다. 제일 먼저 해결되어야 할 문제는 하나님께서 하실 수 있는가 하는 것이고, 두번째 문제는 하나님께서 원하시는가 하는 것이다. 문둥병처럼 부정한 병은 없다. 율법에 의하면, 문둥병자를 만지는 자는 누구나 자기도 부정하게 되었다. 그러나 주님께서는 문둥병자를 만지시면서, "내가 원하노니"라고 말씀하셨다. 주님께서 가장 부정한 문둥병자를 고치셨을진대, 왜 우리의 병은 고쳐 주시지 않겠는가? 우리는 담대하게 "하나님은 하실 수 있다", "하나님은 원하신다"고 외칠 수 있다.

3)주님의 역사

"하나님께서 이루셨다"는 것을 믿어야 한다. 하나님께서 하셔야 할 일이 한 가지 더 있다. "내가 진실로 너희에게 이르노니 누구든지 이 산더러 들리어 바다에 던지우라 하며 그 말하는 것이 이룰 줄 믿고 마음에 의심치 아니하면 그대로 되리라 그러므로 내가 너희에게 말하노니 무엇이든지 기도하고 구하는 것은 받은 줄로 믿으라 그리하면 너희에게 그대로 되리라"(막 11:23, 24).

믿음이란 무엇인가? 믿음이란 하나님께서 하실 수 있고, 원하시며, 이루셨다는 것을 믿는 것이다. 우리가 이미 받았다고 믿는다면, 그것을 받게 된다. 하나님께서 말씀을 주셨을 때, 우리는 "하나님께서 나를 고쳐 주셨다. 그분은 이미 그 일을 이루셨다"고 말하며 감사할 수 있다. 많은 성도들이 단지 고침을 받기만을 기대한다. 기대는 미래의 사건에 관한 것이나, 믿음은 과거의 일에 관한 것이다. 우리가 진정으로 믿는다면, 20년 또는 100년 동안 기다릴 필요 없이, 즉시 일어나서 "주님, 감사합니다. 주님께서 저를 고쳐 주셨습니다. 저는 고침을 받았습니다. 저는 깨끗해졌습니다. 주님,

저를 회복시켜 주셔서 감사합니다"라고 말할 수 있다. 그러므로 온전한 믿음은, 하나님이 하실 수 있고, 원하시며, 이미 이루셨다는 것을 선포할 수 있는 믿음이다.

믿음은 "희망"이 아니라 "실제"이다. 간단한 예화를 하나 들어 보겠다. 우리가 복음을 전하였을 때, 어떤 사람이 자기는 이미 믿고 있다고 말한다고 가정해 보자. 그 사람에게 "구원받으셨습니까?"라고 질문해 보아라. 만일 그가 "구원받기를 희망합니다"라고 대답한다면, 그 대답은 부적절한 것이다. 만일 그가 "구원받을 것입니다"라고 말한다면, 그 대답 역시 틀린 것이다. 심지어 "나는 틀림없이 구원받을 거라고 생각합니다"라고 대답한다 할지라도, 충분한 답이 못된다. 그러나 그가 "저는 구원받았습니다"라고 대답한다면, 그 사람은 진정으로 믿는 사람임을 알 수 있다. 어떤 사람이 믿는다면, 그는 구원을 받은 것이다. 모든 믿음은 과거의 사실을 다룬다. 내가 고침을 받게 될 것을 믿는다고 달하는 것은 참된 믿음이 아니다. 진정으로 믿는다면, 하나님께 감사하며 이미 고침을 받았다고 말할 수 있어야 한다.

이 세 단계를 다시 한번 정리해 보겠다. 하나님은 하실 수 있다. 하나님은 원하신다. 하나님은 이루셨다. 사람의 믿음이 세번째 단계에 이를 때, 그의 질병은 사라질 수 있을 것이다.

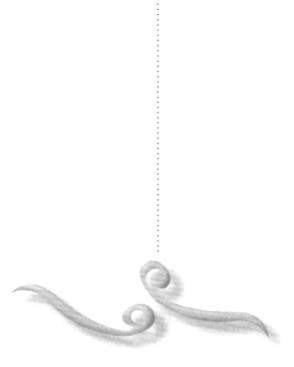

제3장
육신의 생명이 되시는 하나님

앞에서 우리 몸이 성령의 전이라는 사실을 살펴브았다. 사도 바울이 성도의 몸을 특히 강조한 것을 주목해 볼 필요가 있다. 일반적인 생각으로는, 그리스도의 생명은 우리의 영을 위한 것이지 몸을 위한 것이 아니다. 하나님께서 우리 영에 생명을 주신 후에 그 구원이 우리 몸에도 이르게 하신다는 사실을 알고 있는 성도는 극히 드물다. 만일 하나님께서 그의 성령이 우리 영에만 거하기를 원하신다면, 사도 바울은 단지 "너희 영이 하나님의 성전이다"라고 기록하고 몸에 대해서는 언급하지 않았을 것이다. 그러나 지금쯤 우리는, 우리 몸이 성령의 전이라는 말이 단순히 특별한 혜택을 받았다는 것 이상의 의미가 있다는 것을 이해해야 한다. 그것은 또한 우리 몸이 강한 능력의 통로가 됨을 의미한다. 성령의 내주하심은 우리의 속사람을 강건하게 하고, 마음의 눈을 밝히며, 육신을 건강하게 한다.

우리는 또한 성령이 우리의 죽을 몸을 어떻게 살리시는가를 검토해 보았다. 죽은 이후에 주님께서 우리를 다시 살리실 때까지 기다릴 필요가 없다. 왜냐하면 지금도 그분은 우리의 죽을 몸에 생명을 주시기 때문이다. 물론 장차 주님께서는 이 **썩을** 육신을 죽은 자 가운데서 살리실 것이다. 그러나 오늘날에도 그분은 우리의 **죽을 몸을** 소생시키신다. 성령의 생명의 능력은 우리 몸의 모든 세포 조직에 파고들어, 우리는 그의 능력과 생명을 육신 안에서 경험할 수 있다.

우리는 더 이상 우리 몸을 비참한 형무소처럼 생각할 필요가 없다. 왜냐하면 우리는 그 안에서 하나님의 생명이 나타나는 것을 볼 수 있기 때문이다. "이제는 내가 산 것이 아니요 오직 내 안에 그리스도께서 사신 것이라"는 말씀을 좀더 깊이 경험할 수 있다. 그리스도께서 우리에게 생명의 근원이 되신 것이다. 그리스도께서는 한때 육체 안에서 사셨던 것처럼 이제는 우리 안에서 사신다. 우리는 "내가 온 것은 양으로 생명을 얻게 하고 더 풍성히 얻게 하려는 것이라"(요 10:10)는 말씀의 뜻을 좀더 완전하게 이해할 수 있게 되었다. 이 좀더 풍성한 생명은 또한 육신의 모든 필요를 충족시켜 주는 것이다.

바울은 디모데에게 "영생을 취하라"고 권고했다(딤전 6:12). 물론 여기서 디모데는 구원을 받기 위해 영생을 필요로 한 것을 언급한 것이 아니다. 이 생명은 같은 장에 나오는 "참된 생명"(19절)과 같은 뜻을 가진 것이다. 여기에서 바울이 디모데에게 권하는 것은, 오늘날 모든 죽음의 현상을 극복하는 가운데 영생을 경험하라는 것이다.

우리의 몸은 죽을 몸이라는 사실을 잊어버려서는 안 된다. 그렇지만 주님께 속한 우리 몸은 죽음을 삼키는 생명력을 보유할 수 있다. 우리 몸에는 두 가지 힘이 작용하고 있다. 그것은 곧 사망의 힘과 생명의 힘이다. 한편에서는 육신의 소모가 우리를 사망으로 인도하고, 다른 한편에서는 음식물과 휴식을 통한 공급이 육신의 생명을 유지한다. 과도한 소모는 육신을 허약하게 만든다. 왜냐하면 사망의 힘이 너무 강하기 때문이다. 마찬가지로 과도한 공급은 과잉 상태를 나타낸다. 생명의 힘 역시 너무나 강하기 때문이다. 가장 좋은 것은 이 두 가지 힘의 균형을 유지하는 것이다.

이외에도 성도들이 종종 경험하는 육신의 피로는 많은 면에서 보통 사람들의 경험과 다르다는 사실을 이해해야 한다. 성도들의 소모는 신체적인 것 이상이다. 성도들은 세상 사람과는 달리 주님과 동행하고 다른 사람들의 짐을 지고, 형제들과 뜻을 같이 하고, 하나님을 위해 힘쓰고, 하나님 앞에 간구하고, 어둠의 세력과 싸우고, 육신을 쳐 복종시키는 사람이므로, 음식과 휴식만으로는 그들의 신체를 강건하게 유지할 수 없다. 주님의 일을 하기 전에는 건강했던 많은 성도들이 얼마 후에 허약해지는 원인이 대부분 여기에 있다.

우리의 신체적인 힘은 영적 생활과 일과 싸움의 요구에 응하지 못한다. 죄와 죄인과 악령과의 싸움은 우리의 체력을 약화시킨다. 단순한 자연적인 자원만으로는 육신의 필요를 충분히 공급해 주지 못한다. 우리는 그리스도의 생명을 의지해야 한다. 이것만이 우리를 지탱시켜 줄 수 있다. 만일 우리가 물리적인 음식과 영양소와 의약품만을 의지하고 있다면, 커다란 실수를 범하고 있는 것이다. 오직 주 예수님의 생명만이 우리의 영적 생활과 일과 싸움에 필요한, 육신의 모든 요구를 충족시켜 줄 수 있다. 그분만이 죄와 사탄

육신의 생명이 되시는 하나님

을 대항하여 싸우는 데 필요한 활력을 공급해 주신다. 영적 싸움이 무엇이며, 원수와의 싸움을 어떻게 전개해 나가야 하는지를 참으로 이해한 성도는, 그 몸에 생명이 되신 주 예수님의 가치를 깨닫기 시작할 것이다.

모든 그리스도인은 자기가 그리스도와 연합된 사실을 알아야 한다. 그분은 포도나무이고, 우리는 가지이다. 나뭇가지가 줄기에 연결되어 있듯이, 우리도 주님과 연결되어 있다. 본줄기와의 연결을 통해서, 가지는 생명을 공급받는다. 주님과 연결된 우리도 마찬가지이다. 이 주님과의 연합을 영에게만 적용시킨다면, 이것은 믿음에 저촉되는 것이다. 주님께서는 우리가 주님과 연합한 사실을 나타내기를 원하시므로, 우리가 믿음을 통하여 영과 혼과 몸에 그의 생명의 흐름을 받기를 원하신다.

우리의 교제가 중단되면, 우리의 영은 틀림없이 평안을 잃게 되고, 동시에 우리의 몸도 건강을 잃게 된다. 교제가 지속된다는 것은, 우리의 영 안에 주님의 생명이 늘 가득 차 있어서 우리의 몸으로 흘러나가는 것을 의미한다. 주 예수님의 생명에 참여함이 없이는 치유도 건강도 있을 수 없다. 오늘날 하나님이 자녀들에게 요구하시는 것은 주님과의 더 깊은 연합을 경험하는 것이다.

그러므로 각종 현상들에 **몸**에 나타날지라도, 그것들은 사실 영적인 문제라는 것을 알아야 한다. 신유나 힘을 공급받아 건강해지는 것은 단순히 육체적인 경험이 아니라 영적인 것이다. 이러한 현상은 우리의 죽을 몸에 주 예수님의 생명이 나타나는 것이다. 주님의 생명은 과거에 우리의 죽은 영을 살리신 것처럼, 현재에는 이 죽을 몸을 살게 하신다. 하나님께서는 우리가 그리스도의 영광스러운 부활 생명을 우리 온 지체에 나타내는 방법을 배우기 원하신다. 하나님은 우리가 매일 매시간마다 하나님으로 인해 새 힘을 얻기를 원하신다. 이러한 생활이 바로 참된 성도의 생활이다.

우리의 육신은 여전히 타고난 혼적 생명에 의해 활동하지만, 우리는 더 이상 그 생명에 의존하여 살지 않는다. 왜냐하면 혼적 생명이 줄 수 있는 것보다 훨씬 더 풍성한 힘을 우리 지체에 불어넣어 주는 하나님의 아들의 생명을 의지하기 때문이다. 우리는 그리스도로부터 비롯되는 이 "생명"을 강조하고자 한다. 우리의 모든 영적 생활에서, 이 신비하고 놀라운 "생명"은 풍성하게 공급된다. 하나님께서는 우리의 힘의 원천인 그리스도의 그 생명을 소유하도록 우리를 이끌기 원하신다.

하나님의 말씀은 우리 몸의 생명이 된다. "사람이 떡으로만 살 것이 아니요 하나님의 입으로 나오는 모든 말씀으로 살 것이다"(마 4:4). 이 구절은 하나님의 말씀이 우리의 몸을 지탱해 줄 수 있다는 생각을 뒷받침해 준다. 물론 인간이 물리적으로 생명을 유지하기 위해서는 빵이 필요하다. 그러나 하나님의 말씀이 그 능력을 발휘할 때, 사람은 그 말씀으로도 살 수 있다. 자연적인 생명 유지 방법과 초자연적인 방법이 있다. 하나님은 이제부터는 우리가 먹을 필요가 없다고 말씀하신 것이 아니다. 하나님은 단지 음식이 줄 수 없는 생명을 하나님의 말씀이 공급해 줄 수 있다는 것을 가르쳐 주시는 것이다. 음식이 우리 몸에 필요한 것을 공급해 주지 못할 때, 하나님의 말씀이 우리의 필요를 채워 줄 수 있다. 어떤 사람은 떡으로만 산다. 그러나 어떤 사람은 떡과 하나님의 말씀으로 산다. 떡은 때때로 부족하기도 하지만, 하나님의 말씀은 결코 변하지 않는다.

하나님의 말씀 안에는 하나님의 생명이 숨겨져 있다. 하나님은 생명이시므로, 하나님의 말씀 또한 생명이 된다. 우리가 하나님의 말씀을 단순한 가르침이나, 교훈, 또는 도덕적 기준으로만 생각한다면, 그것은 우리에게 효력을 발휘하지 못할 것이다. 하나님의 말씀은 음식처럼 소화되어 우리와 연합되어야 한다. 굶주린 성도들은 말씀을 음식처럼 섭취한다. 믿음으로 받아들인 하나님의 말씀은 그들의 생명으로 화한다. 하나님은 그의 말씀이 우리 생명을 유지해 줄 수 있다고 주장하신다.

자연적인 영양 공급이 부족할 때 우리는 하나님의 말씀에 따라 하나님을 믿을 수 있다. 그러면 그분이 우리 영의 생명이 되실 뿐만 아니라 우리 몸의 생명도 되신다는 것을 알게 될 것이다. 오늘날 그리스도인들은 하나님께서 우리의 지상 장막을 위해 얼마나 풍성하게 공급해 주시는지를 깨닫지 못하는 경우가 많다. 우리는 하나님의 약속을 속사람인 영에게만 제한시키고, 겉사람인 육신에는 적용시키지 않는 경향이 있다. 그러나 우리는 육신적인 필요가 영적인 필요 못지않게 중요하다는 것을 알아야 한다.

옛 성도들의 경험

하나님께서는 결코 자기 자녀들이 허약해지는 것을 원하지 않으신다. 하나님의 뜻은 그들이 건강하고 튼튼한 것이다. "네 사는 날을 따라서 능력이 있으리로다"(신 33:25). 이 말씀은 육신의 건강을 가리키는 것이다. 성도가 지상에 사는 동안 하나님은 그에게 육신의 힘을 주시겠다고 약속하셨다. 하나님께서 우리에게 허락하신 날 중에, 그 날에 필요한 힘을 공급하지 않으시는 날은 없다. 하나님의 자녀들이 믿음으로 이 귀한 약속을 붙들지 않기 때문에 그들은 지상에서 사는 동안 육체의 힘이 부족한 것을 발견하는 것이다.

하나님은 그의 자녀들에게 허락하신 날들만큼 필요한 힘을 공급해 주기 위해서, 하나님 자신이 그들의 힘이 되어 주시겠다고 약속하셨다. 하나님이 살아있고 우리가 살아 있는 한, 우리의 힘도 살아있을 것이다. 그러므로 우리는 하나님의 약속을 믿고, 매일 아침 잠자리에서 일어나 해뜨는 것을 볼 때마다, 하나님이 살아 계시므로 오늘도 우리에게 필요한 영적인 힘과 육적인 힘을 공급받을 수 있음을 감사해야 한다.

옛 성도들에게는, 육신의 힘이 되시는 하나님을 알고, 하나님의 생명이 그들의 육신에 충만한 것을 체험하는 것이 흔히 있는 일이었다. 첫번째 실례는 아브라함에게서 찾아볼 수 있다. "그가 백세가 되어 자기 몸의 죽은 것 같음과 사라의 태의 죽은 것 같음을 알고도 믿음이 약하여지지 아니하고"(롬 4:19). 아브라함은 믿음으로 이삭을 낳았다. 죽은 것과 같은 아브라함의 몸에 하나님의 능력이 나타난 것이다. 여기서 문제의 핵심은 우리 몸의 상태가 아니라 그 몸에 나타나는 하나님의 능력이다.

성경의 모세의 생애에 대해 다음과 같이 말한다. "모세의 죽을 때 나이 일백 이십세나 그 눈이 흐리지 아니하였고 기력이 쇠하지 아니하였더라"(신 34:7). 이 말씀은 틀림없이 모세의 몸에 나타난 하나님의 생명의 능력에 대해 말해 주는 것이다.

성경은 또한 갈렙의 건강 상태에 관해서 이야기하고 있다. 이스라엘 백성이 가나안 땅에 들어간 후에 갈렙은 다음과 같이 말했다. "그 날에 모세가 맹세하여 가로되 네가 나의 하나님 여호와를 온전히 좇았은즉 네 발로 밟는 땅은 영영히 너와 네 자손의 기업이 되리라 하였나이다 이제 보소서 여호와께서 이 말씀을 모세에게 이르신 때로부터 이스라엘이 광야에 행한 이 사십 오년 동안을 여호와께서 말씀하신 대로 나를 생존케 하셨나이다 오늘날 내가 팔십 오세로되 모세가 나를 보내던 날과 같이 오늘날 오히려 강건하니 나의 힘이 그 때나 이제나 일반이라 싸움이나 출입에 감당할 수 있사온즉"(수 14:9-11).

주님을 온전히 따른 갈렙에게 주 여호와는 약속대로 그의 힘이 되어 주셨다. 그리하여 사십 오년 후에도 그의 힘은 쇠잔해지지 않았다.

사사기를 읽어 보면 삼손이 신체적으로 아주 건강했다는 것을 알 수 있다. 비록 삼손은 부도덕한 일을 많이 저질렀고, 또 성령께서 모든 성도에게 삼손과 같은 힘을 주시는 것은 아니지만, 한 가지 분명한 사실은, 우리가 성령을 의존하면 성령의 능력이 우리 일상생활의 모든 필요를 채워 주신다는 것이다.

시편에 기록된 다윗의 노래를 통해서, 우리는 하나님의 능력이 다윗의 육신 안에 거하였음을 알 수 있다.

다음 구절을 주목해 보라.

"나의 힘이 되신 여호와여 내가 주를 사랑하나이다……이 하나님의 힘으로 내게 띠 띠우시며 내 길을 완전케 하시며 나의 발로 암사슴 발같게 하시며 나를 나의 높은 곳에 세우시며 내 손을 가르쳐 싸우게 하시니 내 팔이 놋 활을 당기도다"(시 18:1, 32-34).

"여호와는 나의 빛이요 나의 구원이시니 내가 누구를 두려워하리요 여호와는 내 생명의 능력이시니 내가 누구를 무서워하리요"(27:1).

"여호와께서 자기 백성에게 힘을 주심이여 여호와께서 자기 백성에게 평강의 복을 주시리로다"(29:11).

"네 하나님이 네 힘을 명하셨도다 하나님이여 우리를 위하여 행하신 것을 견고히 하소서……하나님이여 위엄을 성소에서 나타내시나이다 이스라엘의 하나님은 그 백성에게 힘과 능을 주시나니 하나님을 찬송할지어다"(68:28,35).

"좋은 것으로 네 소원을 만족케 하사 네 청춘으로 독수리같이 새롭게 하시는도다"(103:5).

이 외에도, 어떻게 하나님이 그의 백성들에게 힘이 되어 주셨는지를 묘사하고 있는 구절들이 있다. "내 육체와 마음은 쇠잔하나 하나님은 내 마음의 반석이시요 영원한 분깃이시라"(73:26). "주께 힘을 얻고 그 마음에 시온의 대로가 있는 자는 복이 있나이다"(84:5). "내가 장수함으로 저를 만족케 하며 나의 구원으로 보이리라 하시도다"(91:16).

엘리후는 욥에게 하나님의 징계와 그 결과에 대해 이야기했다.

"혹시는 사람이 병상의 고통과 뼈가 늘 쑤심의 징계를 받나니 그의 마음은 식물을 싫어하고 그의 혼은 별미를 싫어하며 그의 살은 파리하여 보이지 아니하고 보이지 않던 뼈가 드러나서 그의 혼이 구덩이에 그의 생명이 멸하는 자에게 가까와지느니라 그럴 때에 만일 일천 천사 가운데 하나가 그 사람의 해석자로 함께 있어서 그 정당히 행할 것을 보일진대 하나님이 그 사람을 긍휼히 여기사 이르시기를 그를 건져서 구덩이에 내려가지 않게 하라 내가 대속물을 얻었다 하시리라 그런즉 그 살이 어린아이보다 연하여져서 소년 때를 회복할 것이요"(욥 33:19-25).

이 구절들은 죽음의 문전에 가까이 와있는 사람에게 어떻게 하

육신의 생명이 되시는 하나님

나님의 생명이 나타날 수 있는지를 설명해 주고 있다.

이 문제에 관해서 선지자 이사야도 증언한 바 있다.

"보라 하나님은 나의 구원이시라 내가 의뢰하고 두려움이 없으리니 주 여호와는 나의 힘이시며 나의 노래시며 나의 구원이심이라"(12:2).

"피곤한 자에게는 능력을 주시며 무능한 자에게는 힘을 더하시나니 소년이라도 피곤하며 곤비하며 장정이라도 넘어지며 자빠지되 오직 여호와를 앙망하는 자는 새 힘을 얻으리니 독수리의 날개치며 올라감 같을 것이요 달음박질하여도 곤비치 아니하겠고 걸어가도 피곤치 아니하리로다"(40:29-31).

이 모든 육신의 힘의 근원은 하나님으로서, 하나님의 능력은 그를 기다리는 사람들에게 나타난다.

다니엘은 하나님의 이상을 보았을 때 다음과 같이 속삭였다. "그러므로 나만 홀로 있어서 이 큰 이상을 볼 때에 내 몸에 힘이 빠졌고 나의 아름다운 빛이 변하여 썩은 듯하였고 나의 힘이 다 없어졌으나"(10:8). 그러나 하나님께서는 다니엘에게 힘을 더해 주기 위해서 그의 천사를 보내 주셨다. 이 일에 관해서 다니엘은 다음과 같이 말했다. "또 사람의 모양 같은 것 하나가 나를 만지며 나로 강건케 하여 가로되 은총을 크게 받은 사람이여 두려워하지 말라 평안하라 강건하라 강건하라 그가 이같이 내게 말하매 내가 곧 힘이 나서 가로되 내 주께서 나로 힘이 나게 하셨사오니 말씀하옵소서"(10:18, 19). 여기서 다시 한번 우리는 하나님이 사람의 몸에 힘을 공급해 주시는 것을 볼 수 있다.

영에 속한 사람

오늘날의 성도들은 하나님이 그들의 몸을 돌보아 주신다는 것을 알아야 한다. 하나님께서는 우리의 영에 힘이 되실 뿐만 아니라, 우리의 몸에도 힘이 되어 주신다. 오늘날처럼 은혜가 풍성하게 나타나지 않았던 구약 시대에도 성도들은 하나님이 그들의 몸에 힘이 되어 주시는 것을 경험했다. 그런데 오늘날 하나님이 축복이 그때보다 못할 리가 있겠는가? 우리는 최소한 구약의 성도들이 경험했던 하나님의 능력을 경험해야 하는 것이다. 하나님의 풍부한 자원에 대해서 무지하다면, 우리는 하나님의 능력을 우리의 영에 관한 것으로만 제한시키는 오류를 범할 것이다. 그러나 참된 믿음을 가진 그리스도인이라면, 하나님의 생명과 능력이 그들의 몸에도 적용된다는 사실을 간과하고 그것들을 영에게만 국한시키지는 않을 것이다.

하나님의 생명은 질병을 고쳐주실 뿐만 아니라, 우리 몸을 강건하게 보호해 주신다는 것을 거듭 강조하고자 한다. 하나님은 우리의 힘의 근원으로써, 우리로 질병과 허약함을 이길 수 있게 해주신다. 하나님께서 우리를 고쳐 주시는 것은, 우리가 병이 나은 이후에 다시 자신의 자연적인 힘을 의지하여 살도록 하기 위한 것이 아니다. **하나님**이 우리 몸의 힘이 되어 주심으로, 우리가 그분에 의해 살고, 그분의 능력으로 봉사하게 하는 것이다.

이스라엘 백성들이 애굽을 떠났을 때, 하나님께서는 다음과 같이 약속하셨다. "너희가 너희 하나님 나 여호와의 말을 청종하고 나의 보기에 의를 행하며 내 계명에 귀를 기울이며 내 모든 규례를 지키면 내가 애굽 사람에게 내린 모든 질병의 하나도 너희에게 내리지 아니하리니 나는 너희를 치료하는 여호와임이니라"(출 15:26). 후에 이 약속이 완전히 이루어졌다는 것을 시편을 통해 알 수 있다. "그 지파 중에 약한 자가 하나도 없었도다"(시 105:37). 따라서 하나님의 치유는 우리의 질병을 고치는 일뿐만 아니라, 질병에 걸리지 않게 보호하는 것까지도 포함한다는 것을 알아야 한다. 우리가 어떤 일에서도 하나님의 뜻을 거역하지 않고, 그의 생명을 우리 육신의 힘으로 믿고 받아들이며, 하나님께 온전히 헌신한다면, 치유하시는 여호와 하나님을 증거할 수 있을 것이다.

바울의 경험

우리의 몸이 그리스도의 지체라는 성경의 가르침을 받아들인다면, 우리는 그리스도의 생명이 그들을 통해 흐른다는 사실 또한 인정하지 않을 수 없다. 그리스도의 생명은 머리에서 각 지체로 흐르면서 에너지와 생명력을 공급한다. 우리 몸이 그리스도의 몸의 지체이므로, 생명은 자연히 우리 몸에 흐르게 되어 있다. 그러나 이 생명은 믿음을 통해서만 소유할 수 있다. 이 생명을 받아들이는 믿음의 정도가 곧 그 생명을 실제로 경험할 수 있는 정도를 결정한다.

우리는 성경을 통해 주 예수님의 생명이 신자의 육신에도 나타날 수 있다는 것을 배웠지만, 이것은 믿음을 통해서 이루어지는 것이다. 의심할 줄 모르는 그리스도인들은 이러한 가르침을 처음 들을 때 깜짝 놀란다. 그러나 우리는 하나님의 말씀이 분명히 가르치고 있는 바를 경솔하게 취급할 수 없다. 바울의 체험을 자세히 검토해 봄으로써, 이 가르침의 진상과 가치를 확인할 수 있을 것이다.

바울은 자신의 건강 상태를 묘사할 때, 육체의 가시를 언급했다.

그는 이것을 제거해 달라고 세 번이나 하나님께 간구했다. 그러나 주님은 "내 은혜가 네게 족하도다 이는 내 능력이 약한 데서 온전하여짐이라"고 응답하셨다. 이에 바울은 "도리어 크게 기뻐함으로 나의 여러 약한 것들에 대하여 자랑하리니 이는 그리스도의 능력으로 내게 머물게 하려 함이라……이는 내가 약할 그 때에 곧 강함이니라"고 말했다(고후 12:9, 10).

바울이 가졌던 가시가 어떤 것이었는지는 알 필요가 없다. 왜냐하면 성경에서 구체적으로 밝히지 않고 있기 때문이다. 그러나 한 가지 분명한 사실은, 이 가시가 바울의 육신을 연약하게 했다는 것이다. 여기에 언급된 "약한 것"은 신체적인 연약함을 뜻한다. 마태복음 8:17에서도 같은 단어가 쓰였다. 고린도 교인들은 바울의 육신적인 허약함을 잘 알고 있었다(고후 10:10). 바울 자신도, 자기가 이전에 고린도 교인들과 함께 있었을 때 그의 건강이 연약한 상태였음을 인정하였다(고전 2:3). 그의 약함은 영적 능력이 부족한 데서 기인한 것이 아니었다. 왜냐하면 고린도 전후서는 모두 바울 안에 있었던 강한 영적 능력을 보여 주고 있기 때문이다.

위에서 언급한 몇 구절을 통해서, 우리는 바울의 건강 상태를 알 수 있다. 그는 몸이 허약했으나, 그 상태가 오래가지는 않았다. 그리스도의 능력이 그와 함께하여, 강건하게 되었다고 기록되어 있다. 우리는 여기서 "대조의 원리"를 발견할 수 있다. 바울을 괴롭히던 가시나 그 가시로 인한 허약함은 바울을 떠나지 않았다. 그러나 그리스도의 능력이 그의 연약한 몸에 충만하여 그에게 필요한 힘을 모두 제공해 주었다. 그리스도의 능력과 바울의 연약함은 대조를 이룬다. 이 능력은 가시를 제거하지도 않았그 허약함을 없애 주지도 않았다. 다만 그 능력은 바울 안에 거하며, 그의 연약한 몸이 감당할 수 없는 모든 상황들을 처리해 주었다. 이것은 꺼지지 않고 계속 타는 램프의 심지 같은 것이다. 그 심지는 약하지만 기름이 계속 공급되기 때문에 꺼지지 않는다. 그 심지가 아무리 약하더라도, 기름이 불에 필요한 모든 것을 계속 공급해 주는 것이다.

이렇게 해서 우리는 하나님의 생명이 우리 육신의 힘이 되는 원리를 깨닫게 된다. 하나님의 생명은 우리의 연약하고 죽을 몸을 개조시키지는 않는다. 그러나 필요한 모든 자원을 공급해 준다. 타고난 육신의 상태로 보면, 바울은 의심할 나위 없이 육체적으로 가장 연약한 사람이었다. 그러나 그가 소유한 그리스도의 능력으로 보면, 그는 모든 사람 중에 제일 강한 사람이었다. 우리는 바울이 밤낮으로 수고하고, 그의 생명과 정력을 쏟아부으며, 건장한 남자 몇 명이 감당해낼 수 없는 일을 혼자 해냈다는 것을 알고 있다. 바울과 같이 허약한 사람이 성령의 힘을 입지 못했다면, 어떻게 그와 같이 엄청난 일을 해낼 수 있었겠는가? 하나님께서 바울의 몸에 힘을 주셨다는 것은 확정된 사실이다.

하나님께서는 어떠한 방법으로 그 일을 행하셨는가? 고린도후서 4장을 통해서 바울이 처해 있던 상황을 먼저 살펴보기로 한다. "우리가 항상 예수 죽인 것을 몸에 짊어짐은 예수의 생명도 우리 몸에 나타나게 하려 함이라 우리 산 자가 항상 예수를 위하여 죽음에 넘기움은 예수의 생명이 또한 우리 죽을 육체에 나타나게 하려 함이니라"(10-11). 여기서 특별히 우리의 관심을 끄는 것은, 11절 말씀이 10절 말씀을 반복하고 있는 것 같지만 사실은 그렇지 않다는 것이다. 10절은 우리의 몸에 나타나는 그리스도의 생명을 다루고 있고, 11절은 우리의 **죽을 몸**에 나타나는 그리스도의 생명을 다루고 있다.

많은 사람들이 그들의 몸에 그리스도의 생명을 나타낼 수 있으나, 더 나아가 그들의 죽을 몸에 그리스도의 생명을 나타내지는 못한다. 이 차이는 원대한 것이다. 많은 그리스도인들이 앓아 누우면, 참으로 순종하고 인내하며 불평이나 근심을 토로하지 않는다. 그들은 주님의 임재를 의식하고, 표정과 말과 행동에서 그분의 덕을 나타낸다. 성령을 힘입어 그들은 참으로 그리스도의 생명을 그들의 몸에 나타낸다.

그러나 그들은 그리스도의 치유의 능력을 알지 못하며, 그리스도의 생명이 자기의 천한 몸을 위한다는 사실도 들은 적이 없다. 그들은 자신의 육신의 치유를 위해 믿음을 행사하지 못한다. 예전에 죄를 씻음받고 죽은 영이 소생될 때와 같은 믿음을 행사하지 못하는 것이다. 따라서 그들은 그리스도의 생명을 자기의 죽을 몸에 나타내지 못한다. 그들은 고통을 견디는 은혜는 받지만, 치유의 은혜는 받아들이지 않는다. 10절의 경험은 했지만, 11절의 경험은 하지 못한 것이다.

하나님께서 질병을 고쳐 주시고 힘을 주실 때, 어떤 방법을 사용하시는가? 그리스도의 생명을 통해서다. 이것은 매우 중요한 사실이다. 우리의 죽을 몸이 새롭게 힘을 얻을 때, 우리 몸의 속성이 변하여 영원히 죽지 않게 되는 것은 아니다. 육신은 여전히 동일하다. 그러나 육신에 활력을 주는 생명이 변화한다. 과거에는 타고난 생명력에 의해서 살았지만, 이제는 그리스도의 초자연적인 생명력으로 산다. 그리스도의 부활의 능력이 우리의 몸을 지탱하고 있기 때문에, 우리는 주어진 일을 수행해나갈 수 있는 능력을 얻게 되는 것이다.

사도 바울은 한번 그리스도의 생명을 힘입어 살게 되면, 다시는

육신의 생명이 되시는 하나님

연약해지지 않는다고 말하지 않았다. 그리스도의 능력이 그를 치료해 주지 않을 때마다 그는 여전히 연약하게 되는 것이다. 우리는 태만과 독립심과 죄로 인하여 우리의 육신에 나타나는 주 예수님의 생명을 상실할 수 있다. 때때로 우리는 의도치 않게 어둠의 세력들에게 공격을 받아 연약하게 된다. 또는 그리스도의 몸에 깊이 관여하고 있다면, 그리스도의 몸을 위해 고난을 받을 수도 있다. 그러나 이런 일은 참으로 영적인 사람의 생활에서만 일어난다. 어느 경우든, 우리의 신체는 비록 약할지라도 하나님의 뜻은 우리가 병들어 주님의 일을 하지 못하게 되는 것이 아니다. 사도 바울은 가끔 연약했다. 그러나 그의 연약한 몸 때문에 하나님의 일이 중단된 적은 없었다. 우리는 하나님의 절대 주권을 인정한다. 그러나 이것을 구실로 삼을 수는 없다.

"항상 예수 죽인 것을 몸에 짊어짐"은 "예수의 생명이 우리 몸에 나타나게 하는 것"의 조건이 된다. 다시 말하면, 우리 몸에 주 예수님의 생명이 나타나기 전에 우리 자신의 생명이 완전히 부인되어야 한다는 뜻이다. 이 말씀은 자아가 죽은 신령한 생활과 건강한 신체와의 관계를 설명해 주는 좋은 실례이다. 하나님의 능력은 오로지 하나님을 위해서만 사용된다. 하나님께서 그의 생명을 우리 몸에 나타내시는 목적은 하나님의 일을 위한 것이다. 하나님께서 그의 생명과 힘을 우리에게 주시는 것은, 그것을 이기적으로 사용하도록 하기 위한 것이 아니다. 하나님께서 우리 몸에 그의 힘을 주시는 것은, 그것을 낭비하도록 하기 위한 것이 아니다. 또한 우리의 목적을 성취하기 위해서 주시는 것도 아니다. 우리가 온전히 주님을 위해 살지 않는다면, 어떻게 하나님께서 이 능력을 우리에게 주시겠는가?

응답받지 못하는 기도의 원인이 대부분 여기에 있다. 성도들은 오직 자신의 즐거움을 위해서 건강과 활력을 원할 때가 많다. 좀더 안락하고 즐겁고 편하게 살기 위해서 육신의 힘을 구한다. 그들은 아무 장애없이 자유로이 움직일 수 있기를 바란다. 지금 이 순간까지 그들이 연약한 이유가 있다면 바로 이것이다. 하나님께서는 우리 마음대로 힘을 행사하며 살도록 그의 생명을 주시지 않는다. 하나님께서 생명을 주시는 것은, 우리가 더 이상 자신을 위해 살지 않고, 하나님의 뜻이 더 이상 손실되지 않도록 하려는 것이다. 오늘날 하나님께서 성도들에게 원하시는 것은, 그들이 자신의 뜻을 죽임으로, 하나님께서 그들이 구하는 것을 들어주시는 것이다.

"예수 죽인 것"이란 무엇을 뜻하는가? 그것은 자아를 항상 죽음에 이르게 하는 예수의 생명을 말한다. 우리 주 예수님의 일생은 자기를 부인하는 삶으로 일관되었다. 죽는 순간까지 주님은 모든 것을 자신의 뜻대로 하지 아니하고, 아버지의 뜻만을 행했다. 사도 바울이 10절에서 말하고자 하는 것은, "예수 죽인 것"이 그의 육신 안에 역사하여 그리스도의 생명이 그의 죽을 몸에도 나타나게 한다는 것이다.

우리는 이 가르침을 받아들일 수 있어야 한다. 지금도 하나님께서는 성도들의 몸 안에 사시기 위해서, "예수 죽인 것"을 기꺼이 받아들이는 자들을 기다리고 계시다. 하나님의 뜻을 완전히 따르기 원하는 자가 누구인가? 자신의 힘으로는 어떤 일도 시작하지 않는 자가 누구인가? 하나님을 위해서 끊임없이 어두움의 권세와 싸우는 자는 누구인가? 자신의 성공을 위해 육신을 사용하기를 거절하는 자가 누구인가? 주 예수님의 생명이 바로 이런 신자들의 몸 안에 나타날 것이다. 우리가 죽음을 취하면, 하나님께서 생명을 부여하신다. 우리가 하나님께 자신의 연약함을 드리면, 하나님은 우리에게 그의 힘을 주신다.

자연적인 능력과 예수님의 능력

우리가 자신을 완전히 하나님께 드렸다면, 하나님께서 우리를 위해 한 육신을 준비하셨다는 것을 믿을 수 있다. 가끔 우리는 자신의 육신을 마음대로 만들 수 있다면 얼마나 좋을까 하고 상상한다. 우리가 가장 원하는 바는, 우리 몸이 많은 타고난 결함들을 가지고 있지 않고, 대신 큰 저항력을 가지고 있어서 고통과 질병 없이 오래 오래 사는 것이다. 그러나 하나님께서는 우리와 상의하지 않으셨다. 하나님은 우리에게 가장 좋은 상태를 알고 계신다. 우리는 선조들이 가졌던 결점과 죄를 가지고 그들을 판단해서는 안 된다. 하나님의 사랑과 지혜를 의심해서도 안 된다. 우리에게 관련된 모든 것은 세상이 창조되기 전에 미리 정해진 것이다.

하나님께서는 고통과 사망의 몸 안에서도 하나님의 놀라운 뜻을 이루신다. 하나님께서는 우리가 육신을 무거운 짐으로 여겨 버리는 것을 원하지 않으신다. 오히려 우리 안에 내주하시는 성령을 통해서 **새로워진** 몸을 갖도록 권고하신다. 우리에게 부여하신 육신이 어떤 것이든 간에, 하나님께서는 그 육신이 가진 제한성과 위험성을 잘 알고 계신다. 그러나 하나님은 우리가 고통스러운 경험을 통해서 새로운 육신을 갈망하게 되어, 더 이상 자신의 **타고난** 능력을 힘입어 살지 않고 하나님의 능력으로 살기를 원하신다. 이와 같이 우리는 자신의 연약함과 하나님의 힘을 교환하는 것이다. 우리의 몸이 개조되는 것은 아니지만, 그 몸이 의존하는 생명은 새로운 것이다.

  주님께서는 우리 몸의 모든 신경, 모세혈관, 세포 하나 하나에까지 하나님의 힘으로 채워 주기를 원하신다. 우리의 연약한 체질을 강하게 바꾸어 주신다는 말이 아니다. 또 우리 몸 안에 거대한 양의 힘을 축적해 주신다는 뜻도 아니다. 하나님은 우리의 죽을 몸에 생명이 되어 주심으로, 우리가 **매순간** 그의 힘에 의지하여 살 수 있기를 원하신다.

  어떤 사람은 주 예수님이 우리 몸의 생명이 되신다는 말을 오해하고, 하나님께서 기적적인 방법으로 우리 몸에 큰 힘을 주셔서 다시는 질병으로 고생하거나 아프지 않게 되는 것으로 생각한다. 그러나 바울 사도의 경험을 통해서 볼 때 이것은 결코 그렇지 않다. 바울은 "우리 산 자가 항상 예수를 위하여 죽음에 넘기움은 예수의 생명이 또한 우리 죽을 육체에 나타나게 하려 함이니라"고 분명히 말하고 있다. 바울의 육체는 자주 허약한 상태에 있었지만, 주 예수님의 힘이 계속해서 그 안으로 흘러들어갔다. 그는 매순간 주님의 생명으로 살았다. 주님을 육신의 생명으로 받아들이는 것은 **지속적인 믿음**을 필요로 한다. 우리 자신은 모든 상황에 대처할 능력이 없다. 그러나 계속적으로 주님을 신뢰함으로써, 우리는 순간 순간 필요한 모든 힘을 받을 수 있다.

  하나님이 예레미야를 통해 하신 말씀이 바로 이런 의미이다. "너의 가는 모든 곳에서는 내가 너로 생명 얻기를 노략물을 얻는 것 같게 하리라"(45:5). 우리는 자신의 타고난 힘을 믿고 자신이 안전하다고 생각해서는 안 된다. 우리는 매순간다다 주님의 생명에 자신을 의탁해야 한다. 우리의 안전은 바로 여기에 있다. 하나님만이 영존하시기 때문이다. 우리는 자신이 원하는 대로 움직일 수 있는 힘을 비축해 놓고 있지 않다. 힘이 필요할 때마다 주님으로부터 공급받아야 한다. 매순간의 삶을 위해서 매순간의 힘이 필요하다. 힘을 조금이라도 비축해 둔다는 것은 불가능하다. 이것이 주님과 온전히 연합하고 주님만을 의지하는 삶이다.

"내가 아버지로 인하여 사는 것같이 나를 먹는 그 사람도 나로 인하여 살리라"(요 6:57). 여기에 삶의 비결이 있다. 만일 우리가 생명을 주시는 하나님과 떨어져서 살 수 있다면, 주님을 전적으로 의지하는 마음을 버리고 우리 자신의 뜻대로 살려고 할 것이다. 이렇게 되면 세상 사람들과 다를 바 없이 우리의 힘을 허비하게 된다. 하나님께서는 우리가 지속적인 필요와 지속적인 믿음을 갖기 원하신다. 오래전에 이스라엘 백성이 만나를 매일 거두어야 했던 것처럼, 우리 몸은 매순간 하나님에 의해 살아야 한다.

이런 방법으로 매순간 믿음을 행사하며 살아갈 때, 우리의 일은 타고난 힘에 의해 제한되지 않고, 우리는 항상 몸 때문에 걱정하지 않아도 된다. 하나님의 뜻이라면, 사람의 생각으로는 위험하게 보일지라도 그 길로 행해야 한다. 왜냐하면 하나님께서 우리의 힘이 되시기 때문이다. 우리는 단지 보냄받기를 기다릴 뿐이다. 우리 자신은 어떠한 일도 수행할 힘이 없다. 그렇지만 우리의 눈은 주님을 향해 있다. 우리는 전적으로 무력하다. 그렇지만 그리스도를 통해서 우리는 전진하고 정복할 수 있다.

한 가지 슬픈 사실은 우리의 힘이 너무 강하다는 것이다. 우리는 자신의 능력을 신뢰하지 않고, 오로지 주님의 능력만을 신뢰하는 것을 배워야 한다. 하나님의 힘은 우리의 연약함 안에서 완전해진다. 우리가 힘이 없을수록(이것은 태도와 관련된 것이다), 그분의 능력이 더 잘 나타난다. 우리의 힘은 결코 주님과 협력할 수 없다.

만일 우리가 자신의 힘에 주님의 힘을 보강하려 하면, 우리에게 돌아오는 것은 패배와 수치뿐일 것이다.

주님께서는 그와 같은 신뢰를 요구하시기 때문에, 이 믿음은 우리가 약할 때뿐만 아니라 강할 때에도 행사해야 한다. 현재 자기의 건강을 자랑할 수 있는 그리스도인은 다시 연약해질 때까지는 이런 경험을 구할 필요가 없다고 생각할 수 있다. 이것은 잘못된 생각이다. 왜냐하면 그가 선천적으로 강하거나 약하거나 하나님의 생명이 필요하기 때문이다. 우리가 옛사람 안에서 받은 것은 하나님을 만족시킬 수 없다. 주님의 가르침을 받고 순종하는 성도라면, 자신의 몸이 건강하고 주님의 생명이 필요하지 않은 것처럼 보일지라도, 하나님의 힘을 받기 위해 자신의 힘을 버릴 것이다. 이것은 자기 뜻대로 연약함을 **선택하는** 것이 아니라, 자신의 재능을 신뢰하지 않듯이 자신의 힘을 **믿지 않는** 것이다.

이러한 믿음은 그들이 타고난 힘을 근거로 자신을 높이지 않도록 지켜 준다. 그들은 하나님의 명령하신 것 이상의 월권 행위를 하지 않을 것이다. 그들은 선천적으로 약한 사람처럼 행동한다. 즉 주님의 힘을 받지 않고는 한 걸음도 움직이려 하지 않는다. 그들은 선천적으로 연약한 사람처럼 지나치게 일하지 않고 경솔하게 행하지 않을 것이다.

이러한 생활에서는 "자아"가 성령에 의해 갇힌 바 되는 것이 불가피하다. 그렇지 않으면, 우리는 틀림없이 패배하고 만다. 어떤 사람은 자기를 부인하는 생활을 진정으로 사모하지만, 자신의 힘을 버리지 못한다. 따라서 그들은 하나님의 뜻을 저버리고 자신의 욕망을 따라 살게 된다. 이들은 일시적으로 타인의 칭찬을 받을지 모르지만, 이들의 몸은 결국 쇠약해지고 만다. 하나님의 생명은 사람의 뜻에 예속되는 것을 거부한다. 하나님께서 명령하지 않으신 일에는 하나님의 힘을 공급해 주시지 않는다.

만일 우리가 하나님의 뜻 밖에서 자신의 일을 도모한다면, 틀림없이 하나님의 생명이 새어 나가고 우리의 연약한 몸이 그 일을 수행해야 하는 것을 발견할 것이다. 하나님을 힘입어 살기 위해서는 주제넘는 일은 금해야 한다. 반드시 하나님의 뜻이라는 것을 확인한 후에 움직이기 시작해야 한다. 순종만이 하나님의 생명을 누릴 수 있게 해주는 유일한 통로이다. 하나님께서 우리가 하나님께 반항하도록 그의 힘을 주시겠는가?

그리스도의 생명이 주는 축복

주 예수님의 생명을 우리 몸의 생명으로 받아들인다면, 오늘날 그로 말미암아 우리의 영이 번성할 뿐만 아니라, 육신도 강건해지는 것을 경험할 것이다.

지식적으로는 우리의 몸이 주를 위한다는 것을 이미 알고 있지만, 우리의 자아 의지 때문에 주님께서는 우리를 온전히 채워 주실 수가 없다. 그러나 이제는 주님이 원하시는 대로 우리를 사용하시도록 우리의 모든 것을 주님께 의탁한다. 우리는 우리 몸을 산 제물로 드린다. 따라서 우리의 생활은 물론 장래의 일에 관해서도 자신이 주관하지 않고, 주님의 생명을 의지한다. 이제 우리는 몸이 주를 위한다는 말의 참뜻을 이해하게 된다. 예전에 우리를 괴롭히던 것이 이제는 우리를 흔들리게 하지 못한다. 원수인 마귀는 이와 같은 생활이 너무 위험한 생활 태도라고, 또는 우리가 자신에게 너무 무관심하다고 생각하게 함으로써 우리를 유혹할지 모른다. 그렇지만 우리는 옛날처럼 두려워하지 않는다.

 한 가지 알고 있는 것은, 우리가 전적으로 주님께 속해 있다는 사실이다. 그러므로 주님이 알고 허락하지 않고는 어떤 일도 우리에게 일어나지 않는다. 원수가 어떠한 공격을 가해 와도, 그것은 주님의 특별한 목적과 확실한 보호를 나타내는 것에 지나지 않는다. 우리의 몸은 더 이상 우리의 소유가 아니다 세도 하나, 신경 하나, 신체조직 하나 하나가 모두 주님께 양도되었다. 우리는 더 이상 자신의 주관자가 아니다. 그러므로 더 이상 책임도 지지 않는다. 상황이 갑작스럽게 변해도 그것은 주님의 일이다. 잠 못 이루는 밤이 더 이상 우리를 괴롭히지 않는다. 사탄이 어떤 예기치 못한 방법으로 공격을 가해 오더라도, 우리는 그 싸움이 주님께 속해 있다는 것을 기억한다. 그러면 즉시 하나님의 생명이 우리의 육신을 통해 넘쳐 흐른다.

 다른 사람들은 이러한 때에 평안을 잃고, 의기소침해지며, 고민하고, 필사적으로 해결 방안을 모색한다. 그러나 우리는 침착하게 믿음을 행사하며, 하나님을 의지하며 살아간다. 왜냐하면 우리는 이제부터 먹고, 마시고, 잠자는 것에 의존하지 않고, 하나님의 생명으로 산다는 것을 알기 때문이다. 이러한 것들이 우리를 해칠 수 없다.

 주님이 우리의 몸을 위하신다는 진리를 이해한 그리스도인은 모든 하나님의 풍성한 복을 자신의 필요에 적용할 수 있다. 그는 모든 긴급한 필요에 대해 주님의 구체적인 공급을 받는다. 따라서 그의 마음은 항상 평안하다. 그는 하나님께서 공급해 주신 것 이상을 요구하지도 않고, 하나님께서 약속하신 것보다 못한 것에 만족하지도 않는다. 그는 어떤 일에서든지 하나님보다 앞서서 자기의 힘을 사용하여 하나님을 도우려 하지 않는다. 세상 사람들은 육신의

육신의 생명이 되시는 하나님

SPIRITUAL

고통이나 질병 때문에 걱정하며 도움을 찾아 헤매지만, 그는 조용히 하나님의 때를 기다리며 하나님의 풍성한 복을 고대할 수 있다. 이는 그가 하나님과 연합되어 있기 때문이다. 그는 자신의 생명을 자기 손 안에 넣지 않고, 하나님 아버지의 보살핌을 바란다. 이 얼마나 평안한 모습인가!

이 단계에 있는 그리스도인은 모든 면에서 하나님을 영화롭게 한다. 자기에게 무슨 일이 일어나든지, 이를 하나님의 영광을 나타낼 수 있는 기회로 삼는다. 그는 자신의 방법을 사용함으로써 하나님께 돌아갈 영광을 가로채지 않는다. 다만 하나님께서 구원의 손길을 뻗치실 때는 언제든지 하나님을 찬양할 준비가 되어 있다.

이 단계에 이르렀을 때 하나님의 자녀의 목적은 더 이상 하나님의 축복에 있지 않다. 하나님 자신이 하나님의 모든 은사보다 훨씬 더 귀하다. 만일 질병에서 고침을 받는 것이 하나님을 나타내지 못하는 것이라면, 그는 고침받기를 원치 않는다. 만일 우리가 단순히 하나님의 보호와 공급만을 바란다면, 또 유혹으로부터 벗어나기만을 구한다면, 우리는 이미 타락한 것이다. 우리의 생명이신 하나님은 상업적인 조건이 아니다. 참으로 하나님을 아는 성도는 병 낫기를 구하기보다는 언제나 하나님 아버지를 구한다. 만일 건강이 자신을 나쁜 길로 이끌고 하나님의 영광에서 멀어지게 한다면, 그는 차라리 낫지 않는 편을 택한다.

성도들이 항상 기억해야 할 것은, 우리의 동기가 하나님 자신보다 하나님의 선물을 바라는 데 있다면, 우리는 이미 넘어지기 시작했다는 것이다. 그리스도인이 온전히 주님을 위해 산다면, 그는 도움이나 축복이나 공급을 갈망하지 않을 것이다. 그 대신 그는 자신을 조건없이 하나님께 드릴 것이다.

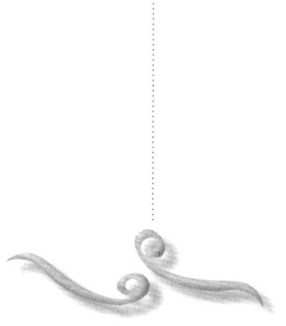

제4장
사망의 극복

　죽음을 이기는 경험은 성도들 사이에서 특별한 것이 아니다. 이스라엘 백성은 어린 양의 피로 인해 애굽의 장자를 살해한 죽음의 천사로부터 보호를 받았다. 다윗은 주의 이름으로 사자와 곰의 발톱으로부터, 또 골리앗의 손으로부터 보호를 받았다. 엘리사는 솥에 가루를 던짐으로 그 안에 있던 사망의 독을 없앴다(왕하 4:38-41). 사드락과 메삭과 아벳느고는 극렬히 타는 풀무 가운데서도 상하지 아니하였다(단 3:16-27). 다니엘은 사자굴에 던져졌을 때, 하나님께서 사자들의 입을 막으시는 것을 목격했다. 바울은 그 손에 달려 있던 독뱀을 불 속에 떨어 버렸으나 조금도 상함이 없었다(행 28:3-5). 에녹과 엘리야는 둘 다 죽음을 맛보지 않고 하늘로 올라갔다. 이것은 죽음을 이긴 완전한 실례들이다.

　하나님의 자녀들이 지금도 죽음을 이기는 경험을 하게 하는 것이 하나님의 목적이다. 죄와 자아와 세상과 사탄을 이기는 것은 반드시 필요하다. 그러나 죽음을 이기지 못하고는 완전한 승리를 했다고 볼 수 없다. 우리가 완전한 승리를 누리기 원한다면, 이 **최후의 원수**, 곧 사망을 물리쳐야 한다(고전 15:26). 우리가 죽음에 대한 승리를 경험하지 못한다면, 아직 정복하지 못한 하나의 적을 남겨둔 셈이다.

죽음에는 자연계 안의 죽음과, 우리 안에 있는 죽음과, 사탄으로부터 비롯되는 죽음이 있다. 지구는 저주 아래 놓여 있다. 따라서 지구는 그 저주의 지배를 받고 있다. 이 지구상에서 승리의 생활을 누리고 싶다면, 이 세상에 있는 죽음을 극복해야 한다. 사망은 우리 몸 안에 있다. 우리가 태어나는 순간부터 사망은 우리 안에 역사하기 시작한다. 태어나는 날부터 무덤을 향해 가지 않는 사람이 어디 있는가? 죽음은 단순한 "위기"가 아니다. 그것은 무엇보다도 점진적인 것이다. 사망은 이미 우리 안에 있으며, 점점 잔인하게 우리를 삼키고 있다. 우리가 지상의 장막인 육체로부터 떠나는 것은, 오래전부터 계속되던 사망의 역사가 절정에 이르는 것에 지나지 않는다. 그것은 우리의 영을 쳐서 생명과 능력을 빼앗아 갈 수 있다. 그것은 우리의 혼을 쳐서 감정과 생각과 의지 작용을 마비시킬 수 있다. 그것은 또한 우리 육체를 쳐서 허약하고 병들게 만들 수 있다.

로마서 5장을 보면 "사망이 왕노릇한" 사실이 발견된다(17절). 사망은 존재할 뿐만 아니라, 왕노릇한다. 사망은 우리의 영과 혼과 육체를 지배한다. 우리 몸은 아직 살아 있지만, 그 안에서 이미 사망이 왕노릇하고 있는 것이다. 그 영향력이 아직 정점이 이르지는 않았지만, 사망은 계속해서 왕노릇하고 있으며 결국에는 온몸을 삼켜 버릴 정도로 그 영역을 확장시켜 가고 있다. 우리 몸에 나타나는 여러 가지 증상들은 이 사망의 힘이 우리에게 역사하는 정도를 나타낸다. 이러한 증상들은 결국 사람들을 궁극적인 죽음, 곧 육체의 죽음으로 인도한다.

사망이 왕노릇하는 반면에, 생명도 왕노릇한다(롬 5:17). 사도 바울은 "은혜와 의의 선물을 넘치게 받는 자들"이 "생명 안에서 왕노릇한다"고 말하고 있다. 이 생명의 힘은 사망의 힘보다 더욱 강하게 작용한다. 그러나 오늘날의 그리스도인들은 죄의 문제에 너무나 사로잡혀 있기 때문에 죽음의 문제는 거의 망각하고 있다. 죄를 극복하는 것이 중요한 것처럼, 사망을 극복하는 것도 소홀히 여겨서는 안 된다. 이들은 서로 관련이 있는 문제들이다.

로마서 5-8장까지는 주로 죄를 극복하는 문제를 다루고 있다고 알고 있다. 그러나 여기에서는 또한 사망의 문제를 동일하게 다루고 있다. "죄의 삯은 사망이요"(6:23). 바울은 여기에서 죄 자체만을 다루지 않고, 그 죄의 결과도 다루고 있다. 그는 죄와 의를 대조할 뿐만 아니라, 생명과 사망을 대조하여 설명하고 있다. 많은 사람들이 그들의 성격과 일상 생활 속에 나타나는 다양한 죄의 현상들을 극복하려고 노력한다. 그러나 그들은 죄의 결과인 사망을 극복하는 것에 관해서는 강조하지 않는다. 그러나 사도 바울은 5-8장까지에서 일상 생활에 나타나는 죄의 현상뿐만 아니라, 죄의 결과인 사망에 대해서도 논의하고 있다.

우리는 죄와 사망의 관계를 명백히 알아야 한다. 그리스도께서 죽으신 것은 우리를 죄에서 구원하실 뿐만 아니라 사망에서도 구원하시기 위한 것이었다. 하나님께서는 우리가 이 두 가지를 모두 극복하기를 원하신다. 죄인인 우리는 죄로 인해서 죽었다. 왜냐하면 죄와 사망이 우리에게 왕노릇했기 때문이다. 그러나 주 예수님

사망의 극복

께서 우리를 위하여 죽으심으로 우리의 죄와 사망을 없애 버리셨다. 이전에는 사망이 우리 육체 안에서 왕노릇했으나, 예수님의 죽음에 동참함으로 우리는 죄에 대하여 죽고 하나님에 대하여 산 자가 되었다(6:11). 우리가 그리스도와 연합되었기 때문에 "사망이 다시 그(우리)를 주장하지 못하고" 더 이상 우리를 속박하지 못한다(6:9,11). 그리스도의 구원은 죄를 의로 바꾸고, 사망을 생명으로 바꾼다.

사도 바울이 이 구절들을 통해 가르치고자 하는 것은 죄와 사망에 관한 것이므로, 우리가 어느 한쪽만을 받아들인다면 진리의 반쪽만 받아들이는 셈이 된다. 바울 사도는 다음과 같은 말로 주 예수님의 완전한 구원을 묘사하고 있다. "그리스도 예수 안에 있는 생명의 성령의 법이 죄와 사망의 법에서 너를 해방하였음이라"(8:2). 우리가 죄를 이기는 경험은 많이 했다 하더라도, 사망을 이기는 경험은 얼마나 해보았는가?

우리 영 안에 창조되지 않은 하나님의 생명을 받았기 때문에, 주님을 믿고 거듭난 우리는 틀림없이 그 결과로 사망을 이기는 것을 어느 정도 경험한다. 그러나 우리의 경험을 겨우 이 정도로 제한해서는 안 된다. 생명이 어느 정도까지 사망을 극복할 수 있는가? 대부분의 주의 성도들은 하나님께서 그들에게 주신 이 특별한 경험을 한껏 누리지 못하고 살아간다. 사실 우리 몸 안에서 그리스도의 생명이 사망보다 더 강하게 역사한다고 자신있게 말할 수 있는 성도가 드물 정도이다. 우리는 하나님만큼 죄와 사망에 대해서 관심을 가져야 한다. 우리는 죄뿐만 아니라 사망까지도 극복해야 한다.

그리스도께서 사망을 이기셨기 때문에 신자들은 죽을 수는 있지만 죽을 필요는 없다. 이것은 그리스도께서 육신에 죄를 정하셨기 때문에, 신자들은 죄를 지을 수는 있지만 죄를 질 필요가 없는 것과 마찬가지이다. 그리스도인의 목표가 죄를 짓지 않는 것이라면, 죽지 않는 것도 그의 목표가 되어야 한다. 그와 죄의 관계가 그리스도의 죽음과 부활에 의해 조절된다면, 죽음과의 관계도 마찬가지로 조절되어야 한다.

그리스도 안에서 신자는 죄와 사망을 완전히 극복했다. 따라서 하나님이 지금 신자에게 요구하시는 것은, 이 두 가지에 대한 승리를 실제로 체험하는 것이다. 우리는 흔히 그리스도께서 우리를 위해 사망을 이기셨으므로 더 이상 그것에 주의를 기울일 필요가 없다고 생각한다. 그렇다면 우리는 어떻게 주님의 승리를 경험을 통해 나타낼 수 있겠는가? 주님의 십자가의 승리를 떠나서는 우리도 승리할 수 없다. 즉 우리는 그리스도께서 갈보리에서 이루어 놓으신 일을 주장하지 않으면 결코 승리할 수 없는 것이다. 우리는 수동적인 태도로 죄를 극복할 수 없듯이, 사망을 소홀히 여김으로써 사망을 극복할 수 없다. 하나님께서는 사망을 극복하는 일에 우리의 태도가 적극적이기를 바라신다. 즉 그리스도의 죽음을 통하여 우리는 실제로 우리 몸 안에 있는 사망의 권세를 극복해야 한다. 지금까지 우리는 많은 유혹과 육신과 세상과 사탄을 이겨냈다. 이제는 마지막 적인 사망의 권세를 타파하기 위해 일어나야 한다.

우리가 지금까지 죄를 물리친 것과 동일한 방법으로 사망을 물리치기로 결심한다면, 사망에 대한 우리의 태도는 완전히 달라질 것이다. 사람은 무덤을 향해 전진해간다. 사망은 모든 타락한 인류의 공통적인 운명이기 때문에 우리는 당연히 순종적인 태도를 취하게 된다. 우리는 사망을 거부하는 태도를 배우지 못했다. 그리스도의 임박한 재림에 대해 알고 있고, 사망을 통하지 않고 하늘로

사망의 극복

들리워지기를 소원하면서도, 우리 중 대부분은 여전히 사망을 기다리며 준비하고 있다. 하나님의 의가 우리 안에 역사할 때, 우리는 죄를 미워하게 된다. 그러나 우리는 동일하게 하나님의 생명이 우리 안에 역사하여 죽음 또한 미워하게 될 정도로 믿음을 행사하지는 않았다.

　사망을 극복하기 위해서, 신자들은 사망에 대해 수동적인 순종의 태도를 버리고 저항하는 태도를 가져야 한다. **수동적인 태도를** 버리지 않는 한, 우리는 사망의 굴레를 벗어버릴 수 없고, 사망의 조롱거리가 되며, 끝내는 불시에 사망에 이르게 되는 것이다. 오늘날 너무나 많은 성도들이 수동적인 태도를 믿음으로 오해하고 있다. 그들은 모든 것을 하나님께 맡겼다고 생각한다. 만일 그들이 죽지 말아야 한다면, 하나님께서 틀림없이 그들을 죽음에서 구해 주실 것이다. 그러나 그들이 죽어야 한다면, 하나님께서는 의심할 여지 없이 그들이 죽도록 내버려 두실 것이다. 즉 하나님의 뜻대로 될 것이다. 이렇게 말하는 것은 옳은 것처럼 **들리지만**, 그러나 이것이 믿음인가? 그렇지 않다. 이것은 게으르고 수동적인 태도에 불과하다. 하나님의 뜻을 **알지 못할** 때는 다음과 같이 기도해야 한다. "내 원대로 마옵시고 아버지의 원대로 되기를 원하나이다"(눅 22:42). 이 말은 우리의 요구를 하나님께 알릴 때 **구체적으로** 기도하지 말아야 한다는 뜻이 아니다.

　우리는 죽음에 대해 수동적인 태도를 취해서는 안 된다. 하나님은 자기의 뜻을 행하는 일에 우리가 적극적으로 협력해야 한다고 가르치시고 있기 때문이다. 하나님께서 우리가 죽기를 원하신다는 것을 **확실히 알기** 전에는 결단코 수동적으로 자신을 사망에 넘겨 주어서는 안 된다. 오히려 우리는 하나님의 뜻에 적극적으로 협력하여 사망을 대적해야 한다.

　왜 이와 같은 태도를 취해야 하는가? 성경은 사망을 가리켜 우리의 원수라고 말하고 있다(고전 15:26). 따라서 우리는 사망을 대적하고 정복하기로 결심해야 한다. 주님께서 지상에서 우리를 위해 사망을 극복하셨으므로, 주님은 우리가 개인적으로 이 세상에서 사망을 극복하기를 원하신다. 우리는 사망의 힘을 견딜 수 있는 힘을 달라고 간구해서는 안 된다. 대신, 사망의 힘을 정복할 힘을 달라고 간구해야 한다.

　사망이 죄에서 비롯된 것처럼, 사망에 대한 승리는 우리를 위해 죽으사 우리를 죄에서 구원하신 주 예수님의 역사에서 비롯되었다. 주님의 구속 사업은 사망과 긴밀하게 연결되어 있다. "자녀들은 혈육에 함께 속하였으매 그도 또한 한 모양으로 혈육에 함께 속하심은 사망으로 말미암아 사망의 세력을 잡은 자 곧 마귀를 없이 하시며 또 죽기를 무서워하므로 일생에 매여 종노릇하는 모든 자들을 놓아주려 하심이니"(히 2:14, 15). 이 구절에서 알 수 있듯이, 사망의 세력에 대한 우리의 승리의 근거는 그리스도의 십자가이다.

　사탄은 사망의 세력을 가지고 있다. 그는 이 세력을 죄에서 끌어냈다. "한 사람으로 말미암아 죄가 세상에 들어오고 죄로 말미암아 사망이 왔나니 이와 같이 모든 사람이 죄를 지었으므로 사망이 모든 사람에게 이르렀느니라"(롬 5:12). 그러나 주님은 사망의 영역을 침범하여 그의 구속 사업을 통해 사망의 쏘는 것, 곧 죄를 없이 하셨고, 그로 인해 사탄은 힘을 잃게 되었다. 그리스도의 죽음을 통하여, 죄는 힘을 잃었고 사망도 그 권능을 박탈당했다. 이제 우리는 그리스도의 십자가로 말미암아 사망의 권세를 정복하고, 자유를 얻어 사망을 거부할 수 있게 되었다.

사망의 극복

그리스도인이 죽음을 극복할 수 있는 방법에는 세 가지가 있다. 첫째는, 우리가 맡은 일을 끝마칠 때까지는 죽지 않으리라고 믿음으로써 가능하다. 둘째는, 설령 죽음이 닥친다 해도 사망이 쏘는 것이 제거되었음을 알기 때문에 죽음을 두려워하지 않음으로써 가능하다. 셋째는, 주님이 다시 오실 때 공중으로 들리워 올라갈 것이기 때문에, 우리는 사망에서 완전히 구원받았다고 믿음으로써 가능하다. 이 세 가지 방법을 하나씩 생각해 보기로 한다.

맡은 일을 완수한 후에 오는 사망

그리스도인이 자기의 할 일을 완수하고 더 이상 지상에 남아있을 필요가 없다는 것을 확신하기 전에는, 반드시 사망을 거부해야 한다. 자기의 할 일을 끝내기도 전에 몸에 사망의 징조가 나타나면, 그는 적극적으로 이를 저항하고 거부해야 한다. 그는 주님께서도 자기의 저항하는 일에 함께하실 것을 믿고 강한 자세로 임해야 한다. 왜냐하면 그는 아직 주님을 위해서 할 일이 남아 있기 때문이다. 따라서 우리에게 맡겨진 일을 완수하기 전에는 비록 사망의 징조가 보인다 하더라도 안심하고 주님을 신뢰할 수 있다. 주님과 협력하여 사망을 대적하면, 주님께서 자기의 생명으로 사망의 권세를 삼켜 버리는 것을 볼 수 있을 것이다.

주님께서 사망의 독침을 어떻게 이기셨는지 주목해 보자. 사람들이 그를 낭떠러지 아래로 밀어 내려고 할 때, 그는 그들 가운데로 지나서 자기 길을 가셨다(눅 4:29, 30). 한때 "예수께서 갈릴리에서 다니시고 유대에서 다니려 아니하심은 유대인들이 죽이려 함이었다"(요 7:1). 또 한번은 유대인들이 "돌을 들어 치려 하거늘 예수께서 숨어 성전에서 나가셨다"(요 8:59). 예수님께서는 왜 세 번씩이나 죽음을 거부하셨는가? 그것은 주님의 때가 아직 이르지 않았기 때문이었다. 그는 메시아가 죽어야 하는 때를 알고 계셨다. 그는 하나님께서 정하신 시간이 되기 전에 미리 죽을 수 없었다. 또한 골고다가 아닌 다른 곳에서 죽을 수 없었다. 우리도 우리에게 정해진 때가 이르기 전에 죽어서는 안 된다.

바울 사도 역시 사망을 거부한 경험이 있었다. 암흑의 세력들이 그의 때아닌 죽음을 재촉했다. 그러나 바울은 매번마다 위험을 극복하고 사망을 이겼다. 한번은 사형선고나 다름없는 옥중 생활을 하게 되었다. 이 때 바울은 다음과 같이 고백했다.

"그러나 만일 육신으로 사는 이것이 내 일의 열매일진대 무엇을 가릴는지 나는 알지 못하노라 내가 그 두 사이에 끼였으니 떠나서 그리스도와 함께 있을 욕망을 가진 이것이 더욱 좋으나 그러나 내가 육신에 거하는 것이 너희를 위하여 더 유익하리라 내가 살 것과 너희 믿음의 진보와 기쁨을 위하여 너희 무리와 함께 거할 이것을 확실히 아노니"(빌 1:22-25).

바울은 죽기를 두려워하지 않았다. 그러나 자기의 할일이 끝나기 전에는 믿음으로 죽지 않을 것을 알고 있었다. 이것이 사망에 대한 승리의 비결이었다. 그리고 훗날 "내가 선한 싸움을 싸우고 나의 달려갈 길을 마치고 믿음을 지켰으니"라고 말했을 때, 그는 "떠날 기약이 가까웠다"는 것을 알고 있었다(딤후 4:6,7). 우리도 달려갈 길을 다 마치기 전에는 결코 죽어서는 안 된다.

베드로 역시 자기가 떠날 때를 알고 있었다. "우리 주 예수 그리스도께서 내게 지시하신 것같이 나도 이 장막을 벗어날 것이 임박한 줄을 앎이라"(벧후 1:14). 주변 상황이나 신체적 상태나 느낌을

사망의 극복

근거로 우리의 때가 다 되었다고 판단한다면, 우리 편에서 커다란 잘못을 범하는 것이다. 우리는 주님으로부터 분명한 지시를 받아야 한다. 우리가 주님을 위해서 사는 것처럼, 죽는 것도 주를 위해 죽어야 한다. 따라서 주님으로부터 비롯되지 않은 사망의 초대는 결코 받아들여서는 안 된다.

구약을 읽어 보면, 모든 족장들이 제 명에 죽은 것을 알 수 있다. 이 말은 무슨 뜻인가? 이것은 하나님께서 그들에게 정해 주신 날까지 다 살았다는 뜻이다. 하나님께서는 우리 각 사람에게 수명을 정해 주셨다(요 21장). 우리가 그 날까지 살지 못하고 죽는다면, 사망을 극복하지 못한 것이다. 우리에게 정해진 수명은 어떻게 알 수 있는가? 성경은 이에 대한 일반적인 척도를 제공해 준다. "우리의 년수가 칠십이요 강건하면 팔십이라도 그 년수의 자랑은 수고와 슬픔 뿐이요"(시 90:10). 지금 우리는 모든 사람이 최소한 칠십 년을 살아야 한다고 말하는 것이 아니다. 우리는 그와 같이 하나님의 주권을 침해할 수 없다. 그러나 특별한 이유로 단명(短命)이 불가피한 경우를 제외하고는, 이 숫자를 표준 나이로 받아들이고 그 전에 죽는 것은 거부해야 한다. 우리는 하나님의 말씀 위에 서서 승리를 거둘 것이다.

사망을 두려워하지 않음

사망을 극복한다는 말은 우리의 육신이 영원히 죽지 않는 것을 뜻하지 않는다. 우리는 "우리가 다 잠잘 것이 아니라"는 것을 믿지만, 그렇다고 **우리가** 결코 죽지 않는다고 말하는 것은 미신적인 것이다(고전 15:51). 성경에서 일반적인 사람의 수명을 칠십 년으로 설정하고 있으므로, 믿음을 가진 성도는 그 정도는 살 것을 기대할 수 있다. 그렇지만 주님께서 우리의 생명이 되어 주신다고 해서 영원히 죽지 않으리라고 기대할 수는 없다. 물론 종종 예외도 있다. 어떤 성도는 칠십 이전에 죽는다.

우리가 하나님께 믿음으로 간구해야 할 것은 다만 맡은 일을 다 완수하기 전에 죽지 않는 것이다. 우리의 수명이 길든 짧든 간에, 세상 죄인들처럼 자기 수명의 절반도 살지 못하고 죽을 수는 없다. 우리의 수명은 맡은 바 일을 완수할 수 있을 만큼 충분해야 한다. 그러면 정작 떠날 시간이 다가와도, 마치 완전히 익은 열매가 떨어지듯이 자연스럽게, 하나님의 은혜 가운데 평화로운 모습으로 떠날 수 있다. 욥기에서는 이와 같은 그리스도인의 죽음을 다음과 같이 묘사하고 있다. "네가 장수하다가 무덤에 이르리니 곡식단이 그 기한에 운반되어 올리움 같으리라"(5:26).

사망을 극복한다는 것은 반드시 무덤에 이르지 않는다는 것을 의미하지는 않는다. 하나님께서 어떤 성도들에게는, 예수님처럼 부활을 통해 사망을 극복하기를 원하시기 때문이다. 예수님처럼 죽음을 통과할 때 신자들은 두려워할 필요가 없다. 만일 우리가 죽음이 두렵거나 또는 죽기가 싫어서 죽음을 극복하고자 한다면, 우리는 이미 싸움에 패배한 것이다. 주님께서 우리를 산 채로 하늘로 데려가심으로써 죽음에서 완전히 구원하실 수도 있다. 그러나 죽는 것이 두려워서 주님이 빨리 오시기를 고대해서는 안 된다. 이러한 두려움은 우리가 이미 사망에게 패배했음을 나타내는 것이다. 기억해야 할 사실은, 우리가 죽는다 해도 그것은 단지 이 방에서 저 방으로 옮겨 가는 것에 불과하다는 것이다. 그리스도인이 죽을 때에 참을 수 없는 내적 고통이나 두려움이나 공포를 느끼는 것은

사망의 극복

타당하지 못하다.

우리는 본래 "죽기를 무서워하므로 일생에 매여 종노릇하는 자들"이었다(히 2:15). 그러나 주님께서 우리를 해방시켜 주시고, 죽음의 공포로부터 자유케 하셨다. 죽음의 고통이나, 어둠이나, 고독이 더 이상 우리를 위협할 수 없다. 죽음을 극복한 경험이 있는 바울 사도는 "내게 사는 것이 그리스도니 죽는 것도 유익함이니라……떠나서 그리스도와 함께 있을 욕망을 가진 이것이 **더욱 좋으나**"라고 증언하였다(빌 1:21, 23). 여기서 죽음을 두려워하는 모습은 찾아볼 수 없다. 그의 죽음에 대한 승리는 실제적이고 완전한 것이었다.

살아서 공중으로 들림받는 것

우리는 주님께서 다시 오실 때 많은 사람들이 살아서 들림받게 된다는 것을 잘 알고 있다. 이것은 사망을 이기는 마지막 방법이다. 고린도전서 15장 51, 52절과 데살로니가전서 4:14-17에서 이것을 다루고 있다. 주님이 오시는 날은 아무도 모른다. 지난 20세기 동안 주님은 언제라도 오실 수 있었다. 따라서 그리스도인들은 항상 무덤을 통과하지 않고 직접 주님을 만날 것을 고대하면서 살았다. 지금은 주님의 재림이 이전보다 더욱 가까웠으므로, 우리가 살아서 들림받을 가능성은 선조들보다 더 크다고 할 수 있다.

우리는 많은 말을 하기 원치 않는다. 다만 이 몇 마디는 확실히 말할 수 있다. 즉 우리 시대에 주님이 오신다면, 우리는 산 채로 들림받기 위해 살아있기를 원하지 않겠는가? 만일 그렇다면, 우리는 산 채로 들림받기 위해, 우리에게 정해진 시간이 되기 전에 자신을 죽음에 넘겨주지 말고 죽음을 극복해야 한다. 성경의 예언에 의하면, 어떤 성도들은 죽음을 맛보지 않고 하늘로 올라갈 것이다. 이렇게 들림을 받는 것이 사망을 이기는 또 하나의 방법이다. 우리가 지상에 사는 한, 그렇게 들림받을 가능성은 언제나 있다. 그러므로 살아 있는 우리 성도들은 언제나 죽음을 완전히 극복할 준비가 되어 있어야 한다.

어쩌면 우리는 죽을 수도 있다. 그러나 반드시 죽어야 하는 것은 아니다. 주 예수님께서 다양한 방법으로 선포하신 말씀을 보면, 이 가르침이 아주 명백해진다. 한편으로 주님께서는 "내 살을 먹고 내 피를 마시는 자는 영생을 가졌고 마지막 날에 내가 그를 **다시 살리리니**"(요 6:54)라고 말씀하셨다. 그러나 다른 한편으로는 동일한 상황에서, "이것은 하늘로서 내려온 떡이니 조상들이 먹고도 죽은 그것과 같지 아니하여 이 떡을 먹는 자는 **영원히 살리라**"고 말씀하셨다(58절). 주님은 믿는 자들 가운데 어떤 이들은 죽었다가 살아날 것이고, 또 어떤 이들은 죽음을 통과하지 않고 영원히 살게 된다고 말씀하신 것이다.

주님께서는 이것을 나사로가 죽었을 때 말씀하신 적이 있다. "나는 부활이요 생명이니 나를 믿는 자는 죽어도 살겠고 무릇 살아서 나를 믿는 자는 영원히 죽지 아니하리니"(요 11:25, 26). 이 구절에서 주님은 부활이요 생명이라고 말씀하신다. 그러나 우리들 대부분은 주님이 부활이심을 믿으나, 그가 또한 생명이라는 것을 망각하는 경향이 있다. 우리가 죽은 후에 주님께서 우리를 다시 일으키시리라는 것은 쉽게 받아들인다. 그러나 그와 동시에 주님이 우리의 생명이시기 때문에 우리를 계속 살아있게 하실 수 있다는 것을 인정하는가? 주 예수님은 그의 두 가지 역사를 설명해 주셨으

사망의 극복

나, 우리는 그 중 한 가지만 믿는다.

　지난 20세기 동안 많은 성도들은 "나를 믿는 자는 죽어도 살겠고"라는 말씀을 체험했다. 또 다른 성도들은 미래에 "무릇 살아서 나를 믿는 자는 영원히 죽지 아니하리니"라는 말씀을 체험할 것이다. 수많은 성도들이 이미 주님을 믿는 가운데 세상을 떠났다. 그러나 하나님은 어떤 이들은 죽지 않는다고 말씀하셨다. 그들은 다시 살림을 받지 못하는 것이 아니라 **죽지 않는** 것이다. 따라서 우리는 먼저 죽어야만 그 후에 부활한다고 주장할 이유가 없다. 주님의 재림이 가까웠으므로, 먼저 죽어서 부활을 기다려야 할 이유가 없는 것이다. 우리는 주님께서 오셔서 우리를 하늘로 데려가심으로, 우리가 죽음의 권세에서 완전히 해방되기를 기대하면서 살아야 한다.

　주님은 어떤 사람들에게는 "부활"이지만, 어떤 사람들에게는 "생명"이다. 나사로가 경험했던 것처럼 죽은 자 가운데서 다시 살아나는 것은 놀라운 일이지만, 이것만이 죽음을 이기는 길은 아니다. 주님께서는 다른 방법을 또 하나 마련하셨다. 그것은 "영원히 죽지 않는 것"이다. 우리는 사망의 음침한 골짜기를 통과하도록 되어 있다. 그러나 다른 한편으로 하나님께서는 우리가 천국으로 직접 올라갈 수 있는 사닥다리를 세워 두셨다. 이 사닥다리는 휴거이다.

　휴거는 점점 가까워 온다. 누구든지 살아서 들림받기를 원하는 자는 사망을 극복하는 방법을 알아야 한다. 휴거가 있기 전에 마지막 원수인 사망을 극복해야 한다. 주님은 십자가상에서 사망을 완전히 이기셨다. 오늘날 하나님께서는 하나님의 교회가 이 승리를 경험하기를 원하신다. 우리는 모두 마지막 때에 살고 있음을 느낀다. 휴거가 오기 전에, 성령께서는 지금 우리를 사망과의 마지막 싸움을 싸우도록 인도하신다.

자신의 살 날이 얼마 남지 않았다는 것을 깨달은 사탄은 성도들이 들림받지 못하게 하려고 안간 힘을 쓰고 있다. 오늘날 그리스도인들이 육체적으로 그토록 극심하게 사탄의 공격을 받는 이유가 여기에 있다고도 할 수 있다. 육체에 대한 사탄의 공격이 매우 심하기 때문에, 매순간 우리는 사망의 호흡을 하는 것 같고, 그로 인해 살아서 들림받을 것에 대한 희망을 잃게 된다. 그들은 이것이 그들의 휴거를 방해하기 위한 사탄의 도전에 불과하다는 것을 감지하지 못하는 것이다. 그러나 그들이 휴거의 부름을 받아들인다면, 곧 사망에 대항하는 투쟁 정신을 갖게 될 것이다. 죽음이 휴거의 장애물로서 극복해야 하는 것임을 영적으로 깨달았기 때문이다.

마귀는 살인자이다(요 8:44). 사탄이 성도들을 공격하는 목적은 그들을 죽이려는 것이다. 이 마지막 때에 사탄은 특별한 전술을 사용한다. 즉 "성도로 괴롭게 하는" 것이다(단 7:25). 사탄이 성도의 영에 조금이라도 근심을 더할 수 있다면, 그의 마음을 조금이라도 불안하게 만들 수 있다면, 그로 하여금 하룻밤은 잠을 이루지 못하게 하고, 다음번에는 식욕을 잃게 하며, 또 어떤 때는 과로하게 할 수 있다면, 사탄이 이미 사망의 능력을 가지고 침입해 들어온 것이다. 물 한 방울은 아무 힘이 없지만 계속 떨어지는 물 방울은 바위에 구멍을 낼 수도 있다. 이와 같은 진리를 숙지하고 있는 사탄은 여기에서 조그마한 근심을, 저기에서 조그마한 걱정을, 또는 다른 곳에서 조그마한 태만을 일으켜 끝내는 그 성도를 완전히 소모시켜 버린다.

사망의 극복

때때로 사탄은 성도를 직접 공격하여 죽게 하기도 한다. 이와 같은 사탄의 공격으로 죽음에 이르는 실례는 허다하다. 그러나 그것이 사탄의 소행이라는 것을 깨닫는 사람은 극소수이다. 어쩌면 그것은 단순히 감기나, 일사병이나, 불면증이나, 피로나, 식욕 감퇴로 나타날 수도 있다. 때로는 음탕함이나, 분노, 시기, 방탕함 등으로 나타날 수도 있다. 이와 같은 현상의 배후에 사망의 세력이 있다는 것을 깨닫지 못한다면, 그리스도인은 완전한 승리를 보장받을 수 없다. 반면에 이것들을 사망의 공격으로 알고 올바로 저항하면, 승리를 거둘 것이다. 성도들은 자주 이와 같은 증상들을 나이나 그밖의 요인 때문에 생기는 자연적인 현상으로 생각하여, 정말 중요한 사실을 놓치고 만다.

주 예수님은 곧 돌아오신다. 그러므로 우리는 사망과 총력전을 치루어야 한다. 우리는 죄와 세상과 사탄과 싸우는 것처럼, 사망과도 싸워야 한다. 우리는 단지 승리를 추구하는 데서 그치지 말고 승리를 장악해야 한다. 우리는 사망에 대한 그리스도의 승리를 충분히 주장해야 한다.

하나님의 빛 아래서 과거의 경험을 회상해 볼 때, 무지불식간에 사망의 공격을 받은 때가 얼마나 많았는지를 발견할 수 있을 것이다. 우리는 일어나는 일들을 모두 다른 요인 탓으로 돌리고 그로 인해 저항할 힘을 상실했다. 만일 우리가 어떤 사건들은 사망의 공격이었다는 사실을 깨달았더라면, 하나님으로 인해 강건케 되어 실제로 죽음을 극복하는 체험을 했을 것이다. 그때 우리의 경험은 마치 부서진 다리를 통과하고 파괴된 도로를 횡단하는 것 같았을 것이다. 왜냐하면 그러한 경험을 할 때 모든 주변 환경은 우리에게 죽음을 요구하는 것 같기 때문이다. 그러나 우리는 **죽을 수 없다.**

몇 번이고 우리는 사는 것을 포기한다. 그러나 **우리는 죽을 수 없**
다. 우리는 왜 우리가 **지금** 죽어야 하는지를 자문해 본다. 싸움은
점점 치열해지나 우리는 죽고 싶은 마음이 없기 때문이다. 그 대신
우리는 "나는 죽기를 **원하지 않아!**"라고 외치고 싶어한다.

　이러한 경험은 무엇을 말해 주는가? 이것은 우리가 휴거를 받기
전에, 하나님께서 우리를 사망과의 마지막 싸움을 싸우도록 인도
하신다는 것을 의미한다. 사탄이 이러한 공격을 가하는 목적은, 바
로 우리가 살아서 들림받는 것을 좌절시키는 데 있다.

　우리는 넓게 열린 음부의 문을 그리스도의 승리로 꼭 닫아 버려
야 한다. 사망에 저항하고, 사망의 세력이 더 이상 우리 몸에 침입
하지 못하도록 해야 한다. 사망의 성향을 가진 것은 무엇이든 배척
해야 한다. 즉 질병이나 허약함이나 고통 등을 ㅇ`와 같은 태도로
대해야 한다. 때때로 우리의 신체는 아무것도 의식하지 못하나, 그
안에 이미 사망의 세력이 활동하고 있을 때도 있다. 영의 번민이나
혼의 슬픔 역시 사망을 재촉할 수 있다. 하나님께서는 우리가 휴거
에 참여하기를 원하신다.

　하나님께서는 성도들을 다양한 상황에 처하게 하셔서, 그들로
하여금 소망이 없고 의지할 데가 없어 믿음으로 자신의 삶을 주님
의 손에 맡기도록 만드시기도 하신다. 하나님의 손길만이 그들의
유일한 희망이 되기 때문이다. 이 때 성도들은 마치 "주여, 저의 생
명을 구해 주옵소서" 하고 외치는 듯하다. 현재의 싸움은 살기 위
한 싸움이다.

　성도들을 죽이려고 하는 악령들은 어느 곳에서든지 활동하고 있
다. 성도들이 저항하고 기도하지 않으면, 싸움에서 지고 말 것이
다. 만약 계속해서 수동적인 상태에 머무른다면, 죽음을 모면할 수

없을 것이다. 우리가 "주여, 제가 사망을 이기게 하여 주시옵소서" 하고 간구한다면, 주님께서는 "네가 사망을 거부하면, 내가 사망을 이길 수 있게 해주겠다"고 응답하실 것이다. 의지가 수동적인 상태에 있으면서 기도만 하는 것은 아무 소용이 없다. 우리는 이렇게 기도해야 한다. "주여, 주님께서 사망을 이기셨기 때문에, 저는 지금 사망의 모든 공격에 저항하고 있습니다. 저는 지금 당장 사망을 정복하기로 결심하였사오니, 주여, 제가 승리할 수 있도록 도와주시옵소서."

그러면 주님께서는 사망을 극복하도록 도와주실 것이다. 따라서 우리에게 주어진 하나님의 약속을 붙잡고, 생명을 구하며, 아무것도 우리를 해칠 수 없다는 것을 믿어야 한다. 절대 사망의 세력에 양보하지 말아야 한다. 양보하는 즉시 사망은 우리 속에서 왕노릇하기 때문이다. 예를 들어, 우리는 전염병 유행 지역에 머무를 수 있으나, 모든 전염병에 저항하고 그 어떤 병도 침범하지 못하게 할 수 있다. 질병을 통해서 사망이 우리를 공격하지 못하도록 주의해야 한다.

사망은 철저히 거부하고, 하나님께서 약속하신 생명은 전심으로 구해야 한다. 믿음은 반드시 필요한 것이다. 그러나 믿음은 수동적으로 책임을 회피하는 것을 뜻하지 않는다. 만일 우리가 죽음을 피할 수 있다는 것을 머리로만 믿고, 실제 행동으로는 계속해서 수동적으로 자신을 사망의 세력에 넘겨주고 있다면, 우리에게 무슨 유익이 있겠는가?

사망에 이르는 죄

성경에서는 신자들이 범할 수 있는 치명적인 죄, 곧 "사망에 이르는 죄"에 관해서 언급하고 있다(요일 5:16). 여기에서 말하는 사망은 영적인 죽음을 가리키는 것이 아니다. 왜냐하면 하나님의 영생은 한번 주어지면 결코 소멸되지 않기 때문이다. 또한 이 사망은 "둘째 사망"을 가리키는 것도 아니다. 주님의 양은 결코 멸망하지 않기 때문이다. 그렇다면 이것은 분명히 육신의 사망을 뜻하는 것이다.

그러면 이제 "사망에 이르는 죄"의 본질을 알아브기로 하자. 그렇게 함으로써 우리는 그 죄를 멀리하는 방법을 알 수 있을 것이다. 그 결과, (1) 우리의 육신은 부패하지 않을 것이며, (2) 죽기 전에 휴거에 참여하는 축복을 상실하지 않을 것이며, (3) 혹시 주님의 재림이 늦어져서 우리가 무덤을 통과해야 하더라도, 우리의 정한 연수가 다하여 죽음에 이르기 전에 맡은 일을 완수할 수 있을 것이다. 많은 하나님의 자녀들이 이 문제에 대해 무관심했기 때문에 자신의 수명을 단축하고 영광의 면류관을 상실했다. 많은 하나님의 사역자들이 이 사실에 주의를 기울였더라면, 아직도 살아서 주님을 위해 일하고 있을 것이다.

성경에서는 "사망에 이르는 죄"가 무엇인지 구체적으로 말해 주고 있지 않다. 다만 이러한 죄를 범할 수 있다는 것을 알려 주고 있을 뿐이다. 성경을 통해서 우리는 이 죄가 사람들에 따라 달라질 수 있다는 사실을 알 수 있다. 어떤 사람에게는 사망에 이르는 죄가 다른 사람에게는 그렇지 않을 수도 있다. 이것은 그들이 받은 은혜가 서로 다르고, 그들이 받은 빛이나 도달한 위치가 저마다 다르기 때문이다.

성경에서는 어떠한 죄가 사망에 이르는 죄라고 밝히고 있지 않고 있다. 그러나 우리는 그러한 죄가 결과적으로 사망을 낳는다는 것을 알 수 있다. 이스라엘 민족은 가데스에서 이러한 죄를 범했다(민 13:25-14:12). 그들은 전에 열 번이나 주를 시험하였지만(14:22), 하나님은 언제나 그들을 용서해 주셨다. 그러나 이번에는, 가나안으로 들어가기를 거절한 그들을 용서하시기는 했지만, 그들의 몸(시체)이 광야에 엎드러지게 하셨다(14:32).

므리바 물에서 모세는 화가 나서 그 입술로 "망령되이 말하였는데"(시 106:33), 이것이 그의 "사망에 이르는 죄"가 되었다. 그는 가나안 땅 밖에서 죽었다. 아론 역시 모세와 같은 죄를 범하여, 가나안 땅에 들어가지 못했다(민 20:24). 하나님의 사람이 유다에서 벧엘로 가던 중에 먹고 마시는 일에 관해서 하나님의 계명을 어겼다. 이것은 그에게 사망에 이르게 하는 죄가 되었다(왕상 13:21, 22). 또한 신약의 사도행전에서 아나니아와 삽비라가 치명적인 죄를 범하여 죽게 된 것을 볼 수 있다. 그들은 자기들의 땅값의 일부의 감추어 성령을 속이려고 했기 때문이었다(행 5장). 자기 아비의 아내와 동침하였던 고린도 교회 교인도 이러한 종류의 죄를 범했다. 바울 사도는 그의 서신에서 "이런 자를 사단에게 내어 주었으니 이는 육신을 멸하게 하려 함이라"고 말하였다(고전 5:5). 고린도 교회의 적지 않은 성도들이 주님의 몸과 피를 더럽히는 죄를 지어 죽음에 이르렀다(고전 11:27, 30). 이들은 각각 나름대로 사망에 이르는 죄를 범한 것이다.

사망을 이기기 위해서는 끊임없이 죄를 이겨야 한다. 왜냐하면 사망은 죄로 말미암기 때문이다. 우리의 정한 날이 다할 때까지,

또는 주님이 오실 때까지 살기를 원한다면, 우리는 죄를 짓지 않도록 조심해야 한다. 많은 사람들이 이 문제를 등한히 여김으로써 일찍 죽음에 이르렀다. "사망에 이르는 죄"는 무시무시한 특정 범죄를 가리키는 것이 아니다. 그 죄는 어느 곳에서도 명확하게 구체적으로 나와 있지 않기 때문이다. 고린도 교인들이 범한 간음 죄 같은 것은 죽음에 이르는 죄라고 할 수 있다. 그러나 모세의 경우처럼 말을 함부로 내뱉는 것도 죽음에 이르게 하는 죄가 될 수 있다 (성경이 모세를 가리켜 어떻게 묘사하는지 주목해 보라. "이 사람 모세는 온유함이 지면의 모든 사람보다 승하더라"(민 12:3). 그러므로 이 사람의 생활에서는 어떠한 죄도 간과될 수 없었던 것이다).

지금은 은혜의 날이다. 하나님은 은혜가 충만한 분이시다. 그러므로 우리는 하나님으로부터 위안을 받을 수 있다. 사탄이 당신을 고소하며, 당신이 사망에 이르는 죄를 범했으므로 죽어야 한다고 말하지 못하게 하라. 성경에서는 사망에 이르는 죄를 범한 사람을 위해서 기도하라고 권하고 있지는 않지만, 우리가 자신을 살피고 진심으로 회개하면 하나님께서 우리를 용서해 주실 것이다. 고린도후서 2: 6-7에 나오는 사람은 분명히 자기 아비의 아내와 동침했던 사람으로 여겨진다. 또한 고린도전서 11:30-32에 보면, 혹 사망에 이르는 죄를 범했다 하더라도 진심으로 반성하고 뉘우치는 자는 죽음을 모면할 수 있다는 것을 알 수 있다.

그러므로 어떤 죄도 우리 육체 안에 군림하지 못하게 하여, 사망에 이르는 죄가 나타나지 않도록 해야 한다. 우리의 육신은 연약할 수 있다. 그러나 우리는 자기를 판단하는 마음을 항상 잃지 말아야 한다. 우리는 자신의 죄를 여지없이 심판해야 한다. 물론 이 지상

사망의 극복

에 사는 동안 죄 없는 완전한 삶에 도달한다는 것은 불가능하다. 그러나 죄를 범할 때마다 반드시 자백하고 하나님의 은혜를 의지해야 한다. 하나님은 우리를 용서해 주신다. 사망을 이기고자 하는 자들은 항상 이 사실을 명심해야 할 것이다.

"그들의 소행과 허물을 보이사 그 교만한 행위를 알게 하시고 그들의 귀를 열어 교훈을 듣게 하시며 명하여 죄악에서 돌아오게 하시나니 만일 그들이 청종하여 섬기면 형통히 날을 보내며 즐거이 해를 지낼 것이요 만일 그들이 청종치 아니하면 칼에 망하며 지식 없이 죽을 것이니라 마음이 사곡한 자들은 분노를 쌓으며 하나님께 속박을 받을지라도 도우심을 구하지 아니하나니 그들은 젊어서 죽으며 그 생명이 남창과 함께 망하려니와"(욥 36:9-14).

잠언의 교훈

잠언은 신자의 실생활에 관한 책이다. 이 책은 특히 신자의 생명을 보존하는 방법에 대해 많은 교훈을 주고 있다. 잠언에 나와 있는 사망을 이기는 방법에 관한 가르침을 특별히 주목해 보자.

"내 아들아 나의 법을 잊어버리지 말고 네 마음으로 나의 명령을 지키라 그리하면 그것이 너로 장수하여 많은 해를 누리게 하며 평강을 더하게 하리라"(3:1-2).

"이것이 네 몸에 양약이 되어 네 골수로 윤택하게 하리라"(3:8).

"아버지가 내게 가르쳐 이르기를 내 말을 네 마음에 두라 내 명령을 지키라 그리하면 살리라"(4:4).

"내 아들아 들으라 내 말을 받으라 그리하면 네 생명의 해가 길리라"(4:10).

"훈계를 굳게 잡아 놓치지 말고 지키라 이것이 네 생명이니라"(4:13).

"그것은 얻는 자에게 생명이 되며 그 온 육체의 건강이 됨이니라"(4:22).

"무릇 지킬 만한 것보다 더욱 네 마음을 지키라 생명의 근원이 이에서 남이니라"(4:23).

"부녀와 간음하는 자는 무지한 자라 이것을 행하는 자는 자기의 영혼을 망하게 하며"(6:32).

"대저 나를 얻는 자는 생명을 얻고 여호와께 은총을 얻을 것임이니라"(8:35).

"나 지혜로 말미암아 네 날이 많아질 것이요 네 생명의 해가 더하리라"(9:11).

"불의의 재물은 무익하여도 의리는 죽음에서 건지느니라"(10:2).

"여호와를 경외하면 장수하느니라 그러나 악인의 년세는 짧아지느니라"(10:27).

"의로운 길에 생명이 있나니 그 길에는 사망이 없느니라"(12:28).

"여호와를 경외하는 것은 생명의 샘이라 사망의 그물에서 벗어나게 하느니라"(14:27).

"마음의 화평은 육신의 생명이나 시기는 뼈의 썩음이니라"(14:30).

사망의 극복

"지혜로운 자는 위로 향한 생명길로 말미암음으로 그 아래 있는 음부를 떠나게 되느니라"(15:24).

"훈계 받기를 싫어하는 자는 자기의 영혼을 경히 여김이라 견책을 달게 받는 자는 지식을 얻느니라"(15:32).

"왕의 희색에 생명이 있나니 그 은택이 늦은 비를 내리는 구름과 같으니라"(16:15).

"악을 떠나는 것은 정직한 사람의 대로니 그 길을 지키는 자는 자기의 영혼을 보전하느니라"(16:17).

"계명을 지키는 자는 자기의 영혼을 지키거니와 그 행실을 삼가지 아니하는 자는 죽으리라"(19:16).

"여호와를 경외하는 것은 사람으로 생명에 이르게 하는 것이라 경외하는 자는 족하게 지내고 재앙을 만나지 아니하느니라"(19:23).

"속이는 말로 재물을 모으는 것은 죽음을 구하는 것이라 곧 불려다니는 안개니라"(21:6).

"명철의 길을 떠난 사람은 사망의 회중에 거하리라"(21:16).

"의와 인자를 따라 구하는 자는 생명과 의와 영광을 얻느니라"(21:21).

성령께서 우리를 인도하여 사망을 극복하게 하실 때, 우리는 이 구절들의 의미를 새롭게 깨닫게 된다. 우리는 "생명"을 일종의 이론적인 용어로 보는 데 익숙해져 있다. 그러나 우리가 깨달음을 얻으면, 하나님의 요구 조건을 충족시킬 때 우리의 육체의 생명이 연장된다는 사실을 알 수 있다. 이와 반대로 하나님의 계명을 어기면 우리의 생명은 점차 감소한다. 예를 들어, 하나님께서는 "네 아버지와 어머니를 공경하라 이것이 약속 있는 첫 계명이니 이는 네가 잘되고 땅에서 장수하리라"(엡 6:2, 3)고 권고하셨다. 이 계명에 불순종하면, 우리의 지상에서의 수명은 죄로 말미암아 단축되는 것이다. 하나님께서는 우리가 하나님의 말씀을 청종하고, 지혜로우며, 의를 추구하고, 마음을 지키기를 원하신다. 이것이 생명을 보전하는 길이다. 생명을 보전하기 원한다면, 먼저 하나님의 말씀에 순종하는 것을 배워야 한다.

내세의 능력

다가올 주님의 왕국에서는 주 예수님께서 치료하는 광명을 발하는 의로운 해로 군림하신다고 배웠다(말 4:2). 그리고 그 거민 중에는 "내가 병들었노라"고 말하는 사람이 없다(사 33:24). 이 때에 우리 믿는 자들은 성경이 예언한 것을 누리게 될 것이다. "이 썩을 것이 썩지 아니함을 입고 이 죽을 것이 죽지 아니함을 입을 때에는 사망이 이김의 삼킨 바 되리라고 기록된 말씀이 응하리라"(고전 15:54). 천년왕국 시대에 그리스도인에게는 더 이상 질병이나 허약함이나 죽음이 없다. 우리의 몸은 구속받은 몸이 되고, 사탄은 발 아래 짓밟힐 것이다.

동시에 우리는 내세의 능력을 지금 미리 맛보며 살 수 있다는 것을 성경을 통해 배웠다(히 6:5). 우리의 몸은 아직 구속의 날을 고대하고 있지만, 우리는 지금 믿음을 통해 질병이나 약함이나 죽음이 없는 내세의 능력을 미리 맛볼 수 있는 것이다. 이것은 매우 깊은 신앙 체험이다. 그러나 그리스도인이 참으로 하나님의 요구 조건을 충족시키며 하나님 말씀을 온전히 믿으면, 이러한 체험을 할 수 있다. 믿음은 시간을 초월한다. 믿음은 과거에 하나님께서 우리를 위해 이루어 놓으신 일에 의존할 수 있을 뿐만 아니라, 미래에 하나님께서 우리를 위해 이루실 일도 요구할 수 있는 것이다.

사도 바울은 우리 몸 안의 변화를 다음과 같이 묘사하고 있다. "이 장막에 있는 우리가 짐 진 것같이 탄식하는 것은 벗고자 함이 아니요 오직 덧입고자 함이니 죽을 것이 생명에게 삼킨 바 되게 하려 함이라 곧 이것을 우리에게 이루게 하시고 보증으로 성령을 우리에게 주신 이는 하나님이시니라"(고후 5:4, 5). 여기에서 "보증"이란 말은 "계약금"-나중에 잔액을 전부 지불할 것을 약속하고 지불하는 보증금-의 개념을 가지고 있다. 우리 안에 계신 성령은 장차 "죽을 것이 생명에게 삼킨 바 된다"는 것을 보증해 준다. 지금은 이 승리를 완전히 경험할 수는 없지만, 우리는 계약금으로서 성령을 소유하고 있기에 그것을 부분적으로 경험할 수 있다. 성령을 우리에게 주신 것은, 우리로 미래에 있을 생명의 승리를 미리 맛보게 하려는 것이다.

"이제는 우리 구주 그리스도 예수의 나타나심으로 말미암아 나타났으니 저는 사망을 폐하시고 복음으로써 생명과 썩지 아니할 것을 드러내신지라"(딤후 1:10). 사도 바울은 생명과 썩지 아니할 것이 복음을 받아들인 자들이 모두 누리게 되는 특권이라고 설명하고 있다. 따라서 성령이 어느 정도까지 신자로 하여금 그 특권을 소유하도록 인도하실 수 있는가 하는 문제가 제기된다. 사망은 이미 없어진 지 오래다. 따라서 성도들은 이것을 어느 정도 경험해야 한다. 이 세대는 곧 끝날 수도 있을 것이다. 세상의 마지막이 점점 가까워 오고 있는 지금, 성령께서는 성도들을 인도하여 이 축복을 더 많이 경험하게 하기를 원하신다.

영에 속한 사람

우리는 내세의 영광을 지금 맛볼 수 있다는 믿음을 가져야 한다. 사도 바울이 "우리 주 예수 그리스도로 말미암아 우리에게 이김을 주시는 하나님께 감사한다"고 말했을 때, 그것은 **현재**를 가리키며, **죽음**의 문제와 관련해서 말한 것이다(고전 15:57). 그는 그러한 승리의 경험을 전적으로 미래에만 국한시키지 않는다. 그는 지금 우리가 주 예수 그리스도로 말미암아 사망을 이겨야 한다고 주장한다.

하나님께서 가지고 계신 원칙 중의 하나는, 일정한 때에 이루어질 일을 약간이나마 성도들에게 미리 보여 주시는 것이다. 천년왕국에서 모든 사람이 경험할 일을, 그리스도의 지체들은 지금 이 세상에서 조금은 맛볼 수도 있다. 심지어 과거에도 내세의 능력을 미리 경험한 사람들이 있었다. 오늘날의 교회가 그리스도께서 이루어 놓으신 사망에 대한 승리를 더 많이 경험하는 것이 당연하다. 하나님께서는 우리가 음부의 권세를 헤치고 나아가 승리를 차지하기를 바라신다. 주님은 우리가 그의 몸을 위하여 사망을 극복하기를 바라신다. 우리의 최후의 적을 정복하지 않으면, 우리의 싸움은 아직 끝나지 않은 것이다.

그러므로 우리 각 사람이 우리의 장래에 관한 즈님의 뜻을 구해야 한다. 우리가 죽지 않는다는 미신적인 생각을 받아들이자는 것은 아니다. 그러나 지금이 마지막 때이고, 주님의 재림이 더 이상 지체하지 않고 우리가 살아있는 동안 임한다면, 우리는 믿음을 행사하여 하나님의 말씀을 붙잡고, 육체의 죽음을 거치지 않고 살아서 주님의 얼굴을 보게 될 수도 있다는 사실을 믿어야 한다. 이와 같은 소망을 가진 성도는 주님께서 정결하신 것처럼 우리 자신을 정결하게 보존해야 한다. 매순간 주님을 위해 살고, 우리의 영과

사망의 극복

혼과 육의 필요를 위해 주님의 부활 생명을 의지하자.

"믿음으로 에녹은 죽음을 보지 않고 옮기웠으니"(히 11:5). 그와 같이 우리도 믿음을 가지자. 사망이 반드시 필요하지 않고, 재림은 확실하며, 그 때가 멀지 않을 수도 있다는 사실을 믿자. "저(에녹)는 옮기우기 전에 하나님을 기쁘시게 하는 자라 하는 증거를 받았느니라"(히 11:5). 우리는 어떠한가?

아, 미래의 영광은 얼마나 찬란한가! 하나님이 우리를 위해 이루신 구원은 얼마나 완전한가! 일어나 전진하자. "하늘"이 우리를 사로잡아, 육신이나 세상이 더 이상 우리의 마음을 끌지 않기를! 아버지의 사랑이 우리 안에 충만하여, 우리가 하나님의 원수와 더 이상 관계하지 않기를! 주 예수님께서 우리 마음을 만족케 하므로 우리가 다른 것은 아무것도 바라지 않기를! 그리고 성령께서 우리 각 사람의 마음속에 다음과 같은 기도를 심어주시기를 소망한다.

"아멘, 주 예수여, 어서 오시옵소서."

사명선언문

너희가 흠이 없고 순전하여……세상에서 그들 가운데 빛들로
나타내며 생명의 말씀을 밝혀 _ 빌 2:15-16

1. 생명을 담겠습니다
만드는 책에 주님 주신 생명을 담겠습니다.
그 책으로 복음을 선포하겠습니다.

2. 말씀을 밝히겠습니다
생명의 근본은 말씀입니다.
말씀을 밝혀 성도와 교회의 성장을 돕겠습니다.

3. 빛이 되겠습니다
시대와 영혼의 어두움을 밝혀 주님 앞으로 이끄는
빛이 되는 책을 만들겠습니다.

4. 순전히 행하겠습니다
책을 만들고 전하는 일과 경영하는 일에 부끄러움이 없는
정직함으로 행하겠습니다.

5. 끝까지 전파하겠습니다
모든 사람에게, 땅 끝까지, 주님 오시는 그날까지
복음을 전하는 사명을 다하겠습니다.

서점 안내

광화문점 서울시 종로구 새문안로 69 구세군회관 1층
02)737-2288 / 02)737-4623(F)

강남점 서울시 서초구 신반포로 177 반포쇼핑타운 3동 2층
02)595-1211 / 02)595-3549(F)

구로점 서울시 동작구 시흥대로 602, 3층 302호
02)858-8744 / 02)838-0653(F)

노원점 서울시 노원구 동일로 1366 삼봉빌딩 지하 1층
02)938-7979 / 02)3391-6169(F)

일산점 경기도 고양시 일산서구 중앙로 1391 레이크타운 지하 1층
031)916-8787 / 031)916-8788(F)

의정부점 경기도 의정부시 청사로47번길 12 성산타워 3층
031)845-0600 / 031)852-6930(F)

인터넷서점 www.lifebook.co.kr